厚德博學
經濟匡時

匡时 人文社科文库

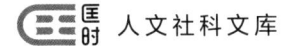

资本金融化的形成机制及中国论域

任瑞敏 著

The Formation Mechanism of
Capital Financialization and Its Chinese Context

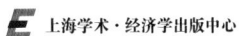

上海财经大学出版社
上海学术·经济学出版中心

图书在版编目(CIP)数据

资本金融化的形成机制及中国论域 / 任瑞敏著.
上海：上海财经大学出版社，2025.4. -- (匡时).
ISBN 978-7-5642-4669-3
I. F832.5
中国国家版本馆 CIP 数据核字第 2025R8T456 号

国家社会科学基金青年项目：资本金融化的形成机制及其中国论域研究(编号：16CZX003)

□ 责任编辑　台啸天
□ 封面设计　张克瑶

资本金融化的形成机制及中国论域
任瑞敏　著

上海财经大学出版社出版发行
(上海市中山北一路369号　邮编200083)
网　　址:http://www.sufep.com
电子邮箱:webmaster@sufep.com
全国新华书店经销
上海华业装潢印刷厂有限公司印刷装订
2025年4月第1版　2025年4月第1次印刷

710mm×1000mm　1/16　19.5印张(插页:2)　280千字
定价:96.00元

序

在当今时代,资本金融化已成为当代资本运行过程中一个极具影响力且复杂多变的重大现实问题。早在20世纪初,奥地利经济学家鲁道夫·希法亭就将高利贷资本、银行资本和金融资本解释为"否定之否定"的发展道理。[①] 他指出,从自由竞争的资本主义过渡到垄断阶段即帝国主义阶段,"资本便采取自己最高和最抽象的的表现形式,即金融资本形式。"[②]资本的精神向度趋向主观性和任性:由虚拟资本所形成的"价格不再是一个客观决定的量,而变成那些以意志和意识决定价格的人们的计算数例,变成了前提而不是结果,成了主观的东西而不是客观的东西,成了任意的和偶然的东西而不是不依赖于当事人的意志和意识的独立的和必然的东西"。[③]

在希法亭看来,导致这种主观性和任性的原因在于:(1)金融资本所形成的"垄断价格虽然可以根据经验确定,但是对它的水平却不能从理论上客观的去认识,而只能从心理上主观的来把握"。(2)随着股份公司和资本集中的发展,控制银行的虚拟资本的所有者与控制产业的资本所有者越来越趋势向于合二为一,越来越趋向于以金融资本的形式操控市场、操控价格,直至操控整个社会。因此,"资本的动员同生产过程无关,它仅仅涉及所有权,仅仅创造执行职能的资本主义所有权的转移形式,即作为

---

① 希法亭. 金融资本[M]. 福民,译. 北京:商务印书馆,1994:254.
② 希法亭. 金融资本[M]. 福民,译. 北京:商务印书馆,1994:1.
③ 希法亭. 金融资本[M]. 福民,译. 北京:商务印书馆,1994:256.

资本、作为产生利润的货币额的资本形式转移"。① 显然,资本金融化并非简单的金融部门自我膨胀或经济虚拟化,其背后蕴含着深刻的经济逻辑与历史必然性。从历史的长河中回溯,资本自工业革命以来便与人类社会的发展紧密相连。马克思对资本本质的深刻诠释,为我们理解资本金融化提供了重要的理论基石。资本作为一种"活生生的矛盾",始终在不断超越自身限制的过程中寻求新的发展空间。而金融,尤其是现代金融体系的出现,为资本的这种扩张提供了强大的助力,金融与产业运行的融合愈发紧密,资本金融化的历史逻辑逐渐清晰。它不仅重塑了生产方式,更在国家干预的推动下,形成了独特的经济运行模式。

然而,从实践逻辑来看,信贷扩张作为资本金融化的基础,虽在一定程度上促进了经济的发展,但也带来了诸多问题。金融市场在推动经济运转的同时,也因其"资本符号化"的隐性逻辑,导致了经济的虚拟化。金融衍生产品的出现更是加剧了这一趋势。当金融衍生产品与信贷和金融市场相结合时,一个脱离实体经济的自我循环虚拟经济体便形成了。这种模式在带来短期繁荣的同时,也埋下了巨大的风险隐患。从荷兰的"郁金香热"到美国2008年的次贷危机,历史的教训一次次警示着我们资本金融化的双刃剑特性。

在中国,资本金融化的问题同样不容忽视。改革开放以来,中国在经济领域取得了举世瞩目的成就,金融体系也实现了快速发展。制度不同的差异,决定了中国金融体系发展模式不可能模仿西方样式,而是通过顶层设计与"摸着石头过河"的实践推进方式,走到今天。虽然步履艰难,险象环生,风险系数不可低估,但毕竟我们走过来了,而且走得很成功。应当清醒地看到,在世界资本金融化的大背景下,中国面临着诸多挑战。一方面,我们需要利用金融的信用创造功能来推动经济增长,实现中华民族的伟大复兴;另一方面,我们也要警惕资本金融化背后的矛盾与风险,避免其对社会主义制度造成冲击。

---

① 希法亭.金融资本[M].福民,译.北京:商务印书馆,1994:207.

因此,任瑞敏博士关于资本金融化的形成机制及中国论域的研究,具有重要的现实意义。从学理上来说,它有助于我们深入理解资本主义经济的客观规律与金融运行机制的内在关联,进一步发展马克思主义政治经济学批判。从现实意义来看,它为中国在世界历史进程中合理使用金融杠杆、深化金融体制改革提供了有价值的理论探索。通过对资本金融化形成机制的深入剖析,我们能够更加清晰地认识到其背后的经济逻辑与历史必然性,从而在国际货币和金融合作中打造新的经济秩序和环境,为构建人类命运共同体贡献中国智慧。

任瑞敏博士的研究为读者提供了一个以全面、深入的视角理解资本金融化这一复杂而重要的问题的框架。在当今全球化加速的时代,资本金融化已成为不可回避的现实。我们既不能因噎废食,拒绝金融创新带来的机遇;也不能盲目乐观,忽视其中蕴含的风险。只有通过科学的分析与理性的思考,才能在资本金融化的浪潮中找准方向,实现经济的可持续发展与社会的长治久安。

上海财经大学　　张　雄
资深教授

目　录

导　论 / 001
 第一节　问题的提出 / 001
 第二节　何谓资本金融化？/ 006
 第三节　全书的结构安排 / 010

第一部分　资本金融化形成机制的历史逻辑

第一章　马克思对资本本质的诠释 / 015
 第一节　"资本"内涵的历史演变 / 015
 第二节　马克思关于资本本质的诠释 / 027
 第三节　马克思关于资本概念的解析方法及启示 / 039

第二章　资本金融化的历史逻辑 / 053
 第一节　历史哲学视域中的资本金融化 / 053
 第二节　资本的限制与超越：资本金融化的原动力 / 058
 第三节　资本形态演进的金融化趋势 / 068

第三章　现代生产体系金融化及其形塑的生产方式 / 083
 第一节　现代生产体系的金融化 / 083
 第二节　资本金融化推动生产方式的重塑 / 093

第二部分　资本金融化形成机制的现实逻辑及其批判

第四章　资本金融化的"债务"基础：生息资本的现代化 / 107
 第一节　债在现代经济发展中的作用、意义与后果 / 108
 第二节　资本扩张中信贷依赖的理论阐释 / 123
 第三节　信贷扩张背景下复杂而不稳定的经济结构 / 135
 第四节　信贷扩张的社会后果及其批判 / 145

第五章　"实"与"虚"的张力：金融市场的两面性 / 156
 第一节　金融市场概述 / 157
 第二节　金融市场在现代经济发展中的作用 / 163
 第三节　金融市场的虚拟性及其内在机理 / 173
 第四节　金融市场走向非理性的精神解析 / 185
 第五节　金融市场非理性的社会后果与批判 / 192

第六章　金融衍生产品的非理性发展 / 199
 第一节　金融衍生产品：精神创造高度张扬的具象化 / 200
 第二节　金融衍生产品的运行：以房地产金融化为例 / 203
 第三节　证券化：房地产从"不动产"到"动产"的跨越 / 213
 第四节　从物质到精神的裂变：对房地产金融化的批判 / 223

第三部分　资本金融化的中国论域

第七章　在世界历史进程中认识资本金融化对中国的意义 / 237
 第一节　在世界历史坐标中认识中国所处的时代 / 238

第二节　在改革开放进程中构建现代化的金融体系 / 245

第三节　在世界历史坐标中审视资本金融化对中国的意义 / 266

第八章 深化金融体制改革，加快建设金融强国 / 277

第一节　构建高水平社会主义市场经济体制：夯实金融发展的基础 / 277

第二节　处理好金融微观治理中政府与市场的关系 / 281

第三节　统筹金融开放与安全 / 285

参考文献 / 294

后　记 / 301

导　论

第一节　问题的提出

资本主义世界于20世纪70年代以后,在资本积累方面出现了新的变化:金融市场在资本扩张中居于主导地位,并重组了制度形式、社会调节机制、宏观经济运行和生产力发展模式。金融超越了其作为经济运行中调剂资金余缺的服务角色,形塑了新的生产模式与经济关系,修改了资本增殖的假设条件——能否得到金融机构的支持成为资本扩张的前提。金融在资本主义经济中的地位不断提升,西方左翼学者较早意识到这一变化,称其为"金融化"。但对金融化的概念,无论在学界还是政界,长期以来都是模糊的。西方马克思主义学派和新古典经济学都着重从金融在经济发展中的角色日益增强来认识这一概念,并进一步将研究的视域放在金融部门的膨胀、金融产品的衍生化以及实业部门金融化的驱动机制上。[①] 换言之,现有研究多关注现象本身,而对金融化的历史性较少关注。

事实上,金融在经济发展中的作用日益上升这一现象的根源在于资本的形态发生了变化,它从马克思笔下的产业资本发展到当代的金融化资本。因此,对于当代的金融化,应该穿透现象的迷雾,还原到资本这个最根本的基点上来认识。正是资本在自身形态上的嬗变,重塑了新的经济结构和社会结构。使产业发展模式和交往关系呈现出不同于以往的性

[①] 张成思. 金融化学说研究新进展[J]. 经济学动态;2020(12).

质,主要表现在以下几个方面。

(1)金融重塑了产业资本的发展模式

在20世纪20年代初,希法亭洞察到资本在形态上的新变化——传统的商业资本和产业资本日益被银行资本所控制,他据此提出了"金融资本"的概念,认为"不了解金融资本的规律和作用,就不可能明察当今的经济发展趋势,更不可能对经济和政策有任何科学的认识。"[1]资本形态的变化往往意味着生产关系的变化。从当时的情况来看,以银行资本为主导的金融资本在工业制造业领域打造了新的生产组织方式,形塑了大企业、大公司(以辛迪加、托拉斯等垄断企业为代表)为代表的大型组织,打造了以垄断为特征的资本主义生产方式,并形成更为尖锐的阶级矛盾,但客观上推动资本主义完成了工业化进程。但在20世纪70年代以后,资本主义进入后工业社会。按照丹尼尔·贝尔的观点,后工业社会的中心特征是对理论知识的汇编以及科学对技术的新关系。[2] 其中研究与发展为发明与创新服务,都是科学发展的一部分。

是什么决定了研究与发展为发明与创新服务?答案是资本。然而,资本是一个笼统的概念,也就是说不同时代的资本所能完成的时代任务是不同的。研发具有投资大、风险大的特点,后工业时代的资本显然更加需要解决好收益与风险的关系,以及为创新创造购买力的问题。金融也正是在这个意义上突破了仅作为服务者的角色,成为生产过程中的安排者。资本借助金融工具的量化思维实现了风险和收益的合理分担与配置,这为思想转化为物质提供了可实现的通道;运用支付手段的创新在不影响当前购买力的前提下,为创新创造新的购买力,在不改变原有生产形式的前提下,培育了新生事物的发展,直到时机成熟带来全社会的生产方式变革。它还将企业家与资本家分离开来,使企业家、科学家能够将精力专注于改变世界和创新发明,而由资本家承担成果转化过程中的风险。

---

[1] 鲁道夫·希法亭. 金融资本[M]. 李琼译. 北京:华夏出版社,2013:1.
[2] 丹尼尔·贝尔. 后工业社会的来临[M]. 高铦,王宏周,魏章玲,译. 南昌:江西人民出版社,2018:13.

(2)在阶级关系上,资金借贷和"员工持股"、员工期权等金融工具模糊了劳动者和所有者之间的对立,使阶级关系更为多元化

金融的社会化重新定义着无产阶级与资产阶级的内涵。在传统观念中,是否拥有生产资料是界分无产阶级与资产阶级的标准,生产资料与其价值是统一的。然而,在金融的作用下,那个实体性的生产资料与其所内含的价值被分离开了。金融工具就像化学试剂,萃取出实物性生产资料的纯粹价值符号,并将其碎片化为一份份可以在金融市场上自由流通交易的有价证券,生产资料的所有权实际上已转化为证券形式,可以在证券市场上市、流通、转让了。这些证券以多种表现形式(如股票、基金、债券等金融工具)普遍渗透到社会的各个阶层,这必然会对传统的阶级认定标准带来挑战。因为金融改变了社会的游戏规则,金融工具将社会各阶层重新洗牌,以资本的所有权为标准,划分为资本的供给者、管理者和需求者。人们在社会关系中的地位不再是单一而清晰的,而是相互交叉且多元复杂。与此同时,非物质劳动的兴起消解了传统的雇佣关系,在统一的劳动时间、劳动地点进行工作的劳动组织方式正在发生变化,更为自由的零工经济正在兴起,从而给以这种传统组织方式为基础的无产阶级的联盟、意识形态与革命意志都将带来新的挑战。

(3)资本在金融工具的作用下塑造了新的企业价值模式和社会交往模式

金融的介入颠覆了企业价值的认定标准,现金流取代长远价值成为决定企业市值的关键因素。于是就产生了这样一个现象,固定资产规模较大、曾经是资本实力象征的巨无霸企业(如石油化工、矿产、机器设备生产等传统行业),由于投资大、回报时间长而被现金流丰富的企业,如 Facebook、Instagram、亚马逊等所超过。这就是信用和货币主导下的经济运行法则,正如马克思所说:"在这里,一切都以颠倒的形式表现出来。"[①]企业价值的衡量不再绝对取决于其体量。以现金流作为衡量企业价值的

[①] 马克思. 资本论[M]. 中共中央马克思 恩格斯 列宁 斯大林著作编译局,译. 北京:人民出版社,2004,3:555.

标准是金融逻辑对现代经营理念的改变,一切项目只要预期能够得到充足的现金流就可以建立平台进行融资(如在共享经济概念中发展起来的共享单车)。这些商业模式的创新在便利人们生活的同时,也将资本的触角牢牢地植入人们的日常生活中。尤其是随着共享经济、网上购物等新兴经济模式的发展,推动了支付方式在人们日常生活中的渗透,支付宝、微信、余额宝这些无现金的支付钱包,除了代替传统的现金支付,实际上还充当了影子银行的作用。

(4)金融还是国际政治经济关系格局中的核心决定力量之一

约翰娜·蒙哥马利曾经提出全球化的定义决定于金融的观点,"全球化包含的内容如此繁杂,最终会因为'上千种的标准而消亡'。每一次新的定义都会导致人们重新诠释金融在新的经济政治结构中的新角色。"[①]。金融提供了国家之间跨越时空进行合作的技术支撑。自战后布雷顿森林体系以来,以美元为中心的世界金融体系推动世界经济走向一体化,这首先归功于强大的国际结算支付体系的形成。国际清算主要通过环球同业银行金融电信协会 SWIFT(Society for Worldwide Interbank Financial Telecommunication),目前已有两百多个国家和地区加入了该系统,它从技术上处理了全球资金贸易的往来。SWIFT 是一个全球性组织,但由于美元在世界清算体系中占有较高的比重而获得了主导 SWIFT 的权力。作为一家处理全球资金交换信息的媒介,美元的清算最终需要通过美国的美元大额清算系统 CHIPS(Clearing House Interbank Payments System)来处理,它处理了全球 95% 左右的美元跨境支付。国际清算的顺利进行是国际贸易交往繁荣的技术保障,但也形成了一个具有垄断性的世界经济贸易的空间,脱离这一空间将意味着无法开展世界贸易。

(5)金融主导经济运行会产生新形式的收入不平等

托马斯·皮凯蒂的《21 世纪资本论》之所以风靡全球,是他在新的时

[①] 约翰娜·蒙哥马利. 全球金融体系、金融化和当代资本主义 当代资本主义经济新变化与结构性危机[M]. 北京:中央编译出版社,2015:125.

代重思马克思之问——经济增长与收入不平等之间的关系,发现了其新的表现形式。他认为资本收益在财富和收入不平等的决定机制中发挥了关键性作用,是导致财富产生两极分化的根本性力量。然而,皮凯蒂大量的数据整理虽然实证性较强,但过于技术性的研究方法忽略了资本的历史性,没有从资本的本性和它作为一种社会关系的角度揭示资本的特性。资本在表现形态上不是一成不变的,它作为社会关系的表征,随生产力的进步而不断调整自身。21世纪资本的运行机制被金融逻辑所统摄,资本借助金融重组了社会关系,也使得自己作为"关系"的概念融入了金融的特色。现代资本主义精神已不是古典经济学家笔下的"勤俭节约",而是如何利用金融手段实现企业的扩张和个人价值的实现;现代资本主义社会的资本生产过程也不再是马克思所认为的(以产业资本为主导)货币资本—生产资本—商品资本之间的循环,而是在金融杠杆的作用下跨阶段运转。

综上所述,21世纪的经济社会已被金融所座架,它的自我扩张与功能异化引起社会秩序和经济结构的大变局,给经济、政治、社会生活带来巨大影响。"密纳发的猫头鹰要等黄昏到来,才会起飞。"[1]对于哲学而言,其任务就在于理解存在的东西,从而在思想中把握它的时代。作为现实的资本金融化已经成熟了,它作为一种存在已经被显现出来而成为被认识的对象。对于社会领域发生的如此重大的变革,对现实尤为关切的马克思主义哲学更应当及时关注,从理论上加以阐明以回应时代所提出的问题,以进一步彰显马克思主义理论的生命力。正如资本在马克思的概念中并不是一个纯粹的经济学词汇,而是融合了哲学和经济学意蕴的整合性批判。资本的金融化在马克思主义哲学的论域中也不能当作一个纯粹的经济学概念,对它的研究不能仅从经济学视域来进行,而是要在资本的历史进程中考查它的历史前提、生成过程、运行机制以及未来趋势,这就上升到了哲学的高度。但对于资本金融化的研究又决不能离开经济

---

[1] 黑格尔.法哲学原理[M].范扬,张企泰,译.北京:商务印书馆,2014:14.

学的维度,因为它是在自身的运动过程中打造了经济基础,生成了与之相应的生产关系,因而离不开经济学的分析,否则将会陷入空洞的宏大叙事。因此,对资本金融化的整体性研究应该是基于哲学与经济学的跨学科视域,在经济哲学的框架中认识它产生的终极原因及其未来的发展趋向。

在全球化时代,资本的金融化不可避免地会影响到我国,因此我们要对它有一个全面的认识。国内不少学者针对金融在经济中日益占据主导地位的现实,认为资本主义已进入金融资本主义时代。这是有道理的,然而,不可忽视的是,在很多发展中国家或实行市场经济体制的国家,金融的地位也在日益上升。也即金融获得主导现代经济的权力不是一个局部现象,而是在世界范围内具有普遍性。这是因为人类的历史已进入世界历史,尽管各民族与国家的发展程度不同,但在世界历史这个特定的空间中都表现出一种"规律—趋势"性,使国家与民族的历史日益归属于世界历史。因此,考量资本金融化对中国的意义离不开世界历史这个空间坐标。

第二节 何谓资本金融化?

"金融化"是近些年来经济学界的热门词汇,国内外学者都对其进行了较为细致的研究,但在概念的认定上由于侧重点不同,所指内涵也有所不同。流行的观点主要是从金融化的成因与后果来探讨资本主义在经济表现或资本积累上的变化。主要有以下几类。

(1)从"生产停滞"的角度看,金融化主要是指资本市场上的金融投机。西方左翼学者对资本主义的金融化研究最具代表性。斯威齐与巴兰[1]基于剩余资本和生产停滞的出现,指出资本在流通中寻找避风港,金融投机活动的增加导致金融化成为弥补利润的一种方式。很显然,此处

---

[1] 斯威齐,巴兰·垄断资本——论美国的经济和社会秩序[M]. 南开大学政治经济系译,北京:商务印书馆 1977:105-106.

的金融化重点是指在金融市场上的投机行为。马格多夫和斯威齐(2009)根据经济结构的变革,进一步探讨了资本主义生产停滞和债务扩张趋势的双重特征及其内在关联。约翰·B.福斯特(2007)延续了斯威齐的思想,他们认为实体经济中生产和投资的停滞趋势,促使资本主义通过经济金融化方式弥补停滞趋势的后果。也就是资本市场成为获取利润的重要途径。戈德拉·A.爱泼斯坦(2009)认为金融化导致国内外的金融精英大发其财,经济却陷入停滞。阿瑞吉(2011)从历史变迁的轨迹出发,认为金融化的出现通常意味着资本主义生产之秋的来临。

(2)从"资本积累"的来源看,金融化是指企业利润来源于金融渠道

布伦纳(2009)把金融化定义为一种积累模式——利润主要通过金融渠道而非贸易和商品生产生成,认为生产能力过剩与金融化有关。克里斯·哈曼(2009)和卡里尼克斯(2012)与布伦纳的观点类似,认为金融化是当代资本主义的显著趋势,金融化扩张是基于过度积累机制的假设。克瑞普纳(2009)也把金融化定义为一种积累模式,他通过实证分析发现美国经济的利润主要来自金融渠道而非商品制造和贸易。迈克尔·赫德森(2008)也认为资本积累的大量过剩资本是金融化的主要原因。

(3)从"新自由主义"的经济环境出发,认为金融化是金融资本在经济生活中的扩张

大卫·哈维(2013)认为资本主义金融化的根源在于新自由主义,他以"时间—空间修复"理论阐述了金融资本是如何转移剩余资本的。大卫·科茨(2012)认为"金融化"揭示了金融在经济活动中的扩张性作用,认为新自由主义的重构是推动金融进程的直接原因。热拉尔·杜梅尼尔、多米尼克·莱维(2004)认为新自由主义与金融化是一种"实质"与"表象"的关系,他们从资本主义社会变迁的角度将金融化理解为金融资本权力的重新恢复和扩张。这种看法基本上是把金融化理解成了金融资本在当代的复兴。

(4)从"技术与企业行为变革"的角度,认为金融化是金融性指标在企业组织管理与资本积累体制中的作用

主要以法国调节学派为代表,该学派认为金融资产积累体制的产生与全球化和新技术革命,特别是信息革命有着紧密联系。在这一新的积累体制中,企业行为变化的中心是股利。"股东价值"在企业诸多目标中占据支配性地位,从而导致非金融公司在公司战略和收入分配方面倾向于更多地向股东分红,在投资决策领域倾向于公司资产的流动性和更多地涉足金融业务。代表人物有阿格利塔、博耶等。

(5)从信用制度出发,认为金融化主要是其虚拟性的扩张

渡边雅男(2016)认为信用制度、幻想的世界(第二级市场)虚拟资本的扩张运动、生息资本的运动以及建立在前两级市场上的消费者信用和金融衍生品的世界(第三级市场)打造了经济的金融化。这种看法主要是遵循马克思的研究理论,从信用制度出发讨论金融的虚拟性增强对实体经济的影响。

由以上分析可看出,虽然学界对金融化概念的认定并不一致,但都集中于以下两个事实:一是从广度上来看,金融活动已广泛渗入经济体系当中;二是从深度上来看,金融已经取得了对现代经济的支配权。然而,仅凭这两个特点实际上也难以明确资本金融化的内涵,因为希法亭和列宁所说的金融资本也具备这两个条件,它也曾经获得了生产领域中的主导权,重塑了社会关系,推动自由资本主义进入垄断的帝国主义阶段。但资本的金融化显然在社会效应和经济效应上并不同于金融资本,因此,它与金融资本一样具有时代性,本质上是资本在超越自身限制的过程中,推动了资本主义进入新的阶段。那么对资本金融化的研究就不能停留于对金融部门的膨胀、经济虚拟化等外部表象的批判,而是要将其置于特定的历史框架,在历史发展进程中认识它存在的客观必然性,但这又以在经济社会实践中认识它的具体运作原理为基础。

本书认为资本金融化是资本在形态上的演变,代表了一定的历史发展阶段。在表现形式上,是指资本在借助于金融机制扩大再生产的过程中形塑了新的生产关系,揭示这种生产关系所构建的资本运行机制是本书的任务。金融对资本的意义主要体现在:功能上,随着现代生产力的迅

速提高,社会分工越来越细,要素组合的模式也越来越多样化,金融充当了凝结要素组合的工具,提高了生产效率;关系上,它利用金融的社会化优势打造了经济的社会化,从而将资本扩张的时间与空间推广到尽可能大。客观上也将金融的运行规则强加于这种扩张过程中,使之呈现出鲜明的金融逻辑。

不少学者通常将资本金融化与金融资本这两个概念互换使用,事实上,如果是列宁和希法亭意义上的金融资本,那么资本的金融化和金融资本是不能混同使用的,它们分别是资本在不同时代的形态表现,具有不同的时代内涵。资本的金融化区别于金融资本的显著特征是将"社会大众"网罗自己的空间中,发挥"社会大众"在资本扩张中的作用(比如消费社会的打造),以缓解生产资料私有制与社会化大生产之间的矛盾。对此,罗伯特·希勒所提出的"金融大众化"的设想,有助于说明这一问题:"将原本仅由华尔街的客户享有的特权传播给所有沃尔玛客户,我们需要将金融覆盖的领域从资金资本延展到人力资本,使金融能够协助人们应对平常生活中的真实风险。"[1]在这里,将金融作为处理风险的工具,那么金融思维由此将被广泛撒播到社会之中,增强了社会对金融主导社会秩序的认同感。随着金融对经济生活的渗透,居民的日常生活交易也被金融所主导。比如前面所述的支付宝、微信支付、唯品钱包等在人们日常生活中越来越占据主导地位,反映了金融化对传统交易习惯甚至社会习俗的颠覆。

资本金融化对社会大众的吸纳是资本克服原有狭窄的生产关系的结果,但它又带来了新的矛盾,对世界的改变是双向的:一方面使资本效能的发挥更加高效,将更多的人的创造力吸引到资本的运行机制中,最终都转化成资本的生产力。罗伯特·希勒对此也提到过,金融能够帮助普通人实现自己的梦想,比如促生创新者和发明家,使有商业头脑的人在风险投资人的资助下创建新公司等。但另一方面它也形塑了一个高度复杂的

---

[1] 罗伯特·希勒. 新金融秩序[M]. 束宇,译. 北京:中信出版社,2014:2.

社会。金融在降低非系统性风险的同时,增加了系统性风险。风险较之过去更为复杂,不确定性也更强。在之前的社会中,经济有其自身的循环方式,从生产到流通有一套自然秩序。但金融的介入,在经济循环中加入人为的因素,在适度的情况下有利于经济发展,但超过一定的限度,金融就会变得激进而走向反面。因为金融的杠杆性和通过时间价值增殖的方式对于资本究竟是在生产领域还是在流通领域是无差别的,而且在流通领域中金融的增殖更快,导致经济的虚拟化与泡沫化、金融衍生产品爆炸式增长、房地产投机泛滥。然而,对于整个生产体系而言,资本的增殖只能在生产领域,而在流通领域中不能产生剩余价值。用扩张金融的手段去获得财富,实质上是企图在流通中创造财富。这不仅在思路上是荒谬的,而且会将从生产领域中得到的财富转移到流通领域中,增加经济的复杂程度,提高经济的风险性和虚拟性,激发人们的投机心理。这也是很多学者批判金融化的重要原因之一。

总体而言,金融作为一种工具座架了物质和意识、生产与流通、组织与社会大众等。如果说产业革命时期是资本使劳动发生了异化,那么在当代经济社会中,则体现为金融对资本和劳动的双重异化。金融作为一种渠道,反而主导了资本积累和劳动生产的方式。

第三节 全书的结构安排

现代经济运行中常见的金融部门膨胀、虚拟化等只是资本金融化的症候,其动力是资本在超越自身限制而打造新的生产关系的过程中形成了新的资本形态。但由于资本的本质所决定的自身矛盾性,在克服原有限制的同时又产生了新的问题。本书的主要任务是运用历史唯物主义方法论,在哲学与经济学的跨学科研究中揭示资本金融化的形成机制。金融是一个大概念,从宏观角度可分为债权型金融和权益型金融,它们对经济的影响方式不同,分析金融化需要将其区分开来讨论。债权型金融(主要是银行信贷)在其运行中存在真实和有效的经济关系,深深扎根于经济有机体中;而权益型金融则具有较高程度的局部性,尤其是在纯粹的二级市场还具有关系的虚幻性,不会对经济结构产生全局性影响。但当权益型金融建立在债权型金融的基础之上时,就会真实而广泛地影响到整个经济。

全书在结构安排上主要包括三个大部分:第一部分是资本金融化的历史逻辑。在厘清马克思关于资本概念的本质及其三重批判的解析方法的基础上,重点分析哲学视域内,作为历史进程的定在的资本图式。这个意义上的资本不同于在经济层面上推动经济运行的那个资本,而是关于历史发展进程的,以及由这个概念所形成的范畴和理论体系。作为历史某个发展阶段的实在主体的规定者,资本是理性的,它不断修复否定自身的力量,同时打造能够广泛调动一切社会资源的制度体系,进一步提升自己在这种关系模式中的权力。在这一过程中,资本在形态上也调整了自身,那么它所代表的生产关系也必然随之发生调整。随着信用制度的发展,以银行为代表的专业经营货币的机构(金融机构)逐步与产业资本融合在一起。随着国家的干预,推动了来自多种金融机构的货币资本以多种形式参与企业资本积累,体现为一种资本金融化的状态。因此,资本金融化是在以资本为基础的生产过程中历史地生成的,是资本发展到一定阶段的产物,具有必然性。它重塑了适合自身发展的生产方式,认识到这一变革是发展马克思主义理论所必需关注的。

第二部分是资本金融化的实践逻辑及其批判。从微观经济运行机制上剖析资本金融化的形成基础是信贷扩张。生息资本被马克思视为是古老的资本形式,它在当代接受了理性的洗礼,被注入了新的生命力——信用创造。尤其在国家的参与下,信贷扩张不完全是一种基于个体经济的市场行为,而是带有维护经济安全的政治性目的,使信贷表现出防止经济萧条和促进经济非理性繁荣的两个吊诡的功能。信贷扩张助推了金融市场的两面性:一方面关涉现代公司治理方式和资本扩张路径;另一方面吸纳过剩货币,当代国家为防止经济萧条普遍存在超发货币的现象,过剩货币会大量流入金融市场。纯粹的金融市场即使发生危机也不会对经济机体造成实质性的伤害。历史上,荷兰的"郁金香热"就属于这种类型。但"金融市场＋信贷"就成为一种风险极高的投资模式,一旦发生危机,破坏性极强,法国的"密西西比泡沫"、美国20世纪30年代的大危机就属于这种类型。金融市场充足的货币和追逐资本增殖的强烈动机刺激了金融创新,衍生产品呈爆炸式增长。衍生产品从本质而言,影响面更加有限,但当衍生产品与信贷和金融相联系,就会形成一个逻辑自洽,自我循环的虚拟经济体。最有代表性的是房地产的金融化,它的模式是"信贷＋金融市场＋金融衍生产品",2008年的次贷危机就源于此。

第三部分是资本金融化的中国论域。资本金融化是历史发展到一定阶段的结果,如何看待资本金融化对中国的影响是本书研究的落脚点。当代的历史体现为世界历史,各个国家和民族尽管社会制度和发展程度存在很大差异,但全球化已经将世界各国置于共同的空间中,人类的历史愈来愈体现为世界历史。对我国而言,开放是不变的目标,我们要在世界历史进程的框架中寻找我们所处的时空坐标。在这样一个被资本金融化所统摄的新型世界秩序中,我们应当正视资本金融化的客观现实,一方面对它的认识不能止步于金融部门的膨胀、经济虚拟化这些现象,而是要穿透现象探寻背后的实质;另一方面要清醒地认识到它的两面性,金融只有在理性的社会制度和完善的市场经济环境中才能充分发挥其积极性。对我国而言,要在世界历史进程中认识资本金融化的影响,重点注意三个方面:一是继续深化改革,构建高水平社会主义市场经济体制,夯实我国金融机构健康发展的基础;二是处理好金融微观治理中政府与市场的关系;三是统筹金融开放与安全。

第一部分

资本金融化形成机制的历史逻辑

第一章　马克思对资本本质的诠释

资本是当代金融发展繁荣的基础。货币和资本在工业革命以后成为驱动历史发展的车轮，商品和贸易成为国家之间交往关系的主要纽带，随之而来的是社会结构、政治制度、文化习俗的变革。这一切都源于资本对人类社会发展的统摄与重塑，认识资本金融化的运行机理首先需要对资本的概念有深入的把握。

第一节　"资本"内涵的历史演变

"经济学如能在资本的理论方面取得一致意见，那么其他所有问题就迎刃而解了。"[①]资本，虽然在现代经济社会中是一个高频词汇，但究竟什么是"资本"？人们对这一耳熟能详的词语却很难做出令各方都能信服的回答。这是由于"资本"一词所研究的对象题材极其复杂，术语的抽象概括性和实际运营中的具体性经常混杂在一起。另一方面，"资本"又是一个日常用语，本身具有丰富多样性，意涵时常交叉重叠，有时指整体意义上的财富，有时指货币，有时又指一些无形而又能带来好处的事物（如美丽、品格等），等等。这也说明人们对"资本"的认识在不同的视角、不同的情境下有不同的内涵。但对于研究而言，必须首先有确定的概念内涵，因为它规定了所要研究的基本对象和问题的"域"。

---

① 约翰·伊特维尔，默里·米尔盖特，彼得·纽曼. 新帕尔格雷夫经济学大辞典[M]. 北京：经济科学出版社，1996，1：356.

一、资本的词源释义

"资本"的内涵随着历史的发展、经济制度的变迁和学科的科学化进程而不断演化。从词源上来看,资本的英文表达 capital,与拉丁语 caput(作"头部"讲)同词根,指的是牲畜的头数。在古代,牲畜是财富的来源,也是可以流动的资产,更为重要的是牲畜可以繁衍后代,意味着增殖或孳息。但财富还有另外一个词 wealth,由于古代经济活动的有限性,财富的来源和财富的象征之间的区分并不明确。因此历史上的很长时间内,capital 并不是主要用来指称资本。根据历史学家布罗代尔的研究,"资本"(capitale)一词是在意大利被创造,被驯化和逐渐成熟的[1]。它最晚在 1211 年就已经问世了,1283 年以商行资本的含义出现,14 世纪已被普遍使用。在当时的意大利,商业活动的繁荣催生了资本能带来更多货币的内涵的形成,通常与"资金"或本钱有关。但也不是唯一词汇,同时还有 corpo、corps 等词交替使用。然而,多种词汇的使用不于商业交往,"经过长期而混乱的论争,在整个欧洲范围内,脑袋(capitale)终究比躯干(corpo、corps)稍胜一筹。资本一词于是从意大利出发,接着在德意志和尼德兰广为传播"[2]。资本(capitale)的胜出实际上反映了经济活动在社会中的深化,出现了统一内涵以界定它所代表的经济范畴的历史诉求。虽然此时距离对资本的现代认识还很远,但它已经具备了现代意义上的内涵——增殖,这具有重要意义。每一门科学都有自己特殊的语言,在语言的基础上才能发展出特有的话语体系。有了"资本"这一特殊的术语,现代经济学才可以此为前提,研究由它主导下的经济运行特征。

资本的含义是在流通过程中逐步丰富起来的,缘起于商业贸易中的成本—收益核算。因此,资本的涵义起初主要在货币的数量意义上被理

---

[1] 费尔南·布罗代尔.15—18世纪的物质文明、经济和资本主义[M].顾良,施康强,译.北京:三联书店,1996,2:236.
[2] 费尔南·布罗代尔.15—18世纪的物质文明、经济和资本主义[M].顾良,施康强,译.北京:三联书店,1996,2:236.

解的。杰弗里·霍奇森认为这源于13世纪意大利复式簿记的创新性发展,资本核算方法要求资产的货币化计量。生产和贸易的货币化计量意味着实物价值被抽象为统一的货币数量,量的直观超越物的实体和多样性,对于厘清复杂经济事务中的经济联系具有重要意义。但用账面数量去廓清具体实物也引申出更为广义的内涵,比如复式簿记同时记录债务和资产,除了把实物商品的货币量看作资本,还包括合资公司合伙人的投资额,也就是股本。这一需求随着商业的发展而更加迫切,由于更多人的参与,组织在成立上日渐社会化,需要根据出资人的出资额界定明确的责一权一利关系。因此,后来资本作为预付的货币本金的内涵就逐渐发展起来了,"从13世纪的意大利到18世纪的英格兰,资本这个词的大多数用法表示的意思都是所有者或者股东开展一项业务的预付货币"[①]。由此可以看出,资本的所指在一开始就包含有后来金融化时期的那种基础,它显著关联于商品、货币、贸易和金融。但是否会带来裂变式的发展,取决于它们所存在的经济基础和制度环境。总体而言,这一时期的资本主要是对货币的细化,特指那些用货币量化的实物以及能产生更多货币的预付金(股本),尚未上升到能够作用于社会结构、产业利润和阶级结构的高度。

二、古典经济学家对资本的认识

(一)斯密以前的古典经济学家关于资本的认识

当资本深入生产领域、开始颠覆传统生产方式、以自身存在为前提,创造适合自身需要的现实条件时,就表明资本开启了它的现代意义。一个社会的物质生产方式,决定着该社会的制度规则、阶级结构和上层建筑,资本涉入物质生产,也就意味着属于该社会特征的社会结构发生了变迁。生产从主要为人们提供生活资料上升为主要的经济活动,是在18世纪中叶以后。重农学派最早发现了资本对于生产的意义,但他们都未使

---

① 杰弗里·霍奇森. 资本主义的本质[M]. 张林,译. 北京:格致出版社,2019:152.

用"资本"一词。虽然他们的认识已经具有现代资本的内涵,比如康替龙(用"基金")和魁奈(用"预付")都发现了积累一定的货币资金的重要性,魁奈甚至发现了投入的货币资本与生产效益之间的正相关关系,但还没有形成关于资本的系统性认识。

杜阁是资本作为生产要素这一专门理论的创始人,[①]他把魁奈在农业理论中的"预付"思想扩大至商业和制造业,认为预付是用资本来支付的,代表"积累价值"。他还看出了资本所有者之间的竞争会导致投资的报酬率下降,类似于凯恩斯提出的资本边际效率(MEC)递减规律。杜阁所说的资本主要是指货币资本,因为货币是一切商品中最易保存而不惹麻烦的。[②]但积累起来的年产品的储备事实上也是资本的一种形式(尽管他并没有使用"资本"这一术语),这类资本可以应付意外事故或增加生活方面的舒适度,这类储备还可以作为挣取利润的商品。杜阁还提出了"可动的财富",是没有消费掉的年产品积累起来而保有的东西,比如家具、房屋、餐具、库存商品、各行各业的工具和牲畜等,并认为这类财富是"一切有利可图的事业不可缺少的先决条件"[③],已体现出对资本品存在意义的研究了。总体而言,杜阁关于资本在经济中的作用具有现代意义,推动了"资本"这一术语的使用,为资本在生产中的意义做了初步揭示。但总体而言,这种研究只是宏观意义上的,尚未深入生产过程研究资本对社会结构的影响。

(二)斯密关于资本的认识

资本在生产中的系统性研究主要是古典经济学家。现代经济学的创始人亚当·斯密对资本的理论创见,奠定了古典经济学将一国的经济增长建立在生产与劳动的基础之上,扬弃了重商学派把贸易顺差作为国家

[①] 约翰·伊特维尔,默里·米尔盖特,彼得·纽曼. 新帕尔格雷夫经济学大辞典[M]. 北京:经济科学出版社,1996,1:357.
[②] 见杜阁. 关于财富的形成与分配的考察[M]. 南开大学经济系 经济学硕士教研组,译. 北京:商务印书馆,2014:47.
[③] 见杜阁. 关于财富的形成与分配的考察[M]. 南开大学经济系 经济学硕士教研组,译. 北京:商务印书馆,2014:49.

财富来源的商业主义理念,构建了资本、劳动与生产之间的函数关系,以一国财富的增长为核心,阐述资本对劳动与生产的意义。从本质来看,斯密的理论是对现实社会实践的提炼。18世纪60年代,第一次工业革命已开启,机器大工业代替手工劳动登上历史舞台,生产力的进步推动生产方式的变革和相应的社会结构的转换。斯密的资本理论实际上是在这种历史背景下对实践诉求的呼应。但斯密对于资本的指涉事实上是不清晰的,除了传统意义上的货币资本、借贷资本等以货币形式为表现的资本,还包括以物质为载体的资本(如作为生产资料的固定资本)。他接受了重农学派关于资本主要是指货币资本的观点,但在更广泛的意义上扩大了这一概念的使用范围,还引入了一个内涵广泛但极易引起混淆的概念——资财。资本是资财这个集合的子集,总的资财包括用于消费的部分和用于取得收入的部分,只有希望取得收入的那部分资财才是资本。它具体有两种使用方法:一是用来生产、制造或购买物品,然后卖出去以取得利润,这被称为流动资本;二是用来改良土地,购买有用的机器和工具,或用来置备无需易主或无需进一步流通即可提供利润的东西,这被称为固定资本。[①] 固定资本与流动资本并非绝然不同,固定资本由流动资本转化而来,因而需要流动资本的不断补充,因此其内涵又相当于资本品。也就是说资本和资本品在斯密这里是混在一起的。

资本从何而来?这是斯密对现代经济学的贡献所在。他将对资本的理解建立在劳动的基础上,认为资本的积累来源于生产性劳动。劳动可以分为生产性劳动和非生产性劳动,其中生产性劳动可生产价值,固定于某种特殊商品之上,经历一些时间就可以收回资本兼取利润,因而能够积累资本,也就是劳动价值论。由于这种劳动不会随生随灭,因而资本就像是贮存起来的劳动。资本能够推动生产性劳动生产有价值的商品,资本的规模越大所能推动的劳动量也越多,因而资本积累是促进财富增长的核心要素。由此,也引申出资本与劳动之间不可分割的关系。但斯密关

---

① 亚当·斯密.国富论[M].郭大力,王亚南,译.北京:商务印书馆,2016:261—262.

于劳动与资本的关系是基于一种自然秩序中的分工态度,他并没有从阶级关系出发研究资本如何在推动劳动的过程中产生增殖,斯密的资本实际上是"见物不见人"的。

斯密还以资本为基础阐明了一国合理的经济结构。资本有四种用途:第一,用于获取社会上每年所需使用所需消费的原生产物;第二,用以制造原生产物,使之适于眼前的使用和消费;第三,用以运输原生产物或制造品,从有余的地方运往缺乏的地方;第四,用以分散一定部分的原生产物或制造品,使之成为较小的部分,适于需要者的临时需要。① 这四种用途对应三种事业,分别是农业、制造业和出口贸易。对于这三种事业的运营发展与资本是否充足有关:若资本充足,可兼营三种;若资本不充足,那么首先发展农业,其次是制造业,最后是出口贸易。斯密非常反对在资本不充足时发展三种事业,"企图以不充足的资本,在时机未成熟时兼营这三种事,都不是取得充足资本的最捷途径"②。斯密这种关于产业发展与资本充足之间的关系,仍然具有现实意义。

斯密对于资本的认识并非单纯经济意义上的,可分为两个层面:一层是作为促进经济增长的关键要素,比如他提出的资本推动劳动创造价值的观点。一层是社会学意义上的,资本作为摧毁等级社会,建立自由主义市场经济的作用。他所说的人性中的"自利"实际上是一种目的理性,阐明了理性的"利己"会实现"利他"的社会命题。以后的古典经济学家重点传承发展了斯密关于资本的第一层含义,而丢失了斯密运用资本构建和谐社会的思想。

(三)斯密之后的古典经济学家对资本的认识

斯密搭建了资本积累与经济增长之间的关系的基础架构,此后的古典经济学家基本围绕这一架构展开深入研究,逐步对资本的概念进行厘定,不断充实完善着斯密所开创的现代经济学体系。首先是大卫·李嘉

---

① 亚当·斯密. 国富论[M]. 郭大力,王亚南,译. 北京:商务印书馆 2016:340.
② 亚当·斯密. 国富论[M]. 郭大力,王亚南,译. 北京:商务印书馆 2016:346.

图,他认为"资本,或则消耗迅速,常需再生产,或者徐徐消磨,无需常常再生产,故资本可分为两类,一曰流动资本,一曰固定资本"[①]。不过他同时也认为这两种区分并非本质上的不同,不存在分明的界限。他对资本的分类实际上遵循的是斯密的划分方法,比如将资本分为流动资本和固定资本。但具体在标准上又有所不同,他按照资本消耗的"快"和"慢"来进行分类,这显然是一个不精确的划分方法。什么叫"快"？什么是"慢"？他并没有做出时间上的限定。另外,从李嘉图开始,资本主要在经济学意义上予以探讨,而在社会学意义上逐渐萎缩。这一方面说明随着机器大工业带来的生产力的提升,促进了经济活动的繁荣,实践加大了对资本作为一种生产要素的研究需求；另一方面也说明资本在摧毁封建等级社会制度上的胜利,资产阶级已经成为社会的主导者,降低了对这方面的关注。此外,随着经济活动向社会的纵深发展,经济已上升为国家和全社会的头等大事,经济学作为一门学科呼唤知识的系统化和科学化。这要求运用一定的方法论将经济知识理论化、体系化。因而,资本这一指称就从实践的丰富多样性中抽离出来,从杂多的内涵中规范出来,成为经济学中的专业术语。

由于物理学在近代以来的革命性,自然科学的方法论深刻影响了政治经济学。之后的古典经济学家致力于将政治经济学打造成一门关于财富的性质、生产和分配的科学,阐明财富生产的一般原理。政治经济学的科学化本质上是阐释资本作为财富生产的关键要素如何推动社会生产的高效,作为一种关键的生产要素,其内涵与逻辑都限定在政治经济学的科学化框架中。这实际上抽去了资本丰富的社会性和其背后所隐藏的社会关系,它成为一个抽象的、没有社会内容的物品,只服务于如何增加国家财富的目标。李嘉图在研究方法上已经借用了自然科学的假设—演绎法来研究资本的运行机制。但在科学化上迈出坚实一步的是萨伊,西尼尔、穆勒紧随其后。萨伊认为政治经济学是实验科学的一部分,与严正科学

---

① 大卫·李嘉图. 政治经济学及赋税原理[M]. 郭大力,王亚南,译. 南京:译林出版社,2014:12.

一样,由几个基本原则和由这个基本原则所演绎出来的许多系论或结论组成。① 纳索·威廉·西尼尔还强调政治经济学的客观中立性,他认为:"作为一个政治经济学家的职责,既不是有所推荐,也不是有所告诫,而只是说明不容忽视的一般原理;但是,如果以这类原理作为实际事务处理中唯一的——或者,即使是作为主要的——指导,那就既不适当,事实上也恐怕行不通。"② 这实际上意味着西尼尔为政治经济学的研究任务和当时普遍关注的人类的福利之间进行了划界,政治经济学只研究财富,因而资本是政治经济学范围内有关生产与财富的要素。

萨伊认为物品的效用是物品价值的基础,物品的价值又构成了财富,对创造财富的理解必须从效用的角度进行。因此,"所谓生产,不是创造物质,而是创造效用"③。也是由于这样的理解,萨伊从效用的角度看待价值而被马克思批判为庸俗。在资本的概念和范畴上,他认为资本可以分为生产性资本和非生产性资本,其中生产资本包括:(1)各种技艺所使用的工具。(2)劳动者在执行他部分的生产任务时所必需的生活必需品。(3)劳动者所使用的原料,他通过劳动把这些原料改变为制成品。④ 在这里,就连生活必需品都是资本,那么萨伊的资本范畴无疑是较为宽泛的,虽然他始终强调是从预先垫付费用和卖掉产品以后进行收入补偿这个意义上而言的。但这样一来似乎只要拥有特定技能的人都有资本,比如医生、教授、律师、音乐家,甚至包括公务员。照这样的逻辑思路,一个成人就是一项累积资本,用所教养的款项来计算。这样来理解资本类似于现代的人力资本,也由此看出资本在萨伊的视域中是无关阶级的,只与先前的预付与事后的收入有关。对于货币,萨伊认为如果货币用于促进产品交换,也属于资本的范畴,包括借贷资本。

西尼尔对资本概念的梳理与界定主要是出于学科科学化的需要,他

---

① 萨伊. 政治经济学概论[M]. 陈福生,陈振骅,译. 北京:商务印书馆,2017:23.
② 西尼尔. 政治经济学大纲[M]. 蔡受百,译. 北京:商务印书馆,2012:4.
③ 萨伊. 政治经济学概论[M]. 陈福生,陈振骅,译. 北京:商务印书馆,2017:60.
④ 萨伊. 政治经济学概论[M]. 陈福生,陈振骅,译. 北京:商务印书馆,2017:23.

认为术语的精确和前后一贯的使用对于政治经济学的发展至关重要。"资本这个词所指的是,出于人类努力的结果、用于财富的生产或分配中的一项财富。"①西尼尔的这个定义意在强调资本不是单纯的生产手段,而是把劳动、自然要素、节制等三种生产手段结合起来的结果。这种认识具有进步性,即他是在一定的关系中考察资本在生产中居于核心地位的原因。资本能够带来更加有效的社会,他认为从资本使用中可以得到两种利益:一是器械的使用。劳动工具是提高劳动生产力的核心,对劳动工具的改进内含着节制,人们放弃眼前的享乐,将精力和经费用于工具的改进。二是分工,西尼尔所谈的分工不同于斯密,他认为斯密的分工是指"生产划分",分工除了生产划分,更是世界范围的。分工的重要后果是把通过预付资本以协助生产的那些人和只贡献劳动的那些人区分开来,前者称为雇主,后者称为工人。②就资本自身而言,按照它所适应的目的可以分为再生产的、单纯生产的和非生产的三种。再生产的资本"用来表示可以用来生产跟它自己属于同一种类的事物的那类财富"③。这类资本主要是用来从事再生产的,如铁工厂里的铁制工具。单纯生产的资本,作为生产的手段,不能生产出与自身同类的事物,也就是不能用来生产供作生产性消费的那些资本。非生产的资本,是指"预定是要作非生产性使用的、但是还没有成为其最后消费者的所有物时的那类商品"④。比如放在商店里的珠宝。尽管表现形式不同,西尼尔为资本下了一个具有统一性的定义,认为凡是能够产生利润的,都应当称为资本。

古典经济学的代表人物约翰·穆勒⑤在前人的基础上,对资本的概念做出了当时最具影响力的解释说明。他认为资本与劳动、自然界的力量一样是生产要素的一种,其中资本是至关重要的,是使生产活动超越原始且不充分状态的力量。这表明穆勒已洞察到资本在改变生产方式上的

---

① 西尼尔. 政治经济学大纲[M]. 蔡受百,译. 北京:商务印书馆,2012:72.
② 西尼尔. 政治经济学大纲[M]. 蔡受百,译. 北京:商务印书馆,2012:115.
③ 西尼尔. 政治经济学大纲[M]. 蔡受百,译. 北京:商务印书馆,2012:95.
④ 西尼尔. 政治经济学大纲[M]. 蔡受百,译. 北京:商务印书馆,2012:96.
⑤ 约翰·斯图亚特·穆勒(John Stuart Mill),又译约翰·斯图亚特·密尔。

作用。他澄清了将货币等同于资本的含混说法,以能否对生产起作用为标准,指出货币本身不执行资本的任何功能。资本就其本质而言是事先积累的前期劳动的产品的存量,①因此要充分理解资本就首先要对劳动有全面的认识。他把劳动分为生产性和非生产性劳动,接受了萨伊关于劳动是创造效用的观点,认为生产性劳动就是指生产体现于物质实体中的效用的劳动。② 生产性劳动意指生产财富的劳动,③这里的"财富"仅指物质财富。这也就是说提供服务的劳动不属于生产性劳动。那么与之相对应的非生产性劳动并非以增加物质财富为最终结果,不会在物质产品方面使社会变得更富有,反而会由于雇佣劳动者从事这种劳动因而需要进行消费,进而变得更为贫困。④ 穆勒将这类劳动归类为:"所有以当下的享受为目的的但又未能实现享受的持久性手段的累计存量,都是非生产性劳动。"⑤在厘清这两个概念之后,穆勒廓清了资本的范围,任何具有这种用途——为生产性劳动提供各种先决条件——的物品,就是资本。⑥以此为标准,可以看出,穆勒的资本定义是包括借贷资本的,不过只有用于生产用途的那部分才是资本,而用于挥霍的部分不是资本。另外,生产出来而尚未卖掉的存货不属于资本。与西尼尔认为能产生利润的才是资本不同,穆勒将资本限定在为生产性劳动提供条件的物品,也就是说仅限于生产领域。

穆勒对流动资本和固定资本的划分是以李嘉图的耐久性为标准的,但在语言表达上更为清晰,"在一次使用中就完成它在生产过程中所应当

---

① 约翰·斯图亚特·穆勒. 政治经济学原理[M](上). 金镝,金煜,译. 北京:华夏出版社,2017:32.
② 约翰·斯图亚特·穆勒. 政治经济学原理[M](上). 金镝,金煜,译. 北京:华夏出版社,2017:26.
③ 约翰·斯图亚特·穆勒. 政治经济学原理[M](上). 金镝,金煜,译. 北京:华夏出版社,2017:23.
④⑤ 约翰·斯图亚特·穆勒. 政治经济学原理[M](上). 金镝,金煜,译. 北京:华夏出版社,2017:27.
⑥ 约翰·斯图亚特·穆勒. 政治经济学原理[M](上). 金镝,金煜,译. 北京:华夏出版社,2017:32.

履行的全部职能的资本,称为流动资本……以具有一定程度的耐久性的形态而存在的且还可以在相应的持续的时间段提供收益的资本,称为固定资本"①。一个国家的总资本是流动资本与固定资本之和,穆勒通过二者之间的比例说明了资本对劳工阶级的影响,如果固定资本的增加以牺牲流动资本为代价将会损害劳工的利益,因为固定资本增加所雇佣的劳工减少,但对于资本所有者而言,利润率还是上升了,由此也反映出尽管穆勒并没有从阶级出发,但在阐明固定资本的增加须以总资本的增加为前提的过程中,发现将流动资本转化为固定资本或固定资本的增长速度超过流动资本将会显著损害劳工阶级的利益,表明资本与劳动之间的冲突是客观存在的。

三、奥地利学派的资本观

对资本概念影响较大的还有奥地利学派。他们对资本的认识也是基于政治经济学科学化的需要,如庞巴维克所言:"政治经济学要求有明确的思想,而为此,先决条件是要有明确的概念和明确的语言。"②因而对资本概念的澄清实际上也是服务于学科建设的。对此,庞巴维克的看法具有代表性:"资本这一概念,本身已经成为理论家们争论的根源了。分歧的解释多得惊人,而它们又互相对抗,这种令人厌恶的争论阻挡了资本理论的研究;资本概念的混乱本身已经够坏的了,而由于资本给近代科学提出了需要考虑和讨论的许多新的问题,情况就更坏了。这的确是非常不幸的事,当一门科学已经认真地,甚至热烈地去解决社会上许多根本问题——即全世界都知道而正在考虑和讨论的,巨大的'关于资本的问题'——的时候,这门科学,突然好像被另一种说法的混乱所打击,而卷入到一个关于资本是怎样一种东西的无休止的争论中去了。"③庞巴维克认

---

① 约翰·斯图亚特·穆勒. 政治经济学原理[M](上). 金镝,金煜,译. 北京:华夏出版社,2017:67—68.
② 庞巴维克. 资本实证论[M]. 陈瑞,译. 北京:商务印书馆,2018:72.
③ 庞巴维克. 资本实证论[M]. 陈瑞,译. 北京:商务印书馆,2018:50.

为资本主义生产是迂回生产,资本总体而言就是在迂回过程中的各个阶段里出现的中间产物的集合体。他总结比较了前人关于资本的 11 种概念之后,以明确的概念和精确的语言为标准,认为资本就是产品的集合体,这种产品不是准备用于直接消费或使用,而是用作获利的手段。[①] 在此基础上,资本还可以进一步分为社会资本(在自然、劳力、资本三组合中的第三个经济生产手段)和个人资本(在地租、劳动工资和资本利息三组合中的个人获得经济财货的第三个来源)。

奥地利学派对资本的认识更加注重金融的维度。庞巴维克认为资本一词最早用来表示贷款的本金,与"生息金额"同义。他对资本的认识也是从借贷资本或生息资本开始的,"货币的生息能力,本质上是借来的——从金钱可以购买的东西的生产能力那里借来的。……产生利息的真正的'本钱',或称为原本,不是货币,而是可用它换得的财货。在这些情况下,最明智的办法是改变资本的概念,使它除了包括代表物(货币)而外,还应包括被代表物(财货)"[②]。在这里,他实际上认为资本有两种形式,货币资本和物质资本,但资本的涵义是由"生息"引申出来的,是在经过一系列的经济活动之后收到了较之初始投入更多的收入。他认为在社会经济方面获得财货手段的产品是社会资本,是狭义概念上的资本,也指用于再生产的产品,即中间产品,它们都可简称为生产资本;获利资本是广义概念上的资本;私人资本是习惯意义上的资本。庞巴维克认为不同的资本概念具有不同的范畴,"用于获利目的的产品",对作为利息来源的收入的理论具有明显的重要性;而"中间产品"至少对生产理论具有同样大的重要性。[③]

熊彼特在他的《经济分析史》中,坚持"资本"在金融渊源上的意义。根据他的考证:"早在经济学家使用'资本'以前,这个词就一直是法律和商业上的术语。对罗马的法理学家和他们的后继者来说,资本是指贷款

---

① 庞巴维克. 资本实证论[M]. 陈瑞,译. 北京:商务印书馆,2018:87—88.
② 庞巴维克. 资本实证论[M]. 陈瑞,译. 北京:商务印书馆,2018:60.
③ 庞巴维克. 资本实证论[M]. 陈瑞,译. 北京:商务印书馆,2018:73.

的'本金',以区别于利息和放债者的其他附加要求。显然与此有关,资本后来便指合伙人投入合伙企业或公司的货币总额或其等价物,也就是一个企业资产的综合,如此等等。因此,这个概念实质上是货币性的,或者指实际的货币,或者指对货币的要求权,或者指用货币估价的某些货物。而且,虽然它的意义并不十分确定,但决不是含糊不清的。在每一具体情况下,它的含义是毫无疑问的。"[①]就此看来,熊彼特在资本的概念上基于传统习惯和经验事实的两重维度,这个词的"所指"是明确的,因而无需语言学的革命。他甚至感叹:"假如经济学家有足够的见识,坚持这个词的货币的或会计上的意义,而不试图'深化'它们,那我们可以免去多少纠缠不清的、毫无意义的、愚蠢透顶的争论呵!"[②]但他同时也认为财富、财宝、存货这些词在18世纪以来也都指称资本。

第二节 马克思关于资本本质的诠释

马克思从三个向度对资本的本质做了较为完整的诠释,在此过程中呈现出资本主义经济运行中关于资本的知识体系。从资本生成的历史条件来看,资本是相对于雇佣劳动而言的,产生于劳动力成为商品这一历史条件下;从生产过程来看,资本是具有社会性的生产关系,相互依存的关系构成了资本的内在组成部分;从发展动力来看,资本是一个矛盾,构成资本的要素在现实关系中是冲突的,推动资本用发展生产力的方式不断化解这些冲突。

一、劳动力成为商品:在历史中生成的资本

在古典经济学以前,资本通常是在流通领域被考量的,比如作为能够产生孳息的货币或作为预付的本金。亚当·斯密的划时代贡献在于透过流通的表象,将研究视域深入生产领域,洞察到资本的源泉是生产性劳

[①] [②] 约瑟夫·熊彼特. 经济分析史[M]. 朱泱,孙鸿敞,李宏,等,译. 北京:商务印书馆,2015,1:496.

动。他认为劳动分为两种,一种加在物上能增加物的价值,另一种却不能够。前者叫生产性劳动,后者是非生产性劳动。前面已论述过。其中生产性劳动生产价值,固定于某种特殊商品之上,经历一些时间就可以收回资本赚取利润,因而能够积累资本。斯密将对资本的认知置于劳动的根基,背后实质是新的生产方式的来临。传统社会的商业资本主要在流通领域,通过低买高卖赚取差价获得利润,他们只关注市场价格的波动,并不考查生产力,因而没有引起生产方式的变革。而以生产为基础的产业资本家不仅要比较市场上产品的成本价格,还要关注劳动生产力的发展水平和执行职能的资本总量,因为这两者是决定产品价格和市场竞争力的决定要素。把获利的源泉从"低买高卖"转移到依靠劳动生产力和资本投入量上,实际上宣告了一种以资本为核心的社会秩序,通过交换才能满足生存需要的需要体系和通过向资本家出卖劳动力才能生存的劳动体系的建立。人们为自己劳动的时代终结,新的历史进程开启。这是一个生产领域决定流通领域,商业资本从属于产业资本的社会。因此,马克思说:"真正的现代经济科学,只有当理论研究从流通过程转向生产过程的时候才开始。"[1]

但古典经济学家对于资本与劳动的关系的研究是基于自然秩序的,在研究方法上是实证主义的。将资本看作物,认为资本是贮存起来的劳动,而劳动作为一般的人类的自然力,是自为存在的生产性。然而,劳动与资本的这种关系是如何产生的?古典经济学家只是将现存的关系作为既定的前提,并未探讨。将应当阐明的东西看作既定的前提,马克思在此与古典经济学家分道扬镳。马克思对资本的研究是基于唯物辩证法的方法论,资本是一个有其产生、发展、灭亡的有机体,它的产生有其特定的历史条件——劳动力成为商品。这个历史条件直到资本主义时期才出现,"有了商品流通和货币流通,决不是就具备了资本存在的历史条件。只有当生产资料和生活资料的占有者在市场上找到出卖自己劳动力的自由工

---

[1] 马克思. 资本论[M]. 北京:人民出版社,2004,3:376.

人的时候,资本才产生;而单是这一历史条件就包含着一部世界史"①。因而资本是在历史发展的过程中生成的,它不断生产着自己的条件,打造适合自身的阶级关系和社会结构。机器大生产通过资本和技术剥夺了劳动者的生产资料,使他们成为一无所有的自由人,但发动了最为广泛的劳动参与条件,任何正常的劳动者,哪怕一无所能也可以参加到资本的生产中来。人成为机器的附属,不需要特殊的技艺,恰证明了资本的力量。马克思曾说过:"整个生产过程不是从属于工人的直接技巧,而是表现为科学在工艺上应用的时候,只有到这个时候,资本才获得了充分的发展,或者说,资本才造就了与自己相适应的生产方式。"②劳动者特殊性的消失,一方面加大了劳动者之间的竞争,随时都可能成为过剩人口;另一方面强化了劳动对资本的依赖,全面劳动能力的退化使他们只能受雇于资本才能生存。

劳动赋予资本以生命力,"资本家换来劳动本身,这种劳动是创造价值的活动,是生产劳动;也就是说,资本家换来这样一种生产力,这种生产力使得资本得以保存和倍增,从而变成了资本的生产力和再生产力,一种属于资本本身的力"③。死劳动(原材料、机器、厂房等)只有被工人的活劳动所加工才能成为产品。劳动力的神奇之处在于它的使用价值本身具有成为价值源泉的独特属性④,它的对象化劳动在将自身的价值和死劳动的价值转移到产品中去的同时,还能创造一个增殖额,这构成了资本增殖的源泉,也是资本成其自身的奥秘。相对于不能产生增殖额的机器厂房、原材料等不变资本,马克思将工人称为可变资本,因而劳动也就是资本,这种劳动特指服从于资本意志的雇佣劳动。劳动同样也离不开资本,劳动只有在资本的观照下才是劳动,"劳动作为资本的对立物,作为与资

---

① 马克思. 资本论[M]. 北京:人民出版社,2004,1:198.

②

③ 马克思恩格斯全集[M]. 中共中央马克思 恩格斯 列宁 斯大林著作编译局,编译. 北京:人民出版社,1997,30:232.

④ 马克思资本论[M]. 北京:人民出版社,2004,1:195.

本对立的存在,被资本当作前提,另一方面,劳动又以资本为前提"①。劳动只是为资本而生产,为自己使用的目的而进行的劳动不是马克思所说的劳动。他认同斯密将劳动划分为生产性劳动和非生产性劳动的观点,"只有生产资本的劳动才是生产的;因此,没有做到这一点的劳动,无论怎样有用——它也可能有害——对于资本化来说,不是生产劳动,因而是非生产劳动"②。但劳动听命于资本意味着丧失了劳动者自身的主体性,工人的劳动一旦进入劳动过程就不再属于自己,"劳动只有在它生产了它自己的对立面时才是生产劳动"③。

　　资本支配劳动的基础在于构建了以分工和协作为基本形式的生产组织方式,从而把劳动紧紧框定在资本所主导的场域中。资本将分散的工人集合在一起,协同完成同一种工作。在这种协作劳动的过程中,不仅提高了个人的生产力,而且创造了一种生产力——集体生产力或社会生产力,它可以达到分散的劳动之和所达不到的效果。协作所产生的规模效应最终取决于资本的力量,"因为工人在他的劳动本身属于资本以前不能发挥这种生产力,所以劳动的生产力好像是资本天然具有的生产力,是资本内在的生产力"③。工人的协作源于资本的雇佣,协作的规模或力量取决于资本家拥有多少购买劳动力的资本量,因而资本才是这种生产模式的决定因素。机器大工业的生产条件从一开始就不是为单个劳动者所占有的,必须在众多劳动者的集体协作之下,活劳动从属于机器的物化劳动的形式只能是在资本的指挥下。但资本所要做的是提供工人能够协作的生产条件,而由此所产生的社会生产力是不费资本分文的。资本通过协作消解了劳动者作为人的整体性,每个劳动者只负责生产环节中的一部分,每个人只是劳动总体的一个器官,甚或整个生产体系的一个细胞。而

---

① 马克思恩格斯全集[M]. 中共中央马克思 恩格斯 列宁 斯大林著作编译局,编译. 北京:人民出版社,1997,30:254.
②③ 马克思恩格斯全集[M]. 中共中央马克思 恩格斯 列宁 斯大林著作编译局,编译. 北京:人民出版社,1995,30:264.
③ 马克思资本论[M]. 北京:人民出版社,2004,1:387.

人的生存需要是多样化的,他们的劳动只有被资本所认可,才能获得满足自己需要的社会通行证——货币,因而劳动并不是自主的。这也就是说,劳动一旦脱离资本所打造的场域,就会成为孤岛上的鲁滨逊,不再是社会体系中的成员。协作的最终结果是劳动的生产力都转变成了资本的生产力,壮大了资本的力量。

但劳动在不同的时代有不同的表现形式和实施内容,在马克思时代,劳动主要体现为在工厂里疲于奔命的产业工人的体力劳动。在由创新所标识的"知识经济"时代,拥有知识和技能的白领阶层成为工人阶级的主力,他们主要是脑力劳动者,尤其是拥有创新能力的工人。经济学家熊彼特曾提出资本主义的活力在于"创造性破坏",它不断破坏原有的经济结构和生产体系,引发新一轮的经济繁荣。其中作为创新主体的企业家是具有强大智慧和意志的巨人,他们不断把技术创新和社会创新推向极致,推动资本进入更高阶段。企业家在概念上并不是拥有企业的人,而是致力于改变世界的人,不以是否拥有企业为标准。第二次世界大战以来,改变人类生存方式和交往方式的重大科技创新都是资本支持创新型劳动的结果,比如苹果公司、脸书、特斯拉汽车等有代表性的高科技企业的背后都是资本市场推动的结果。在数字资本主义时代,资本不断去发现和培育企业家,将他们的智力劳动和精神意志转化为资本的生产力。这也使得"资本主义文化变得沉迷于创新的力量。技术创新成了反映资本家欲望的一种拜物对象"[①]。

二、"资本是属于一定历史社会形态的生产关系"

马克思运用辩证法,在与其他要素相互联系中寻找决定资本存在的理由,而不是对资本自身的独立性认识。这一方法受到黑格尔的启发,比如要解释一个 Y,就要去"证实一些对 Y 负责的 X,或者说 Y 出现是因为 X,或者——对我们这里的目的是最好的——X 是 Y 的一个理由"[②]。与

---

① 大卫·哈维. 资本社会的 17 个矛盾[M]. 许瑞宋,译. 北京:中信出版社,2016:99.
② 詹世友. 黑格尔历史哲学:对人类造诣的概念把握[J]. 华中科技大学学报,2021(2).

形式逻辑方法从前提出发、经过推理论证得出新结论的方法不同。辩证的思维方法是将这些相互联系的因素作为构成事物本质的组成部分,正是基于这种方法,马克思提出:"资本不是物,而是一定的、社会的、属于一定历史社会形态,它体现在一个物上,并赋予这个物以特有的社会性质。"[1]资本作为生产关系是人们在物质生产过程中所形成的关系,主要包括生产资料所有制形式、人们在生产中的地位及相互关系和产品分配方式。

古典经济学家提出资本是"积累的劳动",总是将其看成一种独立的生产要素,认为资本是永恒的。诚然,仅是将资本看作预付金,它是没有历史性的,无法解释劳动价值论。大卫·李嘉图一面坚持劳动创造价值,一面又认为等量资本创造等量利润;他认为商品交换遵守等价交换的价值规律,但劳动与资本的等价交换显然无法推出等量资本创造等量利润的结论,也无法解释剩余价值的来源。针对李嘉图理论中的漏洞,马尔萨斯认为商品并不遵循等价交换,商品所能交换到的劳动量应该大于它所包含的劳动量,它们之间的差额构成了利润。用更多的货币交换到较少价值的商品,这需要存在一批心甘情愿被"骗"的群体,马尔萨斯认为存在一个"非生产消费者",由大地主阶级、国家和教会、牧师和家仆、收税人等组成,他们从资本家那里无偿得到了一部分年产品价值(货币),再用它们高价购买资本家的商品。把货币送给一部分人,再让他们来高价购买商品,这实际上没有任何意义。李嘉图和马尔萨斯逻辑上的矛盾,说明资本显然超越了自己仅仅作为物的特殊性。

马克思说:"同样的物,有时可以包括在资本的规定中,有时可以包括在另外的、对立的规定中,因此,它或者是资本,或者不是资本。可见,资本显然是关系,而且只能是生产关系。"[2]这些关系是相互交织、互为前提的:生产资料私有制的所有制性质使劳动者与生产资料相分离,不劳动的

---

[1] 马克思. 资本论[M]. 北京:人民出版社,2004,3:922.
[2] 马克思恩格斯全集[M]. 中共中央马克思 恩格斯 列宁 斯大林著作编译局,编译. 北京:人民出版社,1995,30:510.

资本家占有生产资料,资本家要进行生产必须雇佣工人为其劳动;资本家付给工人工资以换取工人劳动,那么工人不是为自己生产而是为资本家生产,人们在生产过程中的地位和关系决定了资本的属性;劳动者、劳动对象和劳动资料的结合方式也体现了特定的社会关系。因此,资本不是孤立存在的一个事物,这些相互作用的关系共同决定了资本成其自身的性质,它是社会的,代表了特定历史时期的生产关系。

生产资料私有制的所有制性质提供了资本的制度保障。资本家的目的也是获得剩余价值,但不能像封建主那样直接占有劳动产品,或者像奴隶主一样直接拥有劳动者本身。资本主义同以往的社会一样都是私有制,但它的特殊性在于:一是政治制度上的自由平等,解构了封建社会和奴隶社会的人身依附;二是以市场交换为手段的货币化生活世界,人们要满足自己的需要只能通过交换;三是在所有制上存在完全拥有生产资料和完全没有生产资料的两极,前者是资本家,后者是工人,自由得一无所有的劳动者只能用自己的劳动力去交换资本家的货币才能生存。工人作为有着主体性的个人,在形式上与资本家是平等的,资本家要获得工人的劳动必须通过货币来购买,因而只有当劳动力成为商品这个历史条件存在,劳动与资本的交换才成为可能,资本的性质当中必然包含这一历史条件。这种所有制关系从一开始就决定了双方地位的不平等,因为劳动力卖给资本家意味着工人将创造财富的能力让渡给资本家,自己成为机器的附属,失去了自由意志,生产什么、怎样生产都要听命于资本家。马克思对此作了形象的描述:"一个笑容满面,雄心勃勃;一个战战兢兢,畏缩不前,像在市场上出卖了自己的皮一样,只有一个前途——让人家来鞣。"[①]因此,正是这种关系赋予资本主导市场的权力;劳动只有相对于资本才是劳动,并不是自为存在的生产性或自然力。

资本的增殖目的决定了资本家和工人在生产过程中的地位和关系。资本家的目的是得到尽可能多的剩余,如果资本和劳动的交换遵循古典

---

① 马克思. 资本论[M]. 北京:人民出版社,2004,1:205.

经济学家所宣称的等价交换,资本家付给工人的工资包含了工人的全部劳动,且都转移到新产品中去,那么剩余从何而来？李嘉图认为劳动的价值小于创造的劳动产品的价值,大于工资的价值,产品价值减去工资价值就是剩余价值。虽然这是事实,但根据是什么？总是把资本看作物的李嘉图是无法解释通透的。马克思认为,工资的价值之所以会小于产品的价值在于生产领域中工资与劳动力的不等价交换,因为工人的劳动在补偿完自身的价值以后还有剩余,这部分劳动是无偿劳动。工人的劳动时间包含必要劳动时间和剩余劳动时间,前者主要转移生产资料的价值和补偿工人自身的价值,后者才是纯粹的增殖,资本家的目的就是这部分剩余价值。但超过必要劳动的限度才能产生剩余劳动,"必须事先强迫工人进行超过上述限度的劳动,而强迫工人这样做的就是资本"[1]。

为了让工人超出只生产自己劳动力价值的劳动,要么在劳动生产率既定的情况下,延长劳动时间;要么在劳动时间既定的情况下,提高劳动生产率。马克思把前者称为绝对剩余价值的生产,后者称为相对剩余价值的生产。绝对剩余价值的生产只同工作日的长短有关,相对剩余价值的生产是使劳动的技术过程和社会组织发生彻底的革命[2]。随着生产力的进步,资本主义越来越通过相对剩余价值的生产剥削工人的剩余价值。从早期的机器大工业到现在机械化、数字化和智能化生产,以及管理学革命带来的组织管理上的效率提高,都使工人的劳动时间越来越少,但同量劳动所能推动的资本数量增加了。然而,工人作为资本增殖手段的本质并没有改变,工人把自己生产财富的能力,包括体力和创造力都转化为资本,使资本致富,最终增加了资本的权力而与自身相对立。因此,资本与劳动的地位和关系构成了资本能够无偿占有劳动者剩余价值的本质。

就生产条件而言,生产总是表现为劳动者、劳动对象和劳动工具的结合。资本在现实生活中常体现在物上,如机器设备、厂房、原材料等固定

---

[1] 剩余价值理论[M](第二册).中共中央马克思 恩格斯 列宁 斯大林著作编译局,编译.北京:人民出版社,1976:462.

[2] 资本论[M].北京:人民出版社,2004,1:583.

资本,就它的物的属性来看存在于一切社会,但这些物本身并不是资本,只有当它们作为手段推动劳动力生产剩余价值时才是资本。古典经济学家正是在这一点上陷入迷惑而认为资本是永恒的,这些劳动工具或原料不是作为活劳动的生产手段,而是将活劳动吸收进来转移到新产品上,作为保存和增加交换价值的手段,这些死劳动必须不断吸吮活劳动才能进行增殖。因此,马克思说:"资本总是表现为与工人相对立的劳动的物质条件,它立刻就表现为一定的社会关系。"① 由此可以看出,正是这种关系而不是物本身构成了资本特定的性质,"纺纱机是纺棉花的机器。只有在一定的关系下,它才成为资本。脱离了这种关系,它也就不是资本了。"②

三、"资本是一个活生生的矛盾"

从资本的本性中产生出来的资本的各种生产条件是互相矛盾的,这种矛盾不是指语义上的逻辑而是现实关系。资本是一个互相联系的整体,构成这个整体的要素之间是存在冲突的。以资本积累为例,资本的生产就是占有工人剩余价值的过程,工人创造的剩余价值被资本剥夺得越多,资本的积累就越大。然而,这一分配关系对工人来讲却意味着能够购买的产品相对于自己生产出来的产品是越来越少的,也就是购买力不足,那么必然有一部分产品卖不出去。承载着剩余价值的商品不能在市场上转化为货币,也就无法实现资本积累。因此,这种分配关系与资本积累是矛盾的。古典经济学家由于只把资本看成生产要素,孤立地考察分配关系,对于社会中存在的市场不均衡总认为是市场失调或悖论。或将构成资本本身的相互关系看成是因果关系,比如将资本看作生产的动力,它推动了劳动,看不到劳动对资本的反作用。正如伯特尔·奥尔曼所言:"因为没有关于矛盾的辩证观,他们很少看到也从来不能充分理解这些过程

---

① 剩余价值理论第二册[M],中共中央马克思 恩格斯 列宁 斯大林著作编译局,编译.北京:人民出版社,1997:455.
② 马克思.雇佣劳动与资本[M].中共中央马克思 恩格斯 列宁 斯大林著作编译局,编译.北京:人民出版社,2014:26.

实际上的相互渗透的方式,而且从来不能判断它们的相互依存关系在由久远的根源向现在及以后的演进过程中所释放的力量。"①

马克思认为"资本本身就是矛盾"②,它是一种时常感到不自在的力量,所以它不是一般财富的实体,而是一种不断超越自身限制,以在更高阶段重新开始扩张的矛盾性力量,因而资本永远是运动的。矛盾从根本上源于资本的扩张目的与实现手段之间的错位。资本的目的是要占有更多的剩余价值,越少的必要劳动时间就意味着越多的剩余劳动时间,进而更多的剩余价值,所以资本力图取消必要劳动时间。但取消必要劳动时间,就意味着不要工人了,因为必要劳动时间是作为活劳动的工人的存在条件,是再生产和价值增殖的必要条件。因此,资本的生产实际上设置了自身的界限,即价值是剩余价值的界限,剩余价值最大不能超过工人创造的总价值。马克思将资本在生产过程中所面临的界限概括为:必要劳动是活劳动的能力的交换价值的界限;剩余价值是剩余劳动和生产力发展的界限。在流通过程中同样存在两重矛盾:货币是生产的界限,因为资本在生产完成后要转化为资本才能实现蝶化,否则它只是可能成为资本的蛹;使用价值的生产受交换价值的限制,生产的最终目的不是使用价值,而是其交换价值,但交换价值必须以使用价值为载体。资本为自己设置了劳动和价值创造的界限,这与资本无限度的扩大生产是相矛盾的。因此,马克思说:"资本是一个活生生的矛盾。"③

这些界限对资本来说都是要被克服的限制。马克思时常用拟人化的手法阐明资本的这种特性,将资本比作欲望,"资本作为财富的一般形式——货币——的代表,是力图超越自己界限的一种无限制的和无止境的欲望。任何一种界限都是而且必然是对资本的限制……剩余价值的量

---

① 伯特尔·奥尔曼.辩证法的舞蹈——马克思方法的步骤[M].田世锭,何霜梅,译.北京:高等教育出版社,2006:13.
② 马克思恩格斯全集[M].中共中央马克思 恩格斯 列宁 斯大林著作编译局,编译.北京:人民出版社,1997,30:542.
③ 马克思恩格斯全集[M].中共中央马克思 恩格斯 列宁 斯大林著作编译局,编译.北京:人民出版社,1997,30:405.

的界限,对资本来说,只是一种它力图不断克服和不断超越的自然限制即必然性"①。资本用于克服它所面临的限制的手段就是发展生产力,所以资本本身具有无限发展生产力的趋势。通过发展科学技术提高劳动的生产力,"劳动生产力的发展——首先是剩余劳动的创造是资本的价值增加或资本的价值增殖的必要条件。因此,资本作为无止境地追求发财致富的欲望,力图无止境地提高劳动生产力并且使之成为现实"②。从第二次世界大战以后的实践来看,资本对劳动生产力的提高主要是通过教育,培养了大批具有知识水平的脑力劳动者。

根据丹尼尔·贝尔的研究,第二次世界大战以后,资本主义世界发生了大规模的高等教育普及。"历史上任何一个社会都不曾为从 19 岁、20 岁(大学低年级水平)到 22 岁的大部分青年提供正规教育,而现在这已成为美国的公共政策……在过去 20 年,它再度决定为全国所有有能力的青年提供大学教育,或者至少让他们念几年大学。"③劳动者受教育水平的提高,为资本主义提供了相当数量具有知识水平和专业技术能力的人才,成为经济增长和数字化转型中的关键要素。经济学家保罗·罗默把考虑了受教育水平的劳动者称为人力资本,将知识和人力资本看作经济增长的内生动力,构造了内生经济增长模型,并获得了诺贝尔经济学奖,充分反映了这一变化的重要性。通过教育,不仅工人阶级的整体素质提高了,工人阶级的内涵正在由传统依靠出卖体力劳动为生的蓝领工人,转变为以工程师和技术员为主的受过教育的新工人阶级,包括大量程序员、软件工程师、应用程序开发人员、网络专家、网页设计师、系统管理员、安全专家及电信工人等。这些新工人阶级与资本的冲突仍然存在,只是内容发生了变化。"对于 19 世纪的无产阶级来说,活不下去意味着他们的劳动

---

① 马克思恩格斯全集[M]. 中共中央马克思 恩格斯 列宁 斯大林著作编译局,编译. 北京:人民出版社,1997,30:297.
② 马克思恩格斯全集[M]. 中共中央马克思 恩格斯 列宁 斯大林著作编译局,编译. 北京:人民出版社,1997,30:305.
③ 丹尼尔·贝尔. 后工业社会的来临[M]. 高铦,王宏周,魏章玲,译. 北京;南昌:江西人民出版社,2018:207.

力不可再生,而对于科学领域或文化工业的工作者来说,活不下去则等于无法继续在工作中发挥创造力。"[1]他们被模式化、程式化的工作所异化而失去了创造性,由此激发出革命的愿望。不同于马克思时代以蓝领工人为主的工人阶级队伍,数字化时代的工人阶级有着更高的知识水平和专业技术,信息化平台为全世界工人阶级的联合提供了可实现的途径。

对流通领域中等价物的限制的克服推动了金融在要素组合上的功能性在资本运行中的作用。工人阶级既是剩余价值的生产者,又是市场上的消费者。资本的目的是更多地剥削工人的剩余价值,这又会导致购买力的下降,"让生产领域得以达到均衡所需要的条件与让交换领域得以达到均衡所需的条件是矛盾的"[2]。但这个症结的外在表现是货币紧张,为掌控货币资本的金融干预生产—交换过程留下了空间。事实上,商品与货币是同根同源的,货币不过是固定充当一般等价物的商品,被人们赋予通约其他商品的权力,才获得了财富表达的社会形式,成为承载特定社会关系的符号。就这个意义而言,每一个商品都是一个符号,因为它作为价值只是耗费在它上面的人类劳动的物质外壳。[3] 商品是可以产生收益的资产,也分有货币的符号化本质。金融主导实体经济主要是符号化和虚拟化的技术手段,推动了流通过程的繁荣(第二章将会详细论述)。

资本的金融化实质上是用货币解决生产的矛盾,并不能从根本上解决问题,相当于把生产领域的问题转移到了金融领域。但在金融介入下的生产和交换实际上都被金融化了,当下与未来在金融的逻辑中体现为时间价值,可以置换,但在真实的经济运行中时间无法真正被置换,因而面临较多的不确定性,从而使经济运行更加具有虚拟性,隐含着金融危机的可能。为转移危机,金融不断创新工具,把越来越多的人卷入由这种逻辑所打造的规则中来(如资产证券化),最终座架了全社会。金融还在资

---

[1] 丹尼尔·贝尔.后工业社会的来临[M].高铦,王宏周,魏章玲,译.北京:南昌:江西人民出版社,2018:142.
[2] 大卫·哈维.资本的限度[M].张寅,译.北京:中信出版社,2017:290.
[3] 资本论[M].北京:人民出版社,2004,3:110.

本市场不断开拓更为纯粹的虚拟经济空间,使资本可以跨越商品交换"自行增殖",使得这种没有生产关系的资本运转积累了庞大的资本数量,远远超过实体经济。它们虽然在多数时间体现为账面资产,但可以通兑实体经济中的财富,因而拥有分享实体经济中剩余价值的权利。这又产生了新的阶级对立——金融精英与普通大众。总体而言,资本在解决自身矛盾所带来的限制的同时,又带来了更大的矛盾,"资本就是一个活生生的矛盾"。

第三节 马克思关于资本概念的解析方法及启示

马克思对资本概念的解析与批判存在历史整体、经济运行与信用制度三个维度:一是历史哲学视域内作为实在主体"规定者"的资本,它在特定的历史条件下生成,因历史限度而走向自我扬弃;所使用的方法是历史唯物主义辩证法。二是政治经济学意义上构筑经济运行基础的资本,它在货币资本—生产资本—商品资本的形式转换中构建了经济基础的实质内容;所运用的方法是实证科学的叙述法。三是信用制度条件下具有欺骗性的虚拟资本,形塑了颠倒的经济关系和不同于产业资本的增殖方式;所运用的方法是具体分析法。马克思关于资本概念的三重境界及其分析方法,为我们透视当下的资本金融化世界提供了认识工具。

一、历史哲学意义上作为实在主体的规定者

马克思对资本概念的第一重批判就是在历史哲学视域内,考查资本在打造资本主义生产方式、经济结构、阶级关系上的作用。在方法上是思辨的、批判的历史唯物主义辩证法。在《资本论》中,马克思公开承认以黑格尔为师,运用了辩证法。辩证法不同于一般自然科学所使用的外部反思(人类的知性)的方法去思量事物,而是让事物自身在活动展开中呈现自身。"辩证法是表示事物自身的活动,而决不意味着主观思想将抽象的

形式加诸各种事物的行动。"①黑格尔运用辩证法把社会—历史的本质纳入哲学体系,关于现实世界的知识是通过建构它所思考的概念,从而对历史(事实)的思考就成为考察历史事实中的概念,也即在辩证的思维过程中考查事物的本质及其内在规定和联系。在他看来,历史的发展就是实在主体——理性——朝向合理性和精神自由而逐步展开的过程。那么哲学"用于观察历史的惟一的'思想'便是理性这个简单的概念。'理性'是世界的主宰,世界历史因此是一种合理的过程"②。与黑格尔类似,马克思也将社会—历史的本质纳入哲学体系中予以解析。社会发展的历史进程是特定的实在主体的活动展开,对历史本质的把握就是深入洞察实在主体的自我活动。但与黑格尔不同,马克思的实在主体不是理性,而是既定的社会,它可以是任何社会形态,但对资本主义社会而言,这个实在主体就是资本主义社会。也正是在这个意义上,马克思拯救了辩证法。③

作为历史发展进程中的一个阶段,资本主义这个实在主体的经济基础是由资本所打造的,因而对资本主义的认识就离不开资本这个核心概念。对于当时的社会而言,资本并不是一个新鲜词汇,古典经济学家已经构建了关于资本的理论体系,回应了经济社会的本质规律以及良性运转应该遵循的秩序。但都是基于非历史的阐释。古典经济学家在资本的概念上并非完全一致,但都指的是一种特殊的"物"。古典经济学家将资本的概念限定在"物"的层面,将其作为一种生产要素而不去考查它所表征的社会制度。马克思对古典经济学家的第一重批判就是将资本置入历史发展进程的宏大视野,超越了作为简单的"物"的无内容性,在关系的构成中讨论它成其自身的历史条件和历史限度,所运用的方法是历史唯物主义辩证法。

资本具有历史性,它在特定的历史条件下生成和繁荣,又因自身的历史限度而走向自我扬弃。一个社会的生产方式决定了该社会的性质,资

---

① 吴晓明.论马克思辩证法的实在主体[J].哲学研究,2020(8).
② 黑格尔.历史哲学[M].王造时,译.上海:上海书店出版社,2001:8.
③ 吴晓明.论马克思辩证法的实在主体[J].哲学研究,2020(8).

本打造了资本主义社会特有的生产方式。它从封建社会脱胎而出逐步成为资本主义生产关系的主导者，是因为出现了满足它需要的历史条件——劳动力成为商品，是其他社会形态中所没有的，这赋予资本以生命力。这个条件的出现打造了一个新的时代。这源于它所决定的经济基础发生了改变，引发社会秩序的运行法则发生了变革。资本主义与传统阶级社会的不同之处在于，它是一个以商品交换为主轴的社会，使用价值从属于交换价值，它所要求的社会关系是更多具有主体性的交换者，能够在契约和财产关系中独立承担责任，这首先需要人们在法律以及政治地位上的自由和平等。

这也反映在马克思的经济学转向上，在遇上了"对所谓物质利益发表意见的难事"之后，他认识到："法的关系正像国家的形式一样，既不能从它们本身来理解，也不能从所谓人类精神的一般发展来理解，相反，它们根源于物质的生产关系的总和。"[1]只有工人在法律上具有独立的主体性，才可以支配自己的劳动。因而，自由、平等、民主作为资本主义的价值观是由经济基础决定的。然而，这并不意味着资本主义社会消灭了阶级，而是使阶级简化为两大对立阶级：资产阶级和无产阶级。这也是由经济基础的性质决定的，工人被剥夺了生产资料，只能出卖自身的劳动力才能获得生存。但不是以传统阶级社会那种人身依附的形式，而是以商品交换的形式——资本家付给工人工资，工人为资本家干活这种看似平等的形式。只有在劳动力成为商品的条件下，不劳动的资本才能获得工人的对象化劳动。因而必须在生产关系中才能实现自身。

生产资料私有制的所有制性质使劳动者与生产资料相分离，不劳动的资本家占有生产资料，资本家要进行生产必须雇佣工人为其劳动；资本家付给工人工资以换取工人劳动，那么工人不是为自己生产而是为资本家生产。人们在生产过程中的地位和关系决定了资本的阶级属性。就生产条件而言，生产总是表现为劳动者、劳动对象、劳动工具的结合。资本

---

[1] 马克思恩格斯选集[M]. 中共中央马克思 恩格斯 列宁 斯大林著作编译局，编译. 北京：人民出版社，2012：2.

在现实生活中常体现在物上,如机器设备、厂房、原材料等固定资本,就它的物的属性来看存在于一切社会,但这些物本身并不是资本,只有当它们作为手段推动劳动力生产剩余价值时才是资本。这些劳动工具或原料不是作为活劳动的生产手段,而是将活劳动吸收进来转移到新产品上进行价值保存和价值增殖的手段,这些死劳动必须不断吮吸活劳动才能作为生产资本循环下去。因此,马克思说:"资本总是表现为与工人相对立的劳动的物质条件,它立刻就表现为一定的社会关系"[①]。由此可以看出,正是这种关系而不是物本身构成了资本特定的历史性质。

资本所代表的这种生产关系能够在资本主义社会推动生产力的发展。资本对劳动力的支配充分发挥了劳动在集体协作上的生产力,推动了资本主义社会的进步。机器大工业的生产方式一方面消解了传统社会,个人拥有特殊技能才能获取收益的历史条件,另一方面这种生产方式需要大量的劳动者集体劳作。这就需广泛调动劳动的参与范围,将分散的工人集合在一起,协同完成同一种工作。在这种协作劳动的过程中,创造了一种生产力——集体生产力或社会生产力。在前面已分析过。资本代表的就是这种集体的社会力量,是对分散性的扬弃,"这种社会的进步属于资本,并为资本所利用。一切先前的所有制形式都使人类较大部分,如奴隶,注定成为纯粹的劳动工具。历史的发展、政治的发展、艺术和科学等是在这些人之上的上层社会内实现的。但是,只有资本才掌握历史的进步来为财富服务。"[②]因此,资本体现了历史的进步。

资本生成以后就不再从既定的历史前提出发,而是从自身出发,在生产过程中创造适合自身发展的条件。资本保存价值和增殖价值的核心是大量只能出卖自身劳动力的劳动者和广大的商品流通范围,按照社会分工将大量的人和物卷入资本所打造的循环体系中。资本的发展趋势是将

---

① 马克思. 剩余价值理论(第2册)[M]. 中共中央马克思 恩格斯 列宁 斯大林著作编译局,编译. 北京:人民出版社,1975:455.
② 马克思恩格斯全集[M]. 中共中央马克思 恩格斯 列宁 斯大林著作编译局,编译. 北京:人民出版社,1975:30:592—593.

每个生产部门的生产条件转移到它外部的普遍联系中去,一切生产部门的共同基础是普遍交换本身①。因此,资本的意图是要颠覆整个自然经济的存在基础,将适合自身的生产体系和需要体系推广到世界范围,把一切民族甚至最野蛮的民族都卷到文明中来,从而联合最大可能的劳动力、资源和市场,把社会化大生产推行到极致。集体力量大大提高了资本的生产力,"资产阶级在它不到一百年的阶级统治中所创造的生产力,比过去一切世代创造的全部生产力还要多,还要大"②。然而,资本为自己所创造的生产条件也在否定着自身。资本是一个互相联系的整体,但构成这个整体的要素之间是冲突的。资本只有在与工人相对立时才是资本,这种对立在物化的经济关系中得到了统一,但这些对抗的因素构成了资本的内在否定性,这种否定性随资本的发展不断壮大,一旦超过历史的限度就会走向新的对立面,成为新社会制度的历史前提。

资本的内在否定性构成了它的历史限度。资本的生命力来源于劳动,但劳动对于劳动者而言是异化的,并非出于个人的自由全面发展。资本家通过货币(工资)购买的是工人生产财富的能力,工人把自己的体力和创造力投入到生产过程,只会使资本致富,最终都强化了资本的权力而与自身相对立。资本与劳动之间的这种不平等关系,只会使劳动随着生产力的发展而更加处于不利地位,劳动的生产力最终都转化为资本的生产力,劳动只会越来越多地生产出自己的对立面。因此,资本家对工人的剥削根源不在于资本家的贪婪和品性的败坏,而在于资本本身的性质要求资本家必须这么做。资本越强大,劳动的牺牲就越大,无产阶级的革命性就越迫切。机器化大生产的集体劳作既提高了生产力,也创造了工人联合起来反对资本的现实条件,工人通过结社而达成的革命联合代替了由于竞争而造成的分散状态,无产阶级作为与资产阶级相对立的力量就

---

① 马克思恩格斯全集[M]. 中共中央马克思 恩格斯 列宁 斯大林著作编译局,编译. 北京:人民出版社,1975,30:525.
② 马克思. 共产党宣言[M]. 中共中央马克思 恩格斯 列宁 斯大林著作编译局,编译. 北京:人民出版社,2015:32.

会越强大。与此同时,资本积累的趋势促进资本也不断走向集中和垄断,资本家不仅剥削工人,还剥夺资本家,从而形成更加私有化的生产方式。资本垄断和不断联合组织起来的工人阶级的奋击反抗一同增长,最终会导致资本—劳动关系的质变。随着这种关系的破灭,资本也就走向了扬弃。

二、政治经济学意义上构筑经济运行基础的资本

马克思在哲学意义上的资本是以现实经济社会中的资本运行实践为基础的,正如他在意识到政治经济学的重要时所说的:"对市民社会的解剖应该到政治经济学中去寻求。"[1]因此,马克思的资本概念必然有经济层面作为"物"的那个内涵。但又不同于古典经济学家所理解的静止的、独立的"物",而是以资本积累为核心,在关系中揭示作为"物"的资本何以在形式转换中推动经济运行的图景,本质上依然是生产关系的。对这一层面的资本考查所运用的方法是实证科学的叙述法。这一点在《资本论》第一卷的序言中可窥见,马克思在回应德国评论家将其分析方法归结为黑格尔的诡辩时,曾引用评论家的话:"马克思竭力去做的只是一件事:通过准确的科学研究来证明社会关系的一定秩序的必然性,同时尽可能完善地指出那些作为他的出发点和根据的事实。"[2]马克思对于这一评价是赞同的,但对于他所批判的辩证法,马克思的回应是:"在形式上,叙述方法必须与研究方法不同。研究必须充分地占有材料,分析它的各种发展形式,探寻这些形式的内在联系。只有这项工作完成以后,现实的运动才能适当地叙述出来。"[3]体现在这一层面的资本内涵就是将资本的运动以实证科学的方法叙述出来。不同于从现象到本质、从具体到抽象的思维过程,叙述方法是从本质到现象、从抽象到具体,由里及表,逐层外推资本

---

[1] 马克思恩格斯文集(1848—1859)[M].中共中央马克思 恩格斯 列宁 斯大林著作编译局,编译.北京:人民出版社,2009,2:591.
[2] 马克思.资本论[M].北京:人民出版社,2004,1:20.
[3] 马克思.资本论[M].北京:人民出版社,2004,1:21-22.

的整体运行过程。

这一层面上的资本是"物",也就是产业资本本身,包含三种具体形态:货币资本 G,生产资本 P,商品资本 W'。虽然马克思仍然对古典经济学进行了批判,但重点不在于资本家将资本看成了"物",而是割裂了资本的三种形态,看不到它们的内在统一性及其循环过程中所隐含的经济关系。资本在"物"上的三种形态实质上是生产过程结合了流通过程而综合在一起的分析,可以看成生产过程在流通过程中的延续,也可以看成包含了生产过程的流通过程。总之,流通总是体现为"物"的流转,因而流通的加入更侧重于"物"在流转过程中所结成的关系来看待资本,这是从具体的经济实践来研究资本所构筑的经济基础。三种不同的资本形式是在运动中相互转化的,每一种形式经过三个转化阶段就重现一次,意味着循环了一次。可用公式表示为

货币资本的循环:$G-W\cdots P\cdots W'-G'$(可简写为 $G-G'$)

生产资本的循环:$P\cdots W'-G'-W\cdots P$(可简写为 $P\cdots P$)

商品资本的循环:$W'-G'-W\cdots P\cdots W'$ (可简写为 $W'\cdots W'$)

这三个阶段实际上是资本总循环中的一部分或一个阶段,它们统一在产业资本的无限运动中,整体表示形式如下。

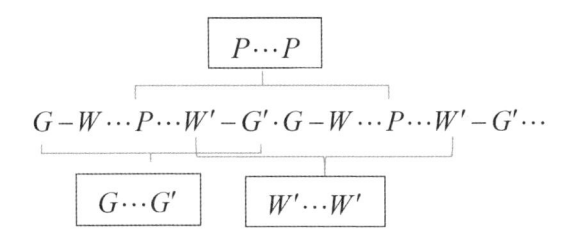

$$G-W\cdots P\cdots W'-G'\cdot G-W\cdots P\cdots W'-G'\cdots$$

其中包含 $P\cdots P$、$G\cdots G'$、$W'\cdots W'$

现实的资本运动就表现为货币、商品、生产之间的流转过程,马克思在《资本论》第一卷首先谈论的就是这个过程,但对于资本在"物"的流转过程中所结成的关系的考查,主要在《资本论》第二卷展开。货币资本 G 从货币开始到更多的货币结束,期间经历了生产资本和商品资本的转换,其中货币资本和生产资本都属于预付资本,即预付金。与商品资本的不

同在于不包含增殖的部分,只有新商品才包含有剩余劳动创造的剩余价值。就货币资本而言,其展开过程表现为用货币 G 购买商品 W',生产资料 P_m 和劳动力 A,起初这些都转化为生产资本,在生产过程中生产资料的价值和劳动力的价值(包括所创造的剩余价值)都会转移到新商品 W' 中,但它必须进入交换过程,才能重新换回货币,而且是更多的货币 G',但这意味着生产过程向流通过程的转换。这些货币包含两个部分,一个是原来预付的货币资本 G,另一个是剩余价值的货币形式 g,其中 g 部分就是增殖了的资本。生产资本和商品资本的循环与货币资本的循环在原理上是一样的,都要经历购买、生产、销售之间的过程,只是起点和终点不同,所代表的对象在量上不同,但最终都是为转化更多的货币做准备,这是由资本主义的生产过程所决定的。因此,产业资本循环的一般形式就是货币资本的循环。[1]

资本在不同阶段的转换是一个过程,因而必然经历一定的时间,并消耗一定的费用,它们相对于资本的增殖目的而言都是要克服的限制。一般来说,资本循环的时间主要是从商品生产到进入流通以实现价值所经历的时间,也就是生产时间和流通时间。生产时间取决于劳动时间和非劳动时间,前者是指资本生产使用价值并自行增殖的时间,后者是指虽然生产资料也进入生产过程,但不是与劳动力相结合,是潜在的资本,也进行生产但并不自行增殖。那么对于资本的效率而言,是要尽可能缩短非劳动时间。流通时间主要包括购买时间和销售时间,包含了货币资本 G 作为预付资本购买原材料和劳动力,商品资本 W' 的出售时间。资本在流通时间内不执行生产资本的职能,不生产剩余价值,因而流通时间越长越不利于资本增殖。资本在不同阶段的转换中,还会产生一定的费用,同样根据生产和流通可分为生产费用和流通费用,它们对资本增殖都起反作用。

预付资本的周转构成了经济运行的实质内容。预付资本主要是货币

---

[1] 马克思. 资本论[M]. 北京:人民出版社,2004,2:72.

资本 G 和生产资本 P，因为在这两种形式中，"预付价值重新取得了生产要素的形式，即它原来预付时的形式"①。它们也是生产价值和剩余价值的资本。商品资本由于本身属于已经增殖的资本价值，是商品形式上的总财富，因而不属于预付资本。预付资本的周转核心问题是周转速度，速度越快，意味着"一定时间内生产和流通同量商品（从而生产和实现同量的剩余价值），只需较小的投资（即占用较少量的资本）。"②但预付资本的周转受多种因素的影响，不同的资本形态周转时间是不同的，马克思从这个角度按照是否在劳动过程中反复执行同种职能分为不变资本和可变资本。不变资本，如机器、厂房等，这些充当劳动资料的东西，在逐渐丧失自身的使用价值时，也把自身的交换价值转移到新产品中去，直到完全损耗，不能使用，这被称为固定资本。还有一部分生产资料，是把全部价值转移到产品中去，如原料和辅助材料，它们通过产品的出售不间断地获得新的实物补充，属于流动资本。可变资本是流动资本的一部分，即作为货币储备，用于逐渐支付并入生产过程的劳动力的报酬。

以上是对单个资本的再生产和流通的分析。在不考虑其他单个资本和个人消费的前提下，通过三个资本形式之间的转换以及预付资本的周转，通过周转时间分析周转费用、周转速度，找到影响周转效率的因素。所有单个资本的再生产和流通就构成了社会总资本的再生产和流通，但并不等于它们的简单加总，"各个单个资本的循环是互相交错的，是互为前提、互为条件的，而且正是在这种交错中形成社会总资本的运动"③。因而，只能在生产关系的层面来认识资本的运动。在分析方式上，马克思由简到繁，分别阐述了简单再生产和流通以及扩大再生产与流通。对于单个资本而言，它的循环阶段包括购买、生产、销售三个阶段，其中销售决定资本能否实现增殖进入下一步循环。对于社会总资本同样如此，产品销售是中心问题。对于产品 W' 而言，从买的角度看是物质补偿，从卖的

---

① 马克思. 资本论[M]. 北京：人民出版社，2004，2：172.
② 张薰华. ＜资本论＞脉络[M]. 上海：复旦大学出版社，2019：89.
③ 马克思. 资本论[M]. 北京：人民出版社，2004，2：392.

角度看是价值补偿,产品能否交换成功实际上也就是物质补偿和价值补偿能否匹配的问题。

对于社会年产品,马克思从使用价值上将其分为生产资料 P_m 和消费资料 K_m,相应的总生产也就分为生产生资料的生产部类(第Ⅰ部类)和生产消费资料的生产部类(第Ⅱ部类)。每一部类的总产品在价值上都分为 c、v、m 三个组成部分,交换可以发生在部类内部,也可以发生在部类之间,但要使生产能够进行下去,补偿预付可变资本 v 与超过可变资本而形成的剩余价值 m 之和要等于在生产商消费掉、按其价值只是转移到产品中去的不变资本 c。这是简单再生产,对于扩大再生产而言,意味着不能仅仅补偿原有的预付资本,还要追加资本(Δc,Δv)扩大生产规模,那么不变资本就从原来的 c 变为 $c+\Delta c$,可变资本就成为 $v+\Delta v$。对于两部类之间的交换而言,"Ⅰ($v+m$) 必须等于Ⅱc 加上再并入资本的那部分剩余产品,加上第Ⅱ部类扩大生产所必需的不变资本的追加部分"。这是扩大再生产的条件,否则经济就会出现不平衡,诱发经济危机。

三、信用制度下具有欺骗性的虚拟资本

信用制度的发展是商品经济日趋成熟背景下的自然结果,它主要是发挥货币的支付职能。货币的实体作为交换媒介越是经常发挥作用,越是反映商品经济的不发达,因为实体性货币在商品交换中充当了担保的作用,实际上体现了交换双方由于不信任而产生的一种交易成本。信用制度会更加凸显商品交换的实质内容,货币从"钱货两清"的即时交付到同交换行为发生时间上的分离,在一定程度上能够突破货币对资本增殖的限制,促进商品周转。同时也促使专营货币经营业务(如银行)的金融机构的力量壮大,推动资本内部的分工细化,进而影响经济运行模式(如股份制)。因此,信用对于现代经济具有重要意义。马克思曾打算在"六册计划"中详细研究信用,但由于身体原因,最终还是未能完成。因打算单独成册,因而马克思研究的资本主要是发挥职能作用的资本(产业资本和商业资本)。在可能要涉及信用的地方,他也总是先"撇开信用体系不

谈"。但他已经洞察到信用以及虚拟资本在现代经济生产方式中的作用，因此对影响比较大的生息资本和虚拟资本进行了具体分析。

信用制度的发展具有历史性，它主导经济运行方式的后果是改变了产业资本和商业资本这些职能资本的运行方式。"随着商业和只是着眼于流通而进行生产的资本主义生产方式的发展，信用制度的这个自然基础也在扩大、普遍化和发展。大体说来，货币在这里只是充当支付手段，也就是说，商品不是为取得货币而卖，而是为取得定期支付的凭证而卖。"①这些凭证主要是指票据（如商业票据、国债券、股票等），票据凭证取代货币实际上是依靠信用——承诺在未来的某个时间予以支付——运转的经济模式。票据在到期日之前本身作为支付手段就可以上市流通，因而马克思曾形象地说："真正的信用货币不是以货币流通（不管是金属货币还是国家纸币）为基础，而是以票据流通为基础。"②因此，票据这些支付凭证才是真正的商业货币。但它的意义不在于替代货币成为交换媒介，而是它本身的金融性。票据突破了商品与货币之间交换的即时性，视同交换完成，那么票据就成为有价证券，可以用来抵押或买卖获得资金，本质上属于金融资产。通过买卖票据也可以实现资本的积累，因而刺激了经营货币机构的繁荣，促进了资本家内部的分化，产业资本与货币资本家分离的趋势日渐明显。

货币经营机构的产生意味着资本的所有权和使用权发生了分离，资本家出于扩大规模或出于其他市场原因，不一定需要自身积累，还可以向拥有货币的资本家借款。货币经营者的资本并不直接参与生产，他们是凭借对货币的所有权进行增殖，即让渡货币的使用权获得利息收入，其增殖是没有生产过程的 $G-G'$。借贷的职能资本家在获得这些货币的使用权以后，将其投入生产，从而产生产业利润，但要把利润的一部分以利息的形式支付给货币资本家。利润由此就分为利息和企业主收入，在货币资本家和职能资本家之间进行分配。货币资本家借贷出去的那部分货币

---

① 马克思．资本论[M]．北京：人民出版社，2004，3：450．
② 马克思．资本论[M]．北京：人民出版社，2004，3：451．

就是生息资本,它只是以所有权为基础的资本,不具有生产和实现剩余价值的职能,因而不是职能资本,只有职能资本家将这些借贷的货币投入生产过程时才能转化为职能资本。由此可以看出,生息资本对职能资本的运行可以起到直接作用。货币经营业的发展,意味着资本本身可以直接产生增殖,对于使用货币的人和拥有货币的人意义是不同的。但对于使用货币的人(一般是职能资本家)而言,突破了自有资本的限制,有利于抓住商机或扩大生产规模;对于拥有货币的人而言依靠货币所有权就可以跨过生产过程,直接实现资本增殖的目的,他们作为食利者进行资本积累,会导致颠倒的经济关系。

"生息资本一般是一切颠倒错乱之母。"[①]利息本是利润的一部分,但它却反过来表现为真正的资本。因为就它自身的运动形式而言,是直接从 $G-G'$,省略了生产过程和流通过程,直接到达原初的货币形式,资本的一切规定性和现实要素都消失了。对于生息资本而言,它有自己特有的运行原理。其利息收入是通过将贷放的货币资本乘以利息率所得,那么根据乘法原理,在知道一定的收入和利率的前提下就可以倒算资本的总额,但事实上那个先前的资本总额已经不存在了(比如消费或作为投资),这个资本总额现在只是虚拟的存在。本来是由(生息)资本推算出应得收入,现在却颠倒为通过收入推算资本。这些资本并不一定在现实中存在,比如国债券,通过发行国债所得到的收入早已被非生产的资本主义国家花掉了。但国债券作为一种受益凭证由于可以定期获得收入,在进行转让时,可以根据定期得到的收益推算资本额,也就是资本的价值。然而,一旦债券卖不出去,这种资本幻象就消失了。与之类似的还有股票,也是一种所有权证书。对于初上市的企业所募集的股票,其所代表的资本可被企业投入生产中执行职能,属于现实的资本。但在二级市场流通的股票,作为一种所有权证书,可以获得收入,得到一部分剩余价值。也可以转让所有权证书,获得收益,但这些并不代表与现实中的资本价值相

---

① 马克思. 资本论[M]. 北京:人民出版社,2004,3:528.

符,因而也是虚拟的。

虚拟资本的这种特性随着专门经营货币资本的银行在经济运行中的权力提高而壮大。银行作为专业性货币经营机构才是真正与产业资本和商业资本相对立的。银行资本的大部分都是虚拟的,也就是说在它主导下的资本运行都是虚拟资本的运行。① 从银行资本的构成来看,主要包括两部分:(1)现金,即金或银行券;(2)有价证券。② 其中有价证券包括商业证券即汇票和公共有价证券(如国债券、国库券、各种股票等),商业证券背后存在真实的商品交易,在到期日之前可以贴现,其金融性所产生的虚拟性是有限的。而公共有价证券本身是虚拟的,它的虚拟性在于会从同一个资本身上生出两个收入,似乎资本是双重的,"一次是作为所有权证书即股票的资本价值,另一次是作为这些企业中实际投入或将要投入的资本"③。这就容易产生一种假象,似乎这些所有权证书除了能够得到资本权益之外,还形成了现实资本。但实际上,真正的资本只存在于后一种情况,所有权证书只是分享未来收益的一个凭证。然而,在实践中,所有权证书本身却是有资本价值的,可以按照它所标明的资本数额进行交易,从而导致市场上凭空增加了大量资本。马克思对此曾说道:"随着生息资本和信用制度的发展,一切资本好像都会增加一倍,有时甚至增加两倍,因为有各种方式使同一资本,甚至同一债权在各种不同的人手里以各种不同的形式出现。这种'货币资本'的最大部分纯粹是虚拟的。"④

这种虚拟资本的积累完全不同于产业资本,前者的数量和规模远远超越了后者,从而赋予拥有大量货币的资本家以主导市场的权力。马克思对此曾富有远见地说过:"那种以所谓国家银行为中心,并且有大的货币贷放者和高利贷者围绕在国家银行周围的信用制度,就是一个巨大的集中,并且它给予这个寄生者阶级一种神话般的权力,使他们不仅能周期

---

① 银行所经营的货币资本有部分会转化为现实资本,发挥职能资本的作用,限于篇幅暂不讨论这部分资本。
② 马克思. 资本论[M]. 北京:人民出版社,2004,3:526.
③ 马克思. 资本论[M]. 北京:人民出版社,2004,3:529.
④ 马克思. 资本论[M]. 北京:人民出版社,2004,3:533.

地消灭一部分产业资本家,而且能用一种非常危险的方法来干涉现实生产——而这帮伙匪既不懂生产,又同生产没关系。"①此后资本主义的发展路径证实了马克思的判断,金融资本家通过手中掌握的货币权力逐渐控制了生产,日益与产业资本和商业资本融合在一起生产为一种新的资本形态——金融资本。银行主导下的经济体系促进资本主义从自由竞争进入垄断,不仅剥削国内劳动人民,还在全世界抢占殖民地,瓜分世界,开启了帝国主义时代。

---

① 马克思.资本论[M].北京:人民出版社,2004,3:618.

第二章　资本金融化的历史逻辑

本章是将资本金融化的产生置于历史发展的进程，在哲学的视域下运用历史唯物主义辩证法解析资本金融化产生的历史必然性。

第一节　历史哲学视域中的资本金融化

一、"资本的狡计"：推动历史进程的理性的资本

马克思从历史哲学的视域，阐述了作为历史进程的定在的资本图式，并不是经济层面推动经济运行的那个资本。在这个概念背后谈论的范畴以及所形成的理论体系是关于历史发展进程的，主要阐释资本赖以生存的异化劳动及其所产生的阶级对立，发展到一定程度必然会爆发革命，推翻资本主义社会进入更高级的社会形态。作为历史某个发展阶段的实在主体的规定者，资本是理性的，它不断修复否定自身的力量，同时创造能够广泛调动一切社会资源的环境体系，进一步提升自己在这种关系模式中的权力。

资本最大的矛盾是与劳动的关系。就资本的形成而言，劳动赋予资本生命，两者是"一体两面"的，"劳动作为资本的对立物，作为与资本对立的存在，被资本当作前提，另一方面，劳动又以资本为前提"[①]。但两者又

[①] 马克思恩格斯全集[M]. 中共中央马克思 恩格斯 列宁 斯大林著作编译局，译. 北京：人民出版社，1975，30：254.

是对立存在的,"劳动只有在它生产了它自己的对立面时才是生产劳动"①。因此,这种劳动是不自由的,意味着丧失了劳动者自身的主体性,工人的劳动一旦进入劳动过程就不再属于自己,劳动者的个性是被压抑的,属于异化劳动。资本与劳动的这种对抗关系是资本存在的基础,本质上是无法消除的。资本靠吮吸活劳动才能增殖,它的存在条件就是雇佣劳动,需要大量的工人为资本赋值。在资本主义工业化时期,资本残酷剥削劳动的原因即在于此,由此引发了尖锐的阶级矛盾,并在世界范围内爆发了社会主义革命,全世界无产阶级的联合,敲响了资本及其打造的资本主义社会的丧钟。

然而,资本的高级之处在于它是理性的,它不断修复与劳动的关系。一方面在世界范围内增加劳动的数量。在资本主义国家已建构起完整的需要体系和以雇佣劳动为基础的劳动体系以后,它还力图在全球实现这一任务。经济全球化,实际上是资本在全球范围内抽掉国家和地区的自然经济基础,把它们纳入自己的运行体系中来,仿佛它们是被附加进来一样。另一方面,资本还重视提高劳动者的质量,将劳动的生产力不断转换成资本的生产力。表现在通过教育培养了大量知识型劳动者,推动社会进入知识经济时代。知识型劳动者推动构建了更能发挥劳动者效率的组织形式。马克思时代的劳动者主要是中低技能的蓝领工人,只适合于劳动密集型的制造业。工人在生产线上统一劳作,生产效率与工人付出的体力劳动时间显著相关,在经济权力不平等的条件下,必将产生剥削工人体力劳动的"血汗工厂"。知识型劳动者则更多地体现在服务业上,需要的是劳动者的创造力,工人有较高的自主性和灵活性。因而劳动者会得到更多的尊重与体面,会有良好的工作环境,资本与劳动的关系更为和谐。

劳动者知识素质提高的同时,也提高了社会生产力。知识型劳动者

---

① 马克思恩格斯全集[M]. 中共中央马克思 恩格斯 列宁 斯大林著作编译局,编译. 北京:人民出版社,1975,30:264.

的大量出现为资本主义提供了相当数量具有知识水平和专业技术能力的人才,成为经济增长和数字化转型中的关键要素。劳动的生产力最后都转化成资本的生产力,20世纪70年代以后。以美国"硅谷"为代表的创新精神和科学技术水平,重塑了人类的生存方式。技术由于提高了劳动生产率,为社会带来极大的物质满足而备受推崇。丹尼尔·贝尔曾经对技术这样说过:"技术不再仅仅是以再生产方式制造物品,而是目的与手段的合理安排,是工作乃至生活范畴的合理化。"[①]科学技术进步带来了生产组织方式的灵活性,如平台经济和零工经济的兴起,重塑了资本与劳动的关系,劳动者在工作内容、工作方式与工作时间上有更多的自由。更为重要的是,科学技术带来的生产力的迅速发展,提高了全社会的收入水平,日益提高的生产效率和生活水平大大弱化了劳动与资本之间的尖锐对抗。

但从本质上来看,无论是全球化还是知识经济,事实上都是"资本的狡计",资本借助于这些社会化形式实现着自己增殖的目的。舒适办公室里面的知识型劳动者,同"血汗工厂"里的中低技能的劳动者,并无本质不同,都要遵循关于资本增殖的基本原理——工人创造的价值在补偿完自身价值和不变资本的价值以外,必须还要有一个剩余(即剩余价值),资本家才是有利可图的。前者是必要劳动创造的,后者是剩余劳动创造的,资本的目的在于获取剩余劳动所创造的剩余价值,其结果都是工人需要提供额外的没有报酬的劳动。这种关系是资本之所以成为资本的核心所在,离开这种关系,资本显然就无法生存。科学技术的发展带来了生产力的进步,尤其是资本家与企业家的职能化分工遮蔽了资本与劳动的冲突。前者的意义在于承担风险,科学研发具有风险大、投资大的特点,理性的个体往往不会选择;后者的意义在于创新,拥有颠覆传统、再造新世界所需要的特殊心智和智慧。这推动了风险资本和其他金融资本对创新资源的重组,金融逻辑由此渗透到资本的生产过程中来。

[①] 丹尼尔·贝尔. 后工业社会的来临[M]. 高铦,王宏周,魏章玲,译. 南昌:江西人民出版社,2018:11.

另一方面也要看到,资本的金融化实质上是用货币解决生产的矛盾,并不能从根本上解决问题,相当于把生产领域的问题转移到金融领域,从而产生了三重阶级矛盾:资本家和金融精英与无产阶级间的矛盾、资本家与金融精英之间的矛盾、金融精英与无产阶级间的矛盾。同时,生产力的进步,信息化为工人之间的革命联合提供了技术手段,金融化所打造的是更为社会化的组织方式,为更高社会形态提供了生产保障。马克思在工业化时代对资本本质的洞察依然具有生命力:"随着大工业的发展,资产阶级赖以生产和占有产品的基础本身也就从它的脚下被挖掉了。它首先生产的是它自身的掘墓人。"[1]这句话在当代并没有过时。

二、资本生产体系中的金融化及其发展趋势

信用制度的发展促进了虚拟资本的快速积累,市场上流通的充足货币以及政府依据经济周期而实行的审慎灵活的货币政策,能够避免金本位条件下金属货币的自然限制以及资本生产循环过程中由于占用货币而导致的短缺。然而,金融作为资金融通的渠道,是帮助货币配置到最能产生效益的地方,本质是一种服务。但它在生产中的渗透,也导致生产过程的金融化。资本也日趋成为金融化的资本,就连实体经济部门也体现着金融的逻辑。在经济领域内,在"物"的运动中构建起关系的资本与在信用条件下的虚拟资本,实际上都是具体经济运行中的资本。它们之间的界限随着信用制度的发展而逐渐模糊,从而使得这两个层次的资本日益融化为兼具两个特色的金融化资本。马克思对于资本生产的目的曾一语中的地指出:"生产过程只是为了赚钱而不可缺少的中间环节,只是为了赚钱而必须干的倒霉事。因此,一切资本主义生产方式的国家,都周期地患上一种狂想病,企图不用生产过程做中介而赚到钱。"[2]但随着信用制度的发展,这种"狂想病"越来越获得了现实的支撑。首先是生产力的进步提高了人们的收入水平,有了剩余收入,可以用于投资(或投机);其次,

---

[1] 马克思. 共产党宣言[M]. 北京:人民出版社,2014:40.
[2] 马克思. 资本论[M]. 北京:人民出版社,2004,2:67.

完全信用货币的开启,国家通过增发货币的方式解决经济危机,产生了大量剩余货币;第三,大量剩余货币刺激了金融市场的繁荣,使通过金融资产的买卖获取收入成为普遍现象,而金融创新则不断渗透到消费、生产、交换过程中,使之呈现金融化。

资本的金融化也是资本对自身限制进行克服的结果,资本的循环从货币开始又复归货币,也就是说商品资本必须转化为货币才能实现资本的蜕化,因此资本的循环过程始终面临着商品到货币之间的惊险跨越。金融的介入有利于解决这一问题。在金融的逻辑中,商品与货币都是有价值的符号。在传统观念中,商品作为完整的使用价值的物质实体,其价值的意义首先在于商品物理形态上的完整性,本身不能分割。但它的符号化价值却可以在金融工具的设计下进行拆分,依据交换与支付时间的长短赋予不同的时间价值,在保持商品完整性的前提下将商品的价值碎片化,再运用货币的支付功能在设计好的时间内分次偿还,从而在时间的延展中拓宽了交换的空间。这不仅在商品所有者权利不受损的前提下完成了交换,而且降低了高价值商品在交换过程中的"货币难题",调和了生产与交换之间的对立,推动了经济的循环运转。商品实体与其符号象征的分离,使得交换成为一种金融行为:商品在被抽象为符号的形式下,被金融工具整合为时间价值的跨期配置。交换的重心在于金融工具作用下抽象符号之间的转换,但在实体层面仍然表现为需求者获得商品的使用价值只是两者的互相让渡跨越了所有权在时间上的同步转移以及商品物理形态的不可分割性(比如期贸交易)更加突出使用价值与价值有效让渡的核心本质。

资本的金融化有利于推动资本的周转与循环,但它作为发达信用制度下的产物,具有两面性:一方面促进了资本的循环和经济的发展,另一方面打造了更为颠倒的经济关系,虚拟化程度之高甚至已脱离实体经济。马克思在谈论生息资本时,曾指出:"尽管利息只是利润、执行职能的资本家从工人身上榨取的剩余价值的一部分,现在他却反过来表现为资本的真正果实,表现为某种本原的东西,而现在转化为企业主收入形式的利润，却表现为只是在再生产过程中附加进来、增添进来的东西。在这里，资本的拜物教形态和资本拜物教的观念已经完成。"[1]这在当代的资本金融化时代得到了根本体现，金融已成为现代经济的核心，形成了"产业发展，金融先行"的格局。金融不仅促进了虚拟资本的迅速积累，而且也将实体经济金融化。金融运用自己的算术逻辑将鲜活的实践活动抽象为时间价值，层层开发金融产品，促使虚拟资本的积累速度呈几何级数增长，隐含着金融危机的可能。为转移危机，金融不断创新工具，把越来越多的人卷入由这种逻辑所打造的规则中来（如资产证券化），最终座架了全社会。对于虚拟资本，虽然它们在多数时间体现为账面资产的流转，但可以通兑实体经济中的财富，因而拥有分享实体经济中剩余价值的权力。这又产生了新的阶级对立——金融精英与普通大众的对立。

第二节 资本的限制与超越：资本金融化的原动力

资本在生产阶段完成价值增殖变成产品，必须重新进入流通才能实现价值。但资本在流通过程中面临三重限制，就资本的本性而言，它总是力图超越这些限制，以在更高的阶段开始新的扩张。资本金融化源于资本利用信用制度超越自身限制的逻辑，但在此过程中引发了物质生产方式的变革。金融主导现代生产体系也是其不断超越自身限制的结果。

一、资本在流通过程中的三重限制

资本增殖目的的私人性与实现手段的社会性之间的矛盾使资本总是处于限制当中。资本的全部生产过程包括生产和流通两个阶段，它们互为前提，但所面临的主要矛盾不同。在生产阶段，生产关系表现为资本家通过掌控工人赖以生存的生产资料牢牢控制了雇佣劳动，使工人依附于资本家。在这一阶段，资本从货币形式转化为使用价值形式（原料——工

---

[1] 马克思. 资本论[M]. 北京：人民出版社，2004，3：442.

具——工资）[1]，也即资本从货币形式过渡到商品形式，同时也意味着价值的丧失，价值的再度复活需要进入流通领域。也就是说凝结了剩余劳动的新价值必须进入流通，再次转为货币才能重新取得财富的形式，蛹化为更多的资本。但在流通阶段，资本家的身份转化为生产者，并与全社会的消费者相对立，资本家并不能像控制工人那样控制消费者，因而商品能否再次转化为货币是不确定的。马克思对此曾形象地说："商品价值从商品体跳到金体上，像我在别处说过的，是商品的惊险的跳跃。这个跳跃如果不成功，摔坏的不是商品，但一定是商品占有者。"[2]这源于流通中存在的以下三重限制。

（一）消费

"资本作为生产出来的产品会遇到现有消费量或消费能力的限制。"[3]消费，即对该商品的需要，这种需要指的是有支付能力的需要，主要决定于消费的量和消费的人数。消费者对产品的需求主要基于使用价值，而使用价值并不具有价值的无限度性，它总是在一定限度以内被需要。比如，对谷物的需要，受到人的自身生理需求的限制，对其需求不可能是无度的。对于消费的人数而言，马克思虽没有详细论述，但消费人数越多总的消费量自然也就越大。总体而言，社会的消费量受到对商品使用价值需求量的限度以及对消费人数的决定，后者更具直接性。消费人数的限制源于工人既是劳动者又是消费者的矛盾性。资本的积累是一种"贫困的积累"，工人的劳动时间分为必要劳动时间和剩余劳动时间，资本家仅支付给工人必要劳动时间的报酬，但他们追求的是剩余劳动。随着生产力的进步，剩余劳动占比越高，必要劳动占比越低，那么相对于工人所创造的总产品，劳动的报酬更低了，工人相对更加贫穷。而与此同时，

---

[1] 马克思恩格斯全集[M]. 中共中央马克思 恩格斯 列宁 斯大林著作编译局，译. 北京：人民出版社，1995，30：382.

[2] 马克思. 资本论[M]. 北京：人民出版社，2004，1：127.

[3] 马克思恩格斯全集[M]. 中共中央马克思 恩格斯 列宁 斯大林著作编译局，译. 北京：人民出版社，1995，30：36.

产品总量却更加多了,导致社会消费力降低。

从根本上看,社会消费力的决定不在流通领域。马克思曾指出:"(社会消费力)既不是取决于绝对的生产力,也不是取决于绝对的消费力,而是取决于以对抗性的分配关系为基础的消费力;这种分配关系,使社会上大多数人的消费缩小到只能在相当狭小的界限以内变动的最低限度。其次,这个消费力还受到追求积累的欲望,扩大资本和扩大剩余价值生产规模的欲望的限制。"①就生产规模的扩大而言,是对避免现有资本贬值和市场竞争的应对,但其最终结果都将会与消费的狭隘基础发生冲突,实质上都取决于分配。但分配本身并不是独立的,作为分配形式的地租、工资、利息和利润等是以生产过程中投入的土地、劳动、资本等生产要素为基础的,分配关系和分配方式都来源于生产要素这一共同的基础。"个人以雇佣劳动的形式参与生产,就以工资形式参与产品、生产成果的分配。分配的结构完全决定于生产的结构。分配本身是生产的产物,不仅就对象说是如此,而且就形式说也是如此。"②也就是说分配决定于生产。而在生产环节,资本主义生产是剩余价值生产的独特性质已经预设了资产阶级和工人阶级之间的对抗关系,资本必须吮吸大量活劳动创造的无酬劳动才得以延续。因此,这种充满了对抗、剥削和不平等的生产关系是资本进行扩大再生产所必不可少的条件。

(二)现有等价物的限制

"作为新价值和价值本身,产品看来会遇到现有等价物的量的限制,首先是货币量的限制,但不是作为流通手段的货币,而是作为货币的货币。剩余价值需要有剩余等价物。剩余等价物现在表现为第二个限制。"③马克思揭示了流通中的货币本质及其运行的双重逻辑——作为货

---

① 马克思. 资本论[M]. 北京:人民出版社,2004,3:273.
② 马克思恩格斯全集[M]. 中共中央马克思 恩格斯 列宁 斯大林著作编译局,编译. 北京:人民出版社,1995,30:36.
③ 马克思恩格斯全集[M]. 中共中央马克思 恩格斯 列宁 斯大林著作编译局,编译. 北京:人民出版社,1995,30:385.

币的货币($W-G-W$)和作为资本的货币($G-W-G$),它们的流通形式和目的不同。前者从商品出发经过货币又转化为商品,以获取使用价值为目的;后者是从货币出发经过商品又复归货币,以获取交换价值为目的。在作为资本的货币逻辑中,产品的价值包含两个部分,一部分是由原有的价值转化而来(比如从原材料中);另一部分是新增的,由剩余劳动创造出来的。那么对于这部分新增的价值,流通中需要有相应的等价物来表现。这种货币不是在流通中作为转瞬即逝的交换形式出现的,而是作为新实现的资本。

在简单商品流通中,货币是满足需要的手段;而作为资本的货币的流通本身就是目的,因为只是在这个不断更新的运动中才有价值的增殖。因此,资本的运动是没有限度的。作为资本的货币是以商品为中介,前后两个货币形态的数量并不一样,它在流通中的资本形式其实是$G-W-G'$,其中$G'=G+\Delta G$,ΔG是新增的部分。正是通过这种解析,马克思发现了剩余价值的奥秘和资本逻辑的本质所隐含的剥削关系。但对于流通而言,新增的部分必须有特定数量的货币来满足扩大了的资本。如果缺乏相应的等价物来表现,意味着新资本不能在货币形式上得以保存而被社会所承认,那么就难以再次进入生产过程去支配或创造更多的对象化劳动。马克思对现有等价物限制的分析带有鲜明的时代性,它反映了金本位条件下货币的天然约束,因为此时的货币是指金银等贵金属,纸币(或者银行券)只是货币的符号,发行量受金银等贵金属数量的限制,而金银数量又受金银矿山的发现与开采的限制。

(三)市场范围的限制

"最初的情况是,货币——即财富本身,也就是在它同他人的对象化劳动相交换中并通过这一交换而存在的财富——如果不继续同他人的活劳动相交换,即不继续进入生产过程,看来就会自行毁灭。流通没有能力使自己更新。另一方面,现在看来,生产过程如果不能转入流通过程,就要陷入绝境。"①马克思在这里强调的是流通与生产之间的相互依存,两者的连续性是由市场范围决定的。这里的市场范围不仅仅是指地理空间的扩大,而是指以资本为基础的这种生产方式的空间范围。因为资本主义的生产并不是一般意义上的生产,而是以雇佣劳动为基础的生产,这种生产形式是以交换为前提的,社会中全部生产都要以交换为目的,而不是封建社会和原始社会那种交换剩余产品或剩余生产的方式,因而这实际上属于生产方式的限制。"从本质上来说,就是推广以资本为基础的生产或与资本相适应的生产方式。"②使生产从属于交换就要消灭那些以使用价值为目的的生产,每个人的需要都要通过交换来实现,这样才能从根本上扩大生产和流通的范围。一如亚当·斯密所说的:"一切人都要依赖交换而生活,或者说,在一定程度上,一切人都成为商人,而社会本身,严格地说,也成为商业社会。"③

从以使用价值为目的的生产到以交换价值为目的的生产是在历史的发展中生成的,伴随着物质生产的全面革命。"流通的要素要先于流通而存在,而不是由流通本身创造出来的。"④以交换价值为目的的流通是以生产方式的全面变革为前提的。它首先表现为自给自足的生产方式的消解,代之以资本和雇佣劳动为基础的生产,从而建立了需要的体系和劳动的体系。需要体系的建立是打造这样一种秩序:商品占有者的劳动是单方面的(只生产一种或几种商品),而需要是多方面的,要满足自己多方面的需要就要将自己的产品换成财富的无差别形式货币,因此产品对于它的所有者而言就仅仅是交换价值。货币此时才能作为通约一切商品的代表获得社会权力,"自从有可能把商品当作交换价值来保持,或把交换价

---

① 马克思恩格斯全集[M]. 中共中央马克思 恩格斯 列宁 斯大林著作编译局,编译. 北京:人民出版社,1995,30:385.
② 马克思恩格斯全集[M]. 中共中央马克思 恩格斯 列宁 斯大林著作编译局,编译. 北京:人民出版社,1995,30:388.
③ 亚当·斯密. 国富论[M]. 郭大力,王亚南,译. 北京:商务印书馆,2014:19.
④ 马克思恩格斯全集[M]. 中共中央马克思 恩格斯 列宁 斯大林著作编译局,编译. 北京:人民出版社,1995,30:210.

值当作商品来保持以来,求金欲就产生了。随着商品流通的扩展,货币——财富的随时可用的绝对社会形式——的权力增大了"①。劳动体系的建立是这种生产方式的基础,因为只有无偿占有剩余劳动,资本才能实现增殖,这要求劳动者与其劳动工具相分离,自由到一无所有,只能服从于资本,被资本所驱使。这只能是以自给自足的生产方式的解体为前提,本身也是生产发展的结果,"只有在物质的(因而还有精神的)生产力发展到一定水平时才有可能"②。

综上所述,马克思剖析了在以资本为基础的生产方式中,流通所面临的三重限制。对于流通及其限制的理解离不开历史发展的视野,"流通,就它的每个因素来说,尤其是就它的总体来说,本身已经是一定的历史产物"③。这些限制共同的外在表现是货币的缺乏,交换越发达越凸显货币作为资本逻辑的意义。随着商品交换在深度和广度上的扩大,信用的范围和基础也扩大了,为金融介入流通领域提供了发展的土壤。

二、资本超越自身限制的本性促进了金融在流通中的发展

在前面讲过,资本不是一般的财富实体,而是一种时常感到不自在的力量。由于它时常感到不自在,客观上推动资本不断超越那种不自在,以在更高阶段重新开始扩张,因而资本永远是运动的。马克思时常用拟人化的手法阐明资本的这种特性,将资本比作欲望,"资本作为财富的一般形式——货币——的代表,是力图超越自己界限的一种无限制的和无止境的欲望。任何一种界限都是而且必然是对资本的限制……剩余价值的量的界限,对资本来说,只是一种它力图不断克服和不断超越的自然限制

---

① 马克思. 资本论[M]. 北京:人民出版社,2004,1:154.
② 马克思恩格斯全集[M]. 中共中央马克思 恩格斯 列宁 斯大林著作编译局,编译.北京:人民出版社,1995,30:497.
③ 马克思恩格斯全集[M]. 中共中央马克思 恩格斯 列宁 斯大林著作编译局,编译.北京:人民出版社,1995,30:280.

即必然性"①。限制和超越都是由资本的本性所决定的,超越流通中的限制是资本走向金融化的原动力。

马克思早已洞察到信用在克服流通限制中的作用:"全部信用制度,以及与之相联系的交易过度、投机过度等,就是建立在扩大和超越流通及交换领域的界限的必然性上的。"②商品经济意味着生产和消费、使用价值和价值的分离与协同,本质上是信用经济。在马克思关于货币运行的的双重逻辑中,不管货币是作为货币的货币还是资本的货币,它事实上都是一种符号化的象征,其背后真正的逻辑是社会关系,货币由于其自身的特殊性质被认为最适合充当这种关系的具象化形式。也就是说,只要能够合适地反映背后的社会关系,是用货币还是其他什么物质本质上是无关紧要的。在信用不发达的条件下,货币取得了人格化的象征,金融运行的法则是人所拥有的财力、劳动能力、声誉等都要通过所拥有的货币多少来衡量,金融主要为财力雄厚的人或机构服务,因而主要在生产领域。但在20世纪70年代以后,随着信息技术的发展和金融投资的制度化,对信用的衡量机制发生了改变——不再仅仅着眼于已经拥有的财富,而是更为看重未来的财富创造能力或利润盈利能力,"人与人之间关系的确认似乎更为强大地依赖于一种'评估''估值'"③,使金融发起流通领域的革命成为可能。金融配合以技术创新和制度改革将更多的人和资源纳入其所打造的运行体系中来,形成了金融与需求、创新、知识及信息之间的动态组合,深度挖掘了被遮蔽以及被压制的流通关系。

(一)打造以信用为基础的消费模式

马克思认为消费受到消费量或消费力的限制,他对消费限制的研究

---

① 马克思恩格斯全集[M]. 中共中央马克思 恩格斯 列宁 斯大林著作编译局,编译. 北京:人民出版社,1995,30:297.
② 马克思恩格斯全集[M]. 中共中央马克思 恩格斯 列宁 斯大林著作编译局,编译. 北京:人民出版社,1995,30:397.
③ 夏莹,黄竞欧. 数字资本时代货币的幽灵化与资本逻辑颠覆的可能性方式[J]. 江海学刊,2020(1).

主要基于实际需要的消费量和以工资为基础的收入水平。此时，人格化的货币是充当信用的关键凭证，主要基于过去和当下的财富状态。当代的金融创新则注重开发未来，它重塑了运行规则——只要未来能够产生收入流，就可以在当下获得消费贷款，把消费与货币之间的转换在时间上分离开来，为未来赋予时间价值，最大化地发挥了货币的支付职能，扩大了消费和需要的范围。这赋予消费三个特征：一是跨越消费与收入之间的时间间隔，跨期配置当前消费与未来收入。这是在不改变等价交换原则的前提下，为不同的时间赋予相应的价值用货币进行补偿，比如分期付款。二是模糊货币和非货币资产之间的界限，为消费提供更多的流动性。这得益于金融创新在资产（或投资）与消费之间架起了连接的桥梁，减少了资金占用。比如，个体和企业拥有的股权、基金、债权或者住宅、汽车净值等都可以作为担保获得消费贷款，从而也打通了资产的收益率与贷款利率之间的关系。三是借债消费。以信用为基础的消费突破了交换与支付之间的即时性，将支付行为延展到未来，比如信用卡消费。

马克思对于没有货币支付能力的需求是不予讨论的，而资本的金融化所带来的革命性恰恰在于对包含有尚无支付能力的消费群体的开发。以信用为基础的消费模式突破了当前收入对需求的限制，推动了当代经济增长方式的转换——消费成为经济增长的引擎。信用的嵌入通过分期付款的金融形式购买消费品，使这些日常生活用品具备了"资本品"的特点，这意味着在需求与供给之间不再是纯粹的生产和消费问题，还嵌入金融服务，而且金融与消费者之间的关系较之生产者与消费者更为直接。金融活动渗透到消费者的日常生活中，激发了消费欲望，消费不再是基于对物品实际功用的需求，而是体现为对消费品所展示的身份和地位的符号逻辑或者是象征逻辑，"以消费者为中心"成为公司管理和金融服务的理念。但同时需要提出的是，金融对流通的革命性改造也是在制度的转变和技术的配合下完成的，以信用为基础的消费离不开社会福利和社会保险制度的支持，为消费者的信用基础提供了基本保障。技术进步则释放了金融的生产力，技术推动金融创新，加快了交易速度，扩大了经营领域,"20世纪80年代以后,瞬时完成的环球货币和金融运动以及全球通用的信用卡开始使世界规模的金融服务超级市场和其他全球化的网络形成"①。扩大了流通范围,开发了更为复杂的社会关系。

(二)信用交易对等价物限制的突破

货币在资本的逻辑中是社会权力的象征,它的发展过程是逐渐脱离其商品属性获得了纯粹的社会关系的表征。从本质而言,货币具有脱离物质形态的趋势。交换的本质是一方得到使用价值,另一方得到交换价值,用货币来充当交易的中介在早期源于货币还充当了信用的凭证。在信用不发达的条件下,通过这种被社会共同认可的凭证才能通约其他商品。在信用发达的条件下,货币的实体形态渐趋退场,不再充当信用凭证,只留下一种意识上的货币拜物教和观念上的价值尺度。当代的金融体系打造了一个货币和信用共存的经济环境,货币的实体被抽象为银行账户上的数字,成为银行账簿上以会计分录为凭证的财产权利。货币交易用于小额交易且比例不断缩小,信用交易用于大额交易且比例不断增大。货币的运行逻辑从原来的 $W-G-W$ 和 $G-W-G'$ 转变为 $W-W$ 和 $G-G'$,也就是说经济的运行不再体现为商品与货币之间在实体上的相互转换,而是在金融机构的运作下直达目的本身。这降低了交易成本,加快了流通时间。

新增加了的资本在信用的形式下获得了无限量的表达。这种交易环境是当代以中央银行为核心的银行体系所打造的,也是黄金与货币脱钩,完全信用货币时代开启的时代产物。早在20世纪30年代,凯恩斯就提出黄金的供给缺乏弹性是产生经济萧条的根源,他主张用纸币代替货币以调控货币量,"补救之道只能是劝说公众相信纸币也是货币,而且要有一个由政府控制的纸币制造工厂(也即中央银行)。"②自从1973年布雷

---

① 卡萝塔·佩蕾丝.技术革命与金融资本[M].田方萌,胡叶青,刘然,等,译.北京:中国人民大学出版社,2007:105.
② 约翰·梅纳德·凯恩斯.就业、利息和货币通论[M].陆梦龙,译.北京:中国社会科学出版社,2009:186.

顿森林体系崩溃,1976年牙买加体系宣布黄金非货币化以后,世界经济体步入完全信用货币时代,货币发行成为各国中央银行的职责。这也意味着市场上的货币量是可以根据经济状况进行调节的。在实践中,中央银行通常运用公开市场业务、调整存款准备金率、再贴现政策等手段来调节经济中的货币总量。

(三)金融全球化对市场空间的开拓

马克思在谈到流通已经表现为生产的要素时曾经说过:"资本一方面具有创造越来越多的剩余劳动的趋势,同样,它也具有创造越来越多的交换地点的补充趋势……从本质上来说,就是推广以资本为基础的生产或与资本相适应的生产方式。创造世界市场的趋势已经直接包含在资本的概念本身中。"[1]以交换为目的的生产在资本主义国家确立以后,就需要更为广阔的市场空间,将全社会和全世界都纳入这种需要的体系中来是资本的使命。资本开拓国外市场是在金融的世界网络中进行的,"金融是全球政治经济的核心力量之一"[2],在金融所开发出的系列产品和市场集合的背后是新秩序和新生产关系的形成,比如全球汇率制度、资本市场规则等都会改变国际经济关系和地缘政治的格局。金融的扩张不仅仅是物理意义上的,而是关涉生产方式的改变。在20世纪初,金融资本通过瓜分世界,压迫剥削殖民地,扩大了地理意义上的市场空间,但并没有从根本上消解这些地区的生产方式,没有解构它们的自然经济基础。单向的资源和财富掠夺表明金融资本所形塑的是一种充满了压迫和对抗的紧张的国际关系。而当代资本的金融化则改变了非资本主义国家的生产方式,打造了适合资本特性的需要体系和劳动体系,从而将这些地区纳入资本大循环中来,在世界贸易体系的相互合作中以和平与发展的形式获取财富(尽管是形式上的),从而真正扩大了马克思意义上的市场范围。

---

[1] 马克思恩格斯全集[M].中共中央马克思 恩格斯 列宁 斯大林著作编译局,译.北京:人民出版社,1995,30:388.

[2] 国外理论动态编辑部.当代资本主义新变化与结构性危机[M].北京:中央编译出版社,2015:125.

金融打造了基于世界的网络系统,对资本、土地、劳动和技术等生产要素进行组合,促进了落后地区生产方式的蜕变以及制度的变革。首先是经济体制。20世纪80年代,随着东欧剧变、苏联解体,世界两大阵营的对峙结束,全球进入经济快速发展时期。中国实行改革开放,建立了社会主义市场经济。通过政府主导的改革,建立了以交换为基础的需要体系和劳动体系。其次是金融制度。金融自由化随着新自由主义浪潮在世界推行开来,麦金农和肖的金融抑制论推动了发展中国家的金融改革,纷纷建立了现代金融制度。共同的金融模式促进了国家之间金融网络的相互连接,加快了国家之间在资本、技术、贸易和知识产权上的流动,形成了一体化的世界空间。

综上所述,资本的金融化从形式上克服了资本在流通中的限制。按照生产与流通之间的关系,流通的时间越短,那么资本的生产循环就越快。如果资本流通时间=0,那么就意味着在生产过程结束后就可以开始新的资本增殖过程,这将使资本增殖过程在一定时间内的重复次数达到最大限度。在现代信息技术条件下,资金能以数字化的形式在金融所打造的网络系统中无摩擦的进行流动,并跨越民族国家的地理疆界在全世界配置资源。

第三节 资本形态演进的金融化趋势

资本的形态不是一成不变的,马克思重点研究了产业资本。金融在生产过程中的影响渐趋增大,必然会引发生产关系在内容上的调整,进而投射到资本的表现形态上,推动资本形态的演进。随着信用制度的发展,银行资本融合了产业资本和商业资本,形成一种新的资本形态——金融资本。随着生产的社会化进一步提高以及国家的直接干预,金融资本的基础在不断消解。金融创新使得资本在形态上不再是银行资本与工业资本相融合这种清晰的复合型资本,而是来自多种金融机构的货币资本以多种形式参与企业资本积累,没有明确的资本形态,体现为一种资本金融化的状态。因此,资本金融化是在以资本为基础的生产过程中历史地生成的,是资本发展到一定阶段的产物。

一、从产业资本到金融资本的历史转换

马克思曾经说过,"以资本和雇佣劳动为基础的生产,不仅在形式上和其他生产方式不同,而且也要以物质生产的全面革命和发展为前提。虽然作为商业资本的资本没有土地所有权的这种改造也能充分发展(只是在量上没有这么大),但是作为产业资本的资本就做不到这一点。"[①]由此可以看出,商业资本实际上是没有历史性的,它能够存在于所有的社会形态中。但产业资本就不同,它一定是有自己的存在条件的,起初是利用旧社会中的有利因素,成熟以后就开始自己创造存在的条件,那么它所打造的生产方式一定是不同于旧社会的。马克思主要分析的就是产业资本,生息资本与商业资本因为没有这一特性,因而并不是他的重要研究对象。对于信用,马克思也认为它并不是存在于所有社会形态中,也是历史性的,"信用作为本质的、发达的生产关系,也只有在以资本或雇佣劳动为基础的流通中才会历史地出现"[②]。信用的历史性在于以商品交换为基础的生产方式发达到一定程度,即在交换成为经济主体得以生存的方式时,满足他人才能实现自己价值的理性成为社会普遍遵循的规则,信用才能真正发挥降低经济交往成本的作用。比如,货币作为交换关系的符号和信用的体现,其材质从贵金属到纸币的演化充分反映了这一问题:商品经济越不发达,货币充当交换功能的材质就越贵重,越强调交换的即时性,此时货币本身的实物价值充当了信用保障功能;而商品经济越发达,越是发挥货币的支付职能,货币本身就越是被抽离实物形态而趋于符号化。

[①] 马克思恩格斯全集[M]. 中共中央马克思 恩格斯 列宁 斯大林著作编译局,编译. 北京:人民出版社,1995,30:256.
[②] 马克思恩格斯全集[M]. 中共中央马克思 恩格斯 列宁 斯大林著作编译局,编译. 北京:人民出版社,1995,30:534.

信用的发展是资本超越自身限制的重要手段之一。资本全部的生产过程包括生产与流通两个阶段,两者是内部连续而外部独立的。产品在生产阶段被生产出来意味着资本价值的丧失,因为其价值转移到产品中去了,(更多)价值的再度复活需要进入流通领域,从商品重新转化为货币。就资本的生产过程而言,流通阶段所占的时间越少,生产周期就越快。因为流通时间是资本生产时间的扣除,所以流通时间就表现为对生产的限制。"流通在空间和时间中进行"[①]。空间包括地理意义上的市场范围和交通运输等;时间主要是指就资本增殖的意义上而言的,意味着必要劳动时间的增加和剩余劳动时间的减少。空间是相对于流通时间而言的,资本的发展程度越高,就越需要更为广大的空间,与时间就越矛盾,空间因而就越成为需要克服的限制。"资本一方面要力求摧毁交往即交换的一切地方限制,征服整个地球作为它的市场,另一方面,它又力求用时间去消灭空间,就是说,把商品从一个地方转移到另一个地方所花费的时间缩减到最低限度。"[②]要减少流通费用和流通时间,马克思曾提到两种解决方案:一是修筑道路,减少地理空间中运输时间的耗费。但是修路的主体不是国家,而是资本本身,即修路本身的资本化。马克思的这一思想已暗含了被后来列斐伏尔、哈维、索亚等西方马克思主义学者所提出的空间的生产思想。二是信用,促进生产和流通的过程连续。但对于这一层面的信用,马克思并没有讲太多。因此,信用对马克思来说属于未竟的事业。

信用的社会意义在于引发生产方式的变革。马克思对此已有洞察,他曾提到"资本所造成的限制并不是从播种到收割这段时间,而是从收获到把收获的庄稼转化为货币,以及把货币再用来比如说购买劳动这段时

[①] 马克思恩格斯全集[M].中共中央马克思 恩格斯 列宁 斯大林著作编译局,编译.北京:人民出版社,1995,30:532。

[②] 马克思恩格斯全集[M].中共中央马克思 恩格斯 列宁 斯大林著作编译局,编译.北京:人民出版社,1995,30:538.

间。"①这句话的本质是购买力创造的时间问题,商品转换为货币的时间取决于流通中的购买力大小。马克思也看到了信用在保持生产过程的连续性方面的作用,但仍然低估了信用对生产所起到的关键作用,而是重点批判信用在这一过程中所可能产生的虚拟性,当然这对于揭露信用的两面性也是必要的。在当代,购买力的创造是由金融来完成的。但马克思在《资本论》第三卷中深刻地谈到了信用可能对引发生产方式变革的作用,通过引用托马斯·查默斯的话做了表达:"建立在资本主义生产的对立性质基础上的资本增殖,只容许现实的自由的发展达到一定的限度,因而,它事实上为生产造成了一种内在的,但会不断被信用制度打破的束缚和限制。"②由此可以看出,信用在资本运行中的引入源于资本自身的限制。而打破这种束缚和限制,便意味着资本向更高阶段的发展。马克思虽然没有深度剖析信用打破资本主义生产界限的方式,但已经洞察到它在推动资本主义经济形态转换中的作用——从自由资本主义向垄断资本主义过渡。信用"起初,作为积累的小小的助手不声不响地挤了进来,通过一根根无形的线把那些分散在社会表面上的大大小小的货币资金吸引到单个的或联合的资本家手中;但很快它就成了竞争斗争中的一个新的可怕的武器;最后,它转化为一个实现资本集中的庞大的社会机构"③。产业资本所形塑的自由竞争逐步向信用所形塑的资本集中过渡,但这在马克思所处的时代才刚露出端倪。

二、金融资本的特征与运行方式

信用在资本运行体系中的介入,推动产业资本发展到金融资本阶段。"一旦信用体系发展到一定程度,那么对资本主义企业来说,由于竞争的影响,利用信用就成为必然的了。对个别资本家来说,利用信用就意味着

---

① 马克思恩格斯全集[M]. 中共中央马克思 恩格斯 列宁 斯大林著作编译局,编译. 北京:人民出版社,1995,30:544.
② 资本论[M]. 北京:人民出版社,2004,3:500.
③ 资本论[M]. 北京:人民出版社,2004,1:722.

他的利润率提高"①对于信用究竟如何引发资本主义生产方式的变革,这是列宁和希法亭所处时代需要回答的问题。希法亭基于银行资本和工业资本日益融合在一起的现实,认为资本采取了其最高级也最抽象的表现形式——金融资本②。列宁认为垄断是以金融资本为核心的,是资本主义发展到最新阶段的成就。从本质上看,金融资本是资本对自身限制进行超越的结果,是在历史过程中生成的。19世纪末20世纪初,"贫困的积累"使阶级矛盾尖锐,消费不足使流通陷入困境,导致生产和流通难以连续,严重影响资本积累,资本的集中和垄断是对自身困境的自我调整,通过这种方式弥补自身积累。因为对于单个资本家的资本积累而言,资本是来源于对剩余价值的占有还是社会资本的转移是无差别的,因而集中能够补充资本积累。但从全社会来看,并不意味着总资本量的增加,它只是单纯地改变了既有资本在全社会的分配。所产生的社会后果是小资本被大资本所吞并,资本家剥夺资本家,银行在这一过程中发挥了主要作用。

(一)银行资本通过掌控货币资本主导了产业资本的集中进程

"银行是货币资本的掌管者,它们支配着所有资本家和小业主的几乎全部的货币资本,以及本国和许多国家的大部分生产资料和原料产地。为数众多的不同中介人成为极少数垄断者的这种转变,是资本主义发展成为帝国主义的基本过程之一。"③为抵抗平均利润率下降,企业在生产上进行联合或兼并("联合制"),所成立的卡特尔、托拉斯等生产组织都是银行参与或主导的结果。信用能够扩大企业生产规模,在其他条件不变的情况下,只要利润率高于银行利率,利用银行提供的资金进行扩大再生产就是有利可图的。因此,在不改变社会平均利润率的水平下,积极运用银行信用,比其他资本家更早地扩大生产规模、提高劳动生产率,就能够

---

① 鲁道夫·希法亭.金融资本[M].李琼,译.北京:华夏出版社,2013:86.
② 鲁道夫·希法亭.金融资本[M].李琼,译.北京:华夏出版社,2013:1.
③ 列宁.帝国主义是资本主义的最高阶段[M].北京:人民出版社,2014:27.

获得超额利润。但当全社会都采用这一方式时,就会造成平均利润率下降,超额利润消失。为了在竞争中居于不败之地,企业从一开始就必须是大规模的,产量的增长能够补偿平均利润率下降所造成的损失。因而,由于平均利润率下降规律,企业规模的扩张是资本主义生产在自由竞争条件下所产生的一个必然结果。这一过程充满了激烈的竞争,那些在市场中无法利用生息资本或通过股份制改造而筹集社会资本的企业就会被消灭。这种自由竞争的后果就是银行获得了主导产业资本发展的权力。同时,银行出于自身利益的考虑也会主动对有实力的企业扩张信用,助推企业成为市场中的垄断者。但银行对企业的信用支持通常不只一家,为了获得最大收益,银行会尽量避免它所控制的企业之间出现竞争。从而使得产业资本在没有干预的自由竞争依然存在的经济发展阶段就将竞争消除了。[①] 企业运营背后的主导者实际上就是金融寡头。

资本主义的垄断首先肇始于银行业的集中。银行渠道密布全国,遍布在全国的每一个分支机构都相当于一个情报部门,将收集的市场信息通过银行渠道迅速传到总部,因而银行体系能够掌握比较充分的市场信息,在一定程度上可以避免生产的无计划性和盲目性,防止出现生产过剩的经济危机,助推企业不断开辟新的增殖空间。随着资本在大银行手中的集中,银行的角色发生了根本性的变化。它通过办理往来账业务,掌握了产业资本家的投资运营状况,再通过扩大或减少贷款的方式,控制了产业资本家对货币资本的使用权,进而控制了产业资本家的资本命脉。更为彻底的是,产业资本家为了更好地与银行资本家合作,会接受银行方面进驻企业的要求。通过"人事结合",双方互派监事或董事,互相占有股票。事实上,银行的作用不只是集中和控制货币资本,它实际上是资源的配置器。作为专业处理风险与收益的金融机构,银行擅于发现资源(包括自然资源和人力资源),对市场有更加敏锐的前瞻性和判断力。当银行的这种特性为全社会服务时,它会提高资源在整个经济体系中的有效配置,

---

[①] 鲁道夫·希法亭. 金融资本[M]. 李琼,译. 北京:华夏出版社,2013:212.

有利于经济的协调。但当这种特性仅为少数一部分企业服务时，必然会打造"强者更强，弱者更弱"的局面，垄断是不可避免的。银行资本与产业资本的融合，倾向于打造巨无霸式的大企业，去发展那些资本密集型的重化工业。从历史上看，19世纪末20世纪初出现了历史上最多的自然勘探行业上的垄断集团，如钢铁、石油、煤炭等，其背后都离不开银行资本的推动。

这些依靠自然资源和大规模投资的产业发展模式，具有三个特征：一是投资大，生产周期长，离开银行资本的杠杆性而单靠企业的自身积累是难以完成的，垄断是必需的方式。二是需要特定的科学技术，对技术的垄断使少数工业化国家具备利用资本转化为生产力的条件，助其迅速完成了工业化进程，从而与世界上大多数还处于农业时代的国家拉开了质的差距。三是对领土扩张的狂热。因为重化工业的原料来自于自然界，如煤矿、铁矿、石油等都属于自然的恩赐，并非取之不尽用之不竭，分布也是不平衡的。但这些原料的供应对于保持工业化的发展具有决定性意义。这些决定了银行资本作用下的产业发展方式必然是不同于自由资本主义时代的，它对内垄断对外殖民扩张，去寻找土地中蕴藏的自然资源。这种产业发展模式离开银行体系的作用是无法完成的。对此，列宁也曾经说过："垄断正是'资本主义发展的最新阶段'的最新成就。但是，如果我们不注意到银行的作用，那我们对于现代垄断组织的实际力量和意义的认识，就会是极不充分、极不完全和极其不足的。"[①]

银行资本对资本主义生产方式的变革核心在于改变了资本的形态及其运行方式。银行突破了中介服务的角色，直接参与企业经营，分享企业利润，与企业结合在一起（"参与制"），资本的形态由产业资本转变为工业资本与银行资本融合而成的金融资本。希法亭认为它们是基于这样的关系："产业资本合并了商业利润，自身又被资本化为了创业利润，变成了以金融资本为资本最高形式的三位一体的战利品。因为产业资本是圣父，

---

① 列宁. 帝国主义是资本主义的最高阶段[M]. 北京：人民出版社，2014：26.

它带来的商业和银行资本是圣子,而货币资本是圣灵,这三位一体的东西就是金融资本。"①但随着生产与销售的联合,事实上商业资本规模是在逐渐缩小的。这意味着由产业资本所创造的利润更多地分给了银行资本,而银行资本在掌握了这部分资本以后,通常会重新投资给产业资本家,希法亭将这种银行资本也称之为金融资本。② 在生产力状况和社会技术水平没有提高的前提下,抵制社会平均利润率下降的方法,马克思认为有扩大生产规模、开辟世界市场和利用信用手段三种方式。在经济实践中,金融资本统领了这三种方法。金融资本旨在建立银行资本与产业资本的联盟,通过消灭竞争的无序性防止社会平均利润率下降。因此,金融资本反映了资本主义对自身矛盾的克服与化解。正是这种新的资本形态打造了新的生产范型:金融资本统治下的垄断生产。

以银行资本为核心的金融资本有强烈的对外扩张冲动,因为工业化以自然资源为原料,但自然资源的分布在全球是不平衡的。由于世界上大多数国家仍然处于相对落后的农业化生产方式,依靠自身先进实力剥夺落后地区的自然资源,是金融资本的必然趋势。在瓜分世界方面,金融资本更加具有长远性,列宁曾一语中地指出了金融资本在殖民政策中的作用,"对于金融资本来说,不仅已经发现的原料产地,而且可能有原料的地方,都是有意义的,因为当代技术发展异常迅速,今天无用的土地,要是明天找到新的方法(为了这个目的,大银行可以配备工程师和农艺师等去进行专门的考察),要是投入大量资本,就会变成有用的土地。矿藏的勘探、加工和利用各种原料的新方法等,也是如此。因此,金融资本必然力图扩大经济领土,甚至一般领土。……金融资本也估计到可能获得的原料产地,唯恐在争夺世界上尚未瓜分的最后几块土地或重新瓜分已经瓜分了的一些土地的疯狂斗争中落后于他人,总想尽量夺取更多的土地,不管这是一些什么样的土地,不管这些土地在什么地方,也不管采取什么

---

① 希法亭. 金融资本[M]. 李琼,译. 北京:华夏出版社,2013:253.
② 希法亭. 金融资本[M]. 李琼,译. 北京:华夏出版社,2013:258.

手段。"①因此,列宁认为帝国主义的就是发展到垄断组织和金融资本的统治已经确立、资本输出具有突出意义、国际托拉斯开始瓜分世界、一些最大的资本主义国家已把世界全部领土瓜分完毕这一阶段的资本主义。②

(二)银行资本通过股权分配对生产资料所有制及国际关系的改变

垄断组织的经营如何变成了金融寡头的统治？这是列宁所要揭开的真相。答案是通过股份公司。股份公司通过一种数字化的有价证券将大额资产碎片化,使之对公司享有的权益能够通过交易所进行买卖。股份公司在管理方式上与传统的合伙人或独资企业不同,控制一家公司并不需要购买全部资产,还可以通过交叉持股的方式设立女儿公司、孙女公司等,公司在垂直隶属关系上的链条越长,那么资本的杠杆性就越大。"拥有不太多的资本,就可以统治巨大的生产部门。事实上,拥有50%的资本,往往就能控制整个股份公司,所以,一个领导人只要拥有100万元资本,就能控制各孙女公司的800万元资本。如果这样'交织'下去,那么拥有100万元资本就能控制1 600万元、3 200万元以至更多的资本。"③银行以此方式"参与"到企业经营中,银行资本与工业资本就日益融合在一起。

从生产资料所有制来看,银行资本的嵌入打破了工业资本在性质上的封闭性,引入了外部所有人和投资者。在不考虑其他因素的条件下,这从一定程度上突破了原有生产资料的绝对私有制。但在金融资本时期,这种突破是有限度的,仅限于金融寡头与工业垄断资本家之间的联合,是有限集体的生产资料私有制。虽然带有了一定的集体性,但还不具有历史进步性,它主要表现为生产资料私有制的框架内部相互勾结的利益团

---

① 列宁.帝国主义是资本主义的最高阶段[M].北京:人民出版社,2014:81—82.
② 列宁.帝国主义是资本主义的最高阶段[M].北京:人民出版社,2014:87.
③ 列宁.帝国主义是资本主义的最高阶段[M].北京:人民出版社,2014:46.

体对全社会福利的窃取。然而,这种方式使生产资料绝对私有制发生了裂痕。

银行"参与"企业还可以通过资本市场。一是发行和销售有价证券,这是利润极高的业务,银行可以绕过交易所直接将有价证券推销给自己的顾客。二是参与企业整理和改组。在经济萧条时期,一些小企业经营困难,银行以较低的价格购买企业的股票,这些整理和改组"对于银行有双重的意义:第一,这是有利可图的业务;第二,这是经济拮据的公司依附于自己的好机会"①。通过参与企业运用,金融资本就逐步获得了统治的地位。因此,列宁说金融资本造成了垄断组织的时代。② 资本市场原本是股票自由买卖、公开交易的市场。众多投资者购买企业的股票,意味着企业的股东或所有者是分散的、众多的,客观上有利于企业在所有权上的多元化。但以银行资本为核心的金融资本控制了资本市场,成为加强自身垄断和操控产业资本的场所。因此,无论是银行资本直接参与企业运营,还是通过资本市场加强自己的经济权力,它所要打造的都是有限集体合作条件下的寡头合作。这也从一定程度上显示出集体生产力的效率。少数寡头的垄断合作具有更强的决策效率、信息传播速度和精准的判断力,这也是为什么尽管垄断资本主义充满了腐朽,但资本主义在那一时期仍然取得了较大程度的发展。垄断资本对全国乃至全世界展开剥夺和压榨,但整体而言,历史还是进步了。

金融资本对生产资料所有制的合谋窃取式的集权性,形塑了"丛林法则"般的国际政治经济关系。为在抢占殖民地的竞争中取胜,金融资本通常会借助本国的政治力量,实行强权政治,正如希法亭所言:"金融资本要的是统治而非自由。它憎恨竞争的无政府状态,要求有组织,尽管是为了之后在更高的水平上展开竞争"③。因而它需要一个政治上强有力的政府,通过政治权力将有利于自身的贸易协议强加给实力弱小的国家,不考

---

① 希法亭. 金融资本[M]. 李琼,译. 北京:华夏出版社,2013:169.
② 列宁. 帝国主义是资本主义的最高阶段[M]. 北京:人民出版社,2014:62.
③ 希法亭. 金融资本[M]. 李琼,译. 北京:华夏出版社,2013:382.

虑其他竞争者的利益,插手世界政治经济,不断扩张新殖民地。甚至动用军队为金融资本在全球的扩张保驾护航。"国旗的树立保障了贸易旗帜的飘扬。"[1]金融资本的这种排他性将政治、军事都纳入自己的运行逻辑中。这种以邻为壑的独占性形塑了畸形的意识形态,将本民族的利益凌驾于其他民族之上的资产阶级思想逐渐成为垄断资本主义国内普遍的世界观。人们不再热爱和平,不再相信利益是可以协调的,只有拥有强权才能拥有让其他民族臣服的力量。

因此可以说,金融资本对经济区展开的争夺,是在国内政治不惜直接动用武力保护金融资本的必然结果。帝国主义为争夺殖民地而发动战争的出发点并不是与殖民地谋求共同的发展,而是把殖民地当成自己的原料产地进行掠夺。但资本主义仍然推动了这些地区的社会转型。对于一些处于传统社会向现代社会过渡的国家,在发展上需要更多的资本,因而依附于帝国主义国家的投资。金融资本所推动的国际政治经济关系是这样的,"这个时代的典型的国家形式不仅有两大类国家,即殖民地占有国和殖民地,而且有各种形式的附属国,它们在政治上、形式上是独立的,实际上却被金融和外交方面的依附关系的罗网缠绕着。"[2]世界由此被几个大国所掌控,国际关系是带有依附性的竞争关系,与后来全球化时代的那种国家间基于竞争与合作的关系有根本的不同。

总体而言,金融资本从根本上重构了资本主义的政治经济结构,对经济发展的集权式掌控,产生了三重矛盾:垄断资本家与国内中小资本家之间的冲突、垄断资本家与无产阶级间的冲突、国内中小资本家与无产阶级间的冲突。也就是说,垄断资本家不仅面临无产阶级的矛盾,还促使资产阶级内部发生了分化。垄断资本家不仅剥削广大无产阶级,甚至还包括大多数中小资产阶级。因而,它的社会基础是狭隘的。

---

[1] 希法亭. 金融资本[M]. 李琼,译. 北京:华夏出版社,2013:368.
[2] 列宁. 帝国主义是资本主义的最高阶段[M]. 北京:人民出版社,2014:83.

三、资本金融化：国家的嵌入对金融资本的解构与重构

列宁和希法亭对金融资本的研究都提到了国家在帮助金融资本对外扩张中的作用，而未曾预料到国家的反向干预最终解构了金融资本的环境基础。然而，这并不意味着列宁和希法亭在国家与金融资本的关系上存在错判。事实上，正是国家在助推金融资本对外扩张的过程中，导致金融资本的覆灭，而不得不重新调整由金融资本所形塑的政治经济结构。金融资本的排他性以及对传统自由资本主义所坚守的合作共赢的商业精神的违背，最终导致第二次世界大战。这次战争将全世界六十多个国家和地区卷入进来，伤亡人数和财产损失都是空前严重的，是整个人类历史上的灾难。这次战争也促进了资本主义世界开始重构国际政治经济秩序，第二次世界大战使人们认识到和平的重要性。为避免战争，建构了用对话解决利益争端的协调机制，建立了三大国际性组织：联合国、世界银行和国际货币基金组织。和平和发展成为时代的主题，民族独立运动得到世界支持；为推进世界经济建设，建立了关税及贸易总协定（WTO 的前身）。自由竞争和国际贸易取代了垄断资本主义时期"按资本"划分"势力范围"的殖民统治，金融资本通过掌控政治权力控制殖民地的社会基础被瓦解了。

在国内，面对尖锐的阶级冲突，国家也对自身的定位进行自我调整，它不再充当金融资本的"帮凶"，但也不同于完全自由竞争资本主义时期的"守夜人"，而是资本的监管者，开始对经济进行直接干预。运用法律和社会制度去消解垄断和金融资本的外部条件，如制定严格的《反垄断法》、对金融业实行分业经营、禁止对活期存款付息、规定利率上限、实行最低工资和"从摇篮到坟墓"的社会保障制度等。对资本的管制配合以高福利政策，使阶级矛盾开始趋向缓和，发展成为主题，推动资本主义发达国家迅速从战争的泥淖中恢复过来。特别是在经济政策上，凯恩斯主义学派的走强，为国家干预经济提供了理论支持。国家不应该对市场实行自由放任，而是要审时度势，逆经济周期干预经济以防止经济陷入危机。国家

不再是传统经济中的外生变量,而是直接参与的经济因素。

然而,资本主义国家的外部干预并不能从根本上解决内生于资本主义经济制度的问题,即生产社会化与生产资料私有制之间的矛盾。事实上,政府干预从本质而言是逆资本主义本性的,从自由竞争走向垄断是资本自身发展的结果。政府的逆向干预,并不具备持续发展的制度基础。因为资本主义存在的前提条件是较低的工资和大量过剩人口,这种不平等和剥削是资本成其自身的灵魂所在。国家干预试图从外部消除这种不平等,需要付出的代价就是损害一部分经济的自动调节,从而增加了巨大的经济运行成本,这个成本必然会转嫁给政府部门。比如为避免经济危机,由市场本身所引发的生产过剩和经济泡沫不能由市场自发调节,而是被政府出手的巨大货币量所承接、所消化。政府作为一个非生产部门,并不能生产出资本,其可供支配的货币量主要来自两个途径:税收和发债。税收的本源在企业部门,政府对这部分货币不具有完全的主动权。那么用来消化经济危机的货币就只能是通过便利的发债。这导致资本主义国家身陷债务泥潭,通货膨胀曾经从1972年的3.27%迅速增加至1981年的10.38%。[①] 资本主义的"滞胀"从根本上反映了政府干预与资本主义内在规律的冲突,也表明政府的外在干预并不能解决资本主义的内在矛盾。

政府对金融机构的管制虽然解构了金融资本统治的环境基础,但金融资本所建构的资本扩张的杠杆性逻辑并没有消除。希法亭曾提出产业资本与银行资本的关系:产业资本是圣父,它带来的商业和银行资本是圣子,而货币资本是圣灵。由此可以看出产业资本是基础,但要使以产业资本为基础的经济体系运转下去,圣子和圣灵都是必不可少的。以前以金融资本为统一性的那种模式已被解构了,但货币资本仍然存在,在政府的制度管制下,它们不能直接进入产业领域,推动了为绕开政府管制而进行的金融创新,刺激了金融市场的发展。如为绕开Q条例对利率的限制,

---

① 崔顺伟. 美国经济金融化的政治经济学分析[M]. 北京:经济管理出版社,2019:129.

催生了欧洲美元市场；为绕开禁止为活期存款付息导致货币基金的繁荣，促进了金融经营模式的创新。另外，大量的政府债务对投资人而言却是有未来收益的金融资产，政府的债务增加意味着该种金融产品的供给增加，虚拟资本大幅增长。

政府对银行资本控股产业资本的管制，推动了与产业资本相融合的方式的创新，推动金融组织在形式上更加多元化。除了受到严格管理的商业银行，还有众多为躲避监管而成立的金融组织，如私募股权基金、风险基金等，由于这些金融机构发挥了与商业银行类似的功能，但却不受商业银行法的管制，因而制造了更多的不确定性，被称为影子银行。在这样的背景下，减少国家干预，回归自由市场的呼声高涨。英国的撒切尔政府和美国的里根政府先后解除了政府管制，推行私有化改革，实行新自由主义。1989年，以新自由主义理论为依据的"华盛顿共识"，使得新自由主义成为资本主义世界普遍奉行的法则，甚至"变成了一种政治实践话语、一种社会思潮、一种价值体系。新自由主义话语早已超出了经济学领域，并不断向政治、文化、国际关系等领域扩展深化，变成了一套全领域、全方位的话语体系"[①]。自由竞争是走向垄断的直接原因，为打破垄断对经济的破坏导致政府的介入。但政府违背市场本性的干预带来了更多的问题，使主张减少政府干预，倡导自由竞争的新自由主义登上历史舞台。新自由主义的宏观政治经济环境重构了金融资本的外部条件。正如马克思所指出的，经济历史的发展是较低级的"肯定"阶段被高级的"否定"阶段所扬弃，这个"否定"阶段发展到某个饱和状态就会走向更高级的"肯定"阶段，也就是"更高阶段上的肯定"。

在新自由主义阶段，金融重获产业发展的主导权并不简单意味着金融资本的复活，而是金融资本对自身的扬弃，推动资本发展到更高阶段的资本金融化。这种资本形态首先破除的就是银行资本的独占，因而在形态上不再是银行资本与工业资本相融合这种清晰的复合型资本，而是来

---

① 刘影. 新自由主义的话语实质及中国应对[J]. 思想理论教育导刊, 2019(8).

自多种金融机构的货币资本以多种形式参与企业资本的扩张与积累,体现为一种资本金融化的状态。如大卫·科茨所说:"用'金融化'的概念取代'金融统治'的观念,能够最准确地把握近几十年来金融在经济中的地位变化,能够更好地揭示金融在经济活动中的扩张性作用。"[1]相比较传统的金融资本,资本金融化有以下三大显著特点。

一是金融组织形式多元化,除了银行、储贷协会、投资银行等传统储放贷机构,还有其他众多形式的金融机构,如私募股权基金、养老基金、对冲基金和共同基金等,这些金融机构可以发挥银行的功能,但却不受银行法管制,被称为影子银行。此外,证券交易所在资本金融化对新秩序的打造中极为重要,它调动全社会的资本共享企业所有权的作用,是对资本主义生产资料绝对私有制的真正消解。证券交易所的地位是独立的,而不是金融资本统治时期那种被银行资本所控制的状态。

二是金融机构地位的超脱性。在传统金融资本时期,银行与工业企业相互融合,通过"参与制"和"人事结合"相互渗透。而金融化时期,金融机构虽然利用自身资源、渠道网络等为企业服务,但不与企业真正融合。即使风险资本在所支持的科创企业初期会派驻人事代表,但最终是在帮助企业过渡之后以退出为目的。此外,在虚拟市场更加体现了这一点,在这个纯粹以有价证券为标的的交易市场,金融机构的高额收益主要来源于此,而不是对企业的服务。

三是生产资料所有权与使用权的分离更加碎片化。金融集聚社会资本的功能将更多的社会资本裹挟其中,金融产品(尤其是衍生品)的数字化层层分离生产资料的所有权与经营权,将更多的人和资本卷入进来,客观上不断挑战传统资本主义生产资料私有制的定义。资本家和工人在金融化所打造的秩序中被赋予"投资人""股东""受益人"等新的身份,淡化了阶级意识。

---

[1] 大卫·科茨. 金融化与新自由主义[N]. 经济日报,2011-11-23.

第三章 现代生产体系金融化及其形塑的生产方式

第一节 现代生产体系的金融化

经济活动包括生产、交换、消费和分配四个环节,马克思认为它们是构成一个总体的各个环节,其中生产环节支配着其他环节,其他环节也反作用于生产环节,它们共同构成了一个统一体。马克思以此为基点剖析资本主义生产方式的研究方法,为我们提供了管窥资本主义本质的理论路径。本节采用了马克思的这一研究理路,从金融在生产—交换、生产—分配、生产—消费环节中的嵌入,研究其何以取得了座架当代生产体系的权力,进而打造了一个融虚拟经济与实体经济于一体的市场空间,进而取得支配这种经济体系的权力。

一、金融在"生产—交换"环节对时间和内容限制的突破

在资本扩张的逻辑中,商品被生产出来只是实现积累的第一步,还要将商品再次转化为更多的货币,才能实现资本积累,继续下一轮循环,这就出现了商品与货币相对立的阶段——交换。

(一)碎片化交易,降低商品交换中的"货币难题"

根据需求定律,商品的价格总是与需求量成反比。尤其是大额商品,价格往往是影响交换顺利实现的决定性因素。根据金融分析,商品的符号化价值可以按照金融工具的设计进行拆分与转换,依据交换与支付时间的长短赋予不同的时间价值,从而在保持商品实体完整的前提下将商品的价值碎片化,再运用货币的支付功能在设计好的时间内分次偿还,从

而在时间的延展中拓宽了交换的空间。这不仅在商品所有者权利不受损的前提下完成了交换,而且降低了高价值商品在交换过程中的"货币难题",调和了货币与商品在交换中的对立,推动了经济的循环运转。比如,在实践中常见的分期付款。这种商品交换模式并没有降低商品的实际价格,但金融的嵌入却通过技术手段改变了生产—交换过程中的关系。资产在价值表现形式上被碎片化了,在付款周期内摊付,依据到期时间的不同运用时间价值进行补偿,从而降低了消费者的支付难度,促进了商品交换的顺利实现。管理学大师德鲁克曾经对银行的这一创新给予高度评价:"分期付款事实上并没有改变商品交换的性质,但任何地方只要引进了分期付款制度,它就能将当地的经济从供给驱动型转变为需求驱动型,而无需顾及当地的生产力水平如何。"[1]

商品实体与其符号象征的分离,使得交换成为一种金融行为。这更加凸显交换作为使用价值和价值互相让渡的本质,需求者获得商品的使用价值,供给者获得商品的价值。比如融资租赁,是针对机器设备进行的一种综合了融资需求与商品贸易双向需求的金融性交换形式,出租人可以在约定的出租期内按期收到租金收入。承租人则无需出全资购买,而是以每月支付租金的形式就可以获得设备的使用权,大大减轻了全部购买的资金压力。就出租人而言,以租金收入的形式得到了设备的价值,而商品所有权的转让并不是交换的主要内容。相对传统的交换模式,这种模式对交换双方更加有利。由于不涉及商品所有权的让渡,那么按照传统的会计记账原则,这不算固定资产或销售收入,双方都可享受税收优惠,客观上起到优化财务结构的作用。

(二)真实与虚拟相结合的商品交换

传统的商品交换一般体现为现货交易。但金融工具通过对商品的证券化设计,能够将物质实体本身与其所代表的可能的市场价值分离开来,前者是真实的,后者是虚拟的,后者是前者的影子。作为一种无形的价值

---

[1] 彼得·德鲁克. 创新与企业家精神[M]. 蔡文燕,译. 北京:机械工业出版社,2009:28.

符号,虚拟交易通常反映了人们对未来商品价格的预期,对商品价格的最终形成具有重要作用。这种虚拟交易主要是针对未来出现的商品,目的是通过对时间的跨期进行套利,用当前可预期到的价格锁定未来的价格风险,从而将不确定的价格转化为确定价格,是一种风险管理工具。这是因为商品从生产到交换,中间通常要间隔一定的时间,这期间会产生不确定性。比如,农产品的生长通常面临自然灾害的风险,商品的供给者和需求者都会面临市场价格波动的风险。将风险控制在预期内,实际上是把不确定转化为确定,对于企业的稳定经营具有重要意义。比如,期货市场的产生就是基于这样的现实需要。在期货市场上,每一种商品都被抽象为一种有到期日的标准化合约,在到期日之前可以在期货市场进行买卖,但商品(只考虑有形商品)到期以后必须交割(个人投资者和指数类期货除外),按照合约规定进行实物商品的交换。但在进行真正的商品交换之前,期货市场上的合约交易是一种虚拟的交换,这也能够引发大量市场投机。适量投机有利于促进市场风险转移,投机过度则会扰乱市场秩序。

期货交易在促进商品交换、提高市场效率方面有两个重要意义:一是规避风险,促进真实的商品交换。期货合约对应的是相应的真实商品,相当于商品已经预卖出。尤其对于大宗商品,市场需求量大,市场价格波动会对企业经营造成很大影响。期货交易除了可以提前将价格固定下来,还可以通过期货与现货的反向操作,运用产生的金融收益来弥补可能产生的损失,推动市场交换的稳定。二是对企业的生产起到计划指导作用。资本主义最大的生产特点就是盲目性、无计划性,缺乏指导的生产过剩是造成经济危机的直接原因。期货市场上的交易实际上是传统商品交换的影子,它使未完成的商品以一种数字化的形式提前进入市场,合约价格涨跌反映了对未来市场中供需状况的预期。这些预期绝非主观想象,而是建立在科学合理的实践研究基础之上,客观上对生产起到了指示作用。总之,期货交易所虽然交换的是虚拟商品,但直接作用于实体市场,且因具有较高的信用、规范的管理和严格的交易制度,对实体市场有较为合理的指示作用。但这也使得金融成为影响未来商品生产和价格状况的工具,市场权力集中于金融市场。比如,在新冠疫情中,石油生产大国之间因为石油减产未达成协议,利用期货市场进行施压,导致期货市场动荡,并波及到其他大宗商品。

(三)跨越未来与当下的交换形式

金融是对时间定价的工具,只要存在可产生收益的资产,那么就可以运用时间价值进行定价。它将当下和未来都转化为抽象的数字,所有的商品或资产都被抽掉了物在"质"上的特殊性,被转换成具有普遍性的"量",从而将立体的时空置于同一空间、同一平面进行比较、拆分、置换,资产的差异都体现为数量或数字的差异。当下和未来在数字化的表达上实现了流通的跨时空转换,未来的价值可以在当下实现(如贴现),当下的价值也可以放到未来进行收益。未来与当下作为衡量风险与收益的时间概念被量化并定价了。这种抽象化的价值体现,能够与货币直接进行互替。在实践中,商品交换与货币支付通常是分离的,比如赊销,多出于推动交换快速实现的目的,原因可能是为了提高市场占有率、买方货币紧张、加快商品周转等原因,但最终结果都是商品进行了交换却并没有收到货币,只能在会计科目中体现为"应收账款"。对企业而言,这笔未收到的货币收入,会延长企业的经营周期,加大资金链的紧张,导致买方与卖方之间的关系对抗。金融通过为时间赋予价值,进行资金在未来与当前之间的调配。比如,"应收账款"通常代表未来会有现金流,意味着销售方在未来有获取收益的权利,那么就可以通过金融工具将未来收益转化为当下价值。企业可将获取该收益的权利质押给银行获得融资,替代尚未收到的货币,缓解资金链紧张,推动交换的实现。

金融对时间价值的调配虽然有利于交换,但需看到,在对未来与当下进行时间转换的背后是资产和负债的转换,突发状况如若引发债务危机将会产生连锁反应。一旦金融动荡蔓延到债务市场,企业的资产债务链条发生危机,那么会将相关企业都拖入困境。债务还会将当下的困境延伸到未来,对经济的损害是真实存在的,这一点不同于金融衍生产品,后面会有分析。因此,通过多种渠道释放货币量以增加流动性是各国极为关注的。

二、金融在"生产—分配"环节对多样化分配的形塑

在马克思的理论中,分配本身是生产的产物,参与生产的一定方式决定分配的特殊形式,决定参与分配的形式。[①] 企业组织形式和生产模式的金融化本质是利用社会资本进行生产,体现了资本的社会化,打造了新的阶级关系格局,形成了新的分配形式。在没有信用参与的情况下,阶级关系较为明晰,分配按照劳动和资本,工人得到工资,资本家获得利润。在有借贷资本参与生产的情况下,由于其是构成资本的一部分,会产生利息这种分配形式。随着资本主义生产的发展,出现了银行资本与工业资本的融合,也就是列宁和希法亭所说的金融资本。金融在生产中的参与带来了较为多元的阶级关系,首先在资产阶级内部产生了分化,形成了全靠货币资本的收入为生的食利者、掌控货币资本运行的金融寡头、运用资本生产经营的资本家,它们共同参与剩余价值的分配,与工人阶级相对立,但整体上仍然表现为资本与劳动的对抗,这是20世纪初金融资本统治时期所形塑的阶级关系,分配关系大体上是明确的。然而,当代资本的金融化除了资产阶级内部发生了分化,同时还有劳动者阶级内部也发生了分化,分配关系更加多样化。

金融的参与首先使生产资料所有权多样化。金融工具聚集和配置社会资本的功能,将越来越多的储蓄聚合在一起成为庞大资本的管理人,作为一般资本的代表,获得了主导资本配置的权力,按照自身运行规则将全社会卷入金融所打造的经济秩序中。金融将闲置不用的资本投放到可以产生收益的地方,客观上起到了"共同出资,共获收益"的效果,由此形成了新的运行秩序和管理规则。主要表现有:首先是突出资本的流动性和收益性,即必须在流动中产生收益;其次是资本的符号化,将资本量化并将其碎片化为一份份的账面资产(有价证券),财富的交易就体现为有价

[①] 马克思恩格斯全集[M].中共中央马克思 恩格斯 列宁 斯大林著作编译局,编译.北京:人民出版社,1995,30:36.

证券的交易。这种新的运行规则的共同后果是对生产资料所有权的分权与该种权利的高流动性。这意味着，按照该种管理原则，公司的创始人不一定是公司的完全所有人和控制人，对公司的权力取决于所掌握的股份多少。这也导致公司控制权的市场化，面临被"野蛮人"（机构投资者）收购、兼并的可能性提高，也就是说公司的控制权是具有流动性的，那么其所承载的关系就具有不确定性。在这种管理规则下，还出现了一支新的力量——职业经理人，他们受所有人的委托负责生产资料的运营，从而获得了生产资料的实际经营权。因此，依据不同阶层与生产资料的关系，在实际上形成了更为细化的所有权、管理权、经营权和受益权等相互分离的格局，使生产资料的所有权内涵更为复杂化。

经理层的加入形成了阶级关系的多样化。他们不同于一般的劳动者（法国调节学派将其看成是高级劳动者）。但他们不生产剩余价值，那么分配关系就不属于按劳动分配，不拥有资本也不是"按资分配"。他们只是运用自己的管理能力，对公司的人、财、物等资源进行有效组合，以最大化地提高资源的使用效率；管理组织的运行，及时发现新的投资机会，为组织带来更多的价值。那么，传统的分配理论并不能完全适用于经理人阶层。从本质而言，经理人的出现是现代企业在组织管理上的进步，它使企业在管理经营上由封闭式走向开放式，体现了组织的社会化，因而他们的贡献也需要来自社会的评判，即"用脚投票"——通过股票价格波动反映的"民意"。采取这样的方式，企业内部治理中的矛盾可以在金融市场中得以解决。比如，企业通常利用金融市场中的"民意"设计经理人的薪酬，当股票价格达到预期目标时可以获取期权性收入。因此，他们的分配所得不只来自公司内部的工资性收入，还来自金融市场。

金融工具在生产过程中的运用还导致劳动和资本的界限日渐模糊。劳动和资本之间的冲突贯穿了马克思的《资本论》的始终，工资是工人的劳动力的价值，工人所创造的剩余价值在支付了工资以后的部分被资本家进一步分割为利润、地租、利息等形式，这些都是要素收入。然而基于时间价值的金融，能够将所有可带来价值的资源进行资本化，这突破了传统对资本的理解普遍基于物质性的视野。比如现代经济理论中的人力资本,是基于知识、技术和文化的创造性的一种能力,他们可以将所拥有的特定技能或知识产权进行资本化。技术入股与传统的资本入股具有同等的权利。另外,在管理过程中,为激励员工的积极性,当代公司用了越来越多的金融工具,比如给予员工一定的股份或者期权,将员工的收入与企业的发展联系起来。2014年,谷歌公司为与股权相关的薪酬总共支付了大约27.52亿美元,大约人均57 630美元。尤其是在创新创业公司,"薪资+期权"的模式更为普遍,"很大一部分员工只拿中等工资,但拥有大量的股票期权,这些股票的价值在公司达到期望的利润时是可变现的"[①]。这种设计模式形成了双赢的效果,用未来收益弥补当前的高额人力成本,能够最大化地发挥劳动的效用,既降低了成本,又提高了公司当前利润。但也造成了更为复杂的分配关系,因为劳动者除了获得工资性收入,还有期权收入,而期权从本质而言属于资本性收入。

从以上分析可以看出,组织管理的金融化和金融工具的运用打造了新的分配形式和分配标准。事实上,金融的杠杆性也导致分配的杠杆性,即拥有金融工具或者擅长运用金融工具的人将会得到更多的财富,反之不运用金融工具的人将不会有收入的杠杆式增长,财富增长缓慢,这必然导致更加严重的贫富分化。皮凯蒂在《21世纪资本论》中,剖析了最近几十年全世界巨富阶层爆炸式的财富增长趋势,基本上源于资本收益率明显超过经济增长率。总体来看,金融化时代的贫富分化主要在两大领域:(1)在资产阶级内部。当代金融业作为服务业的代表集聚了世界上的优秀人才,他们开发设计了复杂的金融工具,获取了高额收益,其收益率大大超过产业资本家的实业利润率。(2)资本家阶级与广大劳动者之间的收入差距进一步分化。据塞缪尔·罗森博格的研究,在美国,制造业工人和非管理层工人的小时平均工资从1979年开始就停止了实质性增长,而

---

① 特伦斯·麦克唐纳等.当代资本主义及其危机[M].童珊,译.北京:中国社会科学出版社,2014:189.

同期的劳动生产率则在上升。① 相对于停滞的工资而言,资本的利润大大提高,财富日益集中在少数高收入群体中。然而,吊诡的是,金融化导致如此极端的贫富差距,却没有产生产业资本主导时期的暴力冲突。这源于金融逻辑塑造的社会新秩序的复杂性,既为劳动者融资,又剥夺劳动者的劳动成果;这种复杂的分配格局导致劳动者对自己身份的定位出现了模糊,阶级意识日益淡化。

三、金融在"生产—消费"环节对收入限制的突破

与传统社会物质产品的稀缺不同,现代经济社会有高度发达的生产力,能够生产出大量堆积的商品。马克思对资本主义的研究就始于商品,在《资本论》的开篇就描绘了资本主义物质产品丰富的图景:"资本主义生产方式占统治地位的社会的财富,表现为'庞大的商品堆积'。"②商品对于生产者而言是必须进行流转的。因为资本不是静态的物,而是一种过程,商品只是构成过程的一环,它必须进入流通领域到达消费者手中,才能实现自身的价值,否则只是资本的"蛹"。因此,消费不论在(新)古典经济学还是在马克思的理论中都占据重要位置。但在马克思看来,消费不足本质上是与生产相连的。

马克思认为消费不足只是经济危机的外在表现,还有深层次的原因是需要到生产领域挖掘的,但这触动了资本主义的制度根基。金融的嵌入则更加遮蔽、歪曲了它的本质原因,它把植根于生产的消费危机扭曲为直观的消费者的货币紧张问题。通过为消费者提供货币资本,减轻货币紧张的方式,遮蔽了对真实问题的探究,使人们满足于表象,从而驯化了消费意识和消费行为。根据经济学的假设前提,人的欲望是无限的,对商品的需求也是无限的。但经济学对需求的定义却是有条件的,需要具备两个要素:消费者有购买的意愿,同时还要有购买能力。也就是说,没有

---

① 特伦斯·麦克唐纳等. 当代资本主义及其危机[M]. 童珊,译. 北京:中国社会科学出版社,2014:183.
② 马克思. 资本论[M]. 北京:人民出版社,2004,3:47.

支付能力的主观需要并不是经济学中的有效需求。信用在生产—消费中的嵌入，就是用信用提高消费者有支付能力的购买力，进而开发消费意愿，形成真实的需求。

信用所塑造的消费突破了工资性收入和个人储蓄的硬约束，缓解了消费的货币紧张，从"需要"变为"需求"。主要通过三种形式：(1)借债消费，透支未来的时间价值。金融看重的是现金流状况，只要未来有稳定的现金流，那么就可以置换为当前价值，增加当前消费。事实上，随着金融创新的发展，还出现了没有现金流保障的信贷，即明斯基所说的庞氏融资，本身蕴含着极大风险。(2)资产性收入。金融给予时间以价值，扩大了收入的外延。股票、债券、储蓄和住房等资产都能带来资产性收入，这都增加了可支配收入。(3)资1产性抵押融资。资产不仅仅可以带来收入，还可以此为抵押进行融资。比如住房抵押贷款、股票质押贷款，其中在住房抵押贷款上的投机是造成2008年金融危机的直接原因。这些都是基于金融市场的消费，使得反映货币价格的利率成为决定消费者最优决策的重要因素，赋予金融市场在企业和个人日常生活中的权力。

信用提供了货币充足的幻象，激发了消费欲望，客观上促进了"生产—消费"的流转，推动消费社会的产生。对于资本主义社会的这一变化，鲍德里亚在《消费社会》一书中进行了深度解析，揭示了技术统治组织如何引起人们的消费欲望，创造了新的社会等级以取代旧的阶级区分。他认为当今的消费是一种符码体系，消费已经超越了对物品实际功用的需求，体现为对消费品所展示的身份和地位的符号逻辑或者是象征逻辑。消费社会实际上是一种被驯化的社会，是一种与新型生产力的出现和生产力高度发达的体系相适应的新的特定社会化模式。在这种模式中"信用扮演着决定性角色……因为信用表面上是一种额外奖励，是通向丰盛的捷径，具有'摆脱了储蓄等老旧桎梏'的享乐主义品性，但实际上信用是对几代消费者进行的面向强制储蓄和经济计算的社会经济系统的驯化，否则他们在生存中就可能避开需求的规划而成为无法开发的消费力。信用是榨取储蓄并调节需求的一种训练程式——正如有偿劳动是榨取劳动力并增加生产力的一种理性程式一样"①。也就是说,信用规训的消费模式,使之更加适应发达生产力的需求。它作为一种强制储蓄驯化了预算、投资和资本家的行为,就像消费把懒散的波多黎各人驯化成一种当代劳动力一样。

列斐伏尔也曾提出当今社会是"消费被控制的社会",被生产、广告、大众营销等所控制。但这都是建立在信用为消费者增加购买力的基础上,一旦货币不再是消费的严格限制,那么对消费的需求就有更多的选择性,通过心理开发,刺激消费欲望就成为可能了。正如鲍德里亚所言:"心理需求与'生理'需求不同,它是建立在'有决定自由的收入'和选择自由基础之上的,因而能够被无情地加以控制。"②控制消费的工具是专业的广告公司和企业的市场营销策划,更好地了解消费者的心理需求和实际需求,是获取消费者"货币选票"的根本,这产生了更加紧密的生产者和消费者的关系。提高消费者的满意度,是生产者极为看重的。产品不仅要为消费者带来使用价值,还要带来心理的满足。《消费者行为学》作为专门研究消费者行为特征、影响消费者心理的专业性课程,是为适应这种经济形势而产生的。通过情感塑造、语言诱惑、文化创造来影响消费者的行为,让消费者相信对某种产品的消费可以让自己与众不同,提高自身的价值。"没有一位女人,不管她如何挑剔,在得到一辆梅塞德兹——奔驰的时候仍然感到不能满足自己个性的欲望和品味!"③这种富含奉承、诱导的广告词,传达了商品与形象的融合,在无形的劝说中形塑了消费者的意识形态,让他们在不同的商品分类中寻找"自我价值",那么对产品的需求就不只是使用价值,而是其所承载的身份、个性等符号价值。

个性化、差异化消费需求的向外延伸实际上是个性化、差异化的生产,是生产运用大众营销塑造的结果。不同的产品并非本质的不同,而只是一种人为的分类。比如同种商品的不同品牌或者同种品牌的不同系

---

① 让·鲍德里亚. 消费社会[M]. 刘成富,译. 南京:南京大学出版社,2016:63.
② 让·鲍德里亚. 消费社会[M]. 刘成富,译. 南京:南京大学出版社,2016:53.
③ 让·鲍德里亚. 消费社会[M]. 刘成富,译. 南京:南京大学出版社,2016:69.

列,都是针对不同的消费群体,对产品特色的定位和定价的差异化,都在无形当中将消费者划分成不同的阶层,产品作为一种象征符号获得了垄断,正如大卫·哈维所言:"商人有系统地把许多消费品品牌化,宣称它们独一无二、非常特别(即使这种说法是可疑的),以便可以向消费者收取垄断费用……至于较常见的商品,商人的目标是建立与众不同的品牌,使消费者认为某牌子的牙膏、洗发水或汽车比较高级。这种操作是以产品差异化为手段,追求收取垄断高价。"[1]然而,从另一个角度而言,广告和营销策划实际上制造了新的生产关系,它们作为连接厂商与消费者的中间机构,掌握了较为充分的产品信息和消费者需求信息,是消除信息不对称、促进产品销售的重要手段,产生新的社会分工。本质上,个性化、差异化的生产和消费都是基于信用支持下的生产方式,之所以会产生不依赖于当前工资的消费与不依赖于销售收入的生产扩张,是因为增加了金融的资本流通渠道,从而架空了生产与消费系统的自发循环,更加紧密的生产者与消费者的关系和产销两旺的营造实际上是为了获取更多的信用支持。

第二节 资本金融化推动生产方式的重塑

资本金融化源于资本利用信用制度超越自身限制的逻辑,但在此过程中引发了物质生产方式的变革。创新和技术是推动生产方式变革的引擎,资本的金融化抓住了创新和技术转化,也就抓住了生产方式变革的核心。人类自进入信息化时代以来的新业态、新模式、新创新都是在金融力量的作用下完成的。它还形成了更加自由和符合创新力的运转模式——金融资本家与企业家的分工,前者专注于承担风险,提供创新创业的孵化器;后者专注于生产力的"破坏性创造"式发展。两者的共同利益最终在金融市场上实现,金融资本家获得高额利润最终退出,企业家实现了改变

---

[1] 大卫·哈维.资本的限度[M].张寅,译.北京:中信出版社,2017:151.

世界的梦想,拥有了自己的事业。在这过程中也生成了更为多元的生产关系。

一、创新—技术资本化:生产力的"破坏性创造"效应

熊彼特认为创新是"创造性破坏",但在信用支持下的创新带来了生产力的"破坏性创造"。

资本具有无限发展生产力的趋势。在马克思看来:"尽管按照资本的本性来说,它本身是狭隘的,但它力求全面地发展生产力,这样就成为新的生产方式的前提。"[①]资本发展生产力的目的是最大化地把一切要素都纳入以交换为需要的运行体系中来。资本是一个有机体,它是进化的。为了壮大自身,使社会的一切要素从属于自己,把自己还缺乏的器官从社会中创造出来。[②] 一般认为,生产力的基本要素包括劳动资料、劳动对象和劳动者,但这三个要素不是各自独立的,它们在特定的技术条件下协同发展,技术是发挥三者合力的粘合剂。技术越发达,所转化的劳动生产力就越先进。马克思认为在资本主义社会,知识和技能的积累最终都表现为资本的属性,信用制度具有通向新生产方式的可能,但尚无架构起信用制度与技术创新之间的联系,因为那时的资本主义尚未发展到信用制度统摄经济发展的阶段。

西方主流经济学也极为关注技术在经济中的作用,比如生产函数总是以特定技术水平为前提条件,因为这关涉要素组合的效率,当技术条件发生改变也就意味着生产函数表达式要修正了。在经典的 C—D 生产函数($Y=AL^{\alpha}K^{\beta}$)和 CES 生产函数($Y=A\left[\delta K^{-\alpha}+(1-\delta)L^{-\alpha}\right]^{-\frac{v}{\alpha}}$)中,A 就是代表技术效率的参数。经济学家索洛还进一步提出了估计技术进步率和技术进步对经济增长的贡献的计量模型 $A(t)=Y/f(L,K)$。然而,

---

[①] 马克思恩格斯全集[M].中共中央马克思 恩格斯 列宁 斯大林著作编译局,编译.北京:人民出版社,1995,30:539.

[②] 马克思恩格斯全集[M].中共中央马克思 恩格斯 列宁 斯大林著作编译局,编译.北京:人民出版社,1995,30:237.

这些研究只是将技术作为结果,没有探讨推动技术变革背后的因素以及技术所带来的生产力与生产关系的调整。

列宁最早洞察到信用制度与技术创新之间的关系,他基于资本主义经济的最新发展特征,捕捉到垄断资本主义语境下技术创新的金融资本特质,"拥有亿万巨资的大银行企业,也能用从前远不能相比的办法来推动技术的进步。例如,银行设立了各种专门的技术研究会,研究成果当然只能由'友好的'工业企业来享用"[1]。到20世纪70年代以后,这一模式发展得更为专业和普遍。但不同的是,背后的主导性金融力量不再是银行,而是风险资本。它对创新—技术的资本化使创新和技术本身成为一种产业。相比较传统金融机构,风险资本抓住了技术创新的源泉——企业家。什么是企业家?熊彼特做了最为符合资本主义经济性质的定义,"把职能是实现新组合的人们称为'企业家'"[2]。企业家不是一种职业,也不是一种持久的状况,只有在实现新组合时才是企业家。他们的特质在于存在一种寻找私人王国的梦想[3],是智慧和意志的巨人[4]。企业家的使命是改变现有规则,创造新组合,以"创新"作为它特有的目的[5]。大卫·哈维在此基础上进一步将企业家理解为英雄人物,准备把技术创新和社会创新推向极致的"杰出的"创造性的破坏者[6],具有创造性的英雄主义情怀。管理学家德鲁克则将企业家的这种实践提炼为企业家精神,认为适用于经济社会的所有机构。

风险资本对技术创新的资本化主要通过三个途径:(1)提供资本支

---

[1] 列宁.帝国主义是资本主义的最高阶段[M].北京:人民出版社,2014:41.
[2] 约瑟夫·熊彼特.经济发展理论[M].何畏,易家详,等,译.北京:商务印书馆,2017:85.
[3] 约瑟夫·熊彼特.经济发展理论[M].何畏,易家详,等,译.北京:商务印书馆,2017:106.
[4] 约瑟夫·熊彼特.经济发展理论[M].何畏,易家详,等,译.北京:商务印书馆,2017:95.
[5] 约瑟夫·熊彼特.经济发展理论[M].何畏,易家详,等,译.北京:商务印书馆,2017:93.
[6] 大卫·哈维.后现代的状况[M].阎嘉,译.北京:商务印书馆,2015:27.

持,宽容失败,激发企业家精神。初创企业往往资金缺乏,它们的核心价值在于企业家的才智和精神。风险资本所要挖掘的正是这种具有特殊心智、意志和才能的人的潜力。因而能够以他们为核心,具有较高的失败容忍度。这也是对企业家的最大激励,美国加州大学伯克利分校教授古斯塔沃. 曼索通过实证研究,发现短期内对失败的容忍能够有效激励企业创新[1]。正是这种激励机制激发了创新精神。(2)为初创企业提供内部管理经验、参与公司运营、帮助完善公司治理,推动企业快速成长。同时,积极利用自身的社会资源和信用,帮助企业迅速在行业内立足。在实践中,受到风险资本资助的企业往往会得到较高的社会认可。(3)风险资本的专业化风险管理手段。技术创新具有长期和不确定性,风险资本能够将面临的不确定性转化为风险,再运用专业化的风险管理手段估计风险承受力,从而构建了长期回报与短期容忍失败相结合的激励手段,建立更为可行的效率与成本的核算机制,使创新的经济成本在可控范围之内。

　　风险资本的最终目的并不是占有所投资的企业,而是永远在寻找下一个能改变经济发展模式的企业家和企业,使得创新成为资本追逐的对象。创新本身成为一种大生意。[2] 创新带来的变革和社会生活的变动不居,导致生产力的"破坏性创造"式发展,而这背后正是资本的力量。事实上,马克思在《共产党宣言》中就曾经提到资本对传统生产力的征服和破坏:"自然力的征服,机器的采用,化学在工业和农业中的应用,轮船的行驶,电报的使用,整个大陆的开垦,河川的通航,仿佛用法术从地下呼唤出来的大量人口——过去哪一个世纪料想到在社会劳动里蕴藏有这样的生产力呢?"[3]但在金融资本的作用下,技术的这种破坏性更为直接和巨大,互联网的摩尔定律、贝尔定律、Raja 定律等都充分说明了这一点,信息化社会中的十年已象征一个时代。新技术革命加速更新换代,不断将事物变得陈旧,凸显生产力的"破坏性创造"效应,即为了创造必须破坏。比

---

[1] 田轩. 创新的资本逻辑[M]. 北京:北京大学出版社,2018:26.
[2] 大卫·哈维. 资本社会的 17 个矛盾[M]. 许瑞宋,译. 北京:中信出版社,2016:99.
[3] 马克思,恩格斯. 共产党宣言[M]. 北京:人民出版社,2014:32.

如，当3G通讯问世时，便意味着2G技术及其相关设备的淘汰；当4G技术问世，便意味着3G及其相关设备的退世。一如哈维所说的："这个巨大的技术产业，越来越懂得强迫不情愿的顾客采用创新技术（这些顾客有时必须为此付出高昂的成本），而国家的法规也往往对技术产业有利。"[1]

从本质而言，风险资本资助创新的目的是发现或寻找企业家，将他们的聪明才智转化成资本的生产力；企业家创新的动机更加接近于改变世界的野心，是权力意志在现代工商业中的表现，并非纯粹出于提高社会福利的目的。但从另一方面看，技术成为产业发展的核心和灵魂，知识被资本所裹挟，技术的每一次进步和生产工具的每一次更新，都需要劳动者学习新的相关知识，客观上提高了劳动者的技能水平和自身素质。生产资料、生产工具和劳动者都不断迈向新的更高的层次，客观上推动了整个社会和生产力的进步。

这些高新技术所转化的生产力又成为壮大资本的力量，转化为资本在更高阶段上进一步强大自身的条件，使生产力的内容发生了变化。因为资本的发展趋势就是"把财富本身的生产，从而也把生产力的全面的发展，把自己的现有前提的不断变革，设定为它自己再生产的前提"[2]。资本主义的发展路向不断证实着马克思的预言。在风险资本推动下发展起来的互联网，日益成为当代经济体系中的基础设施，借助网络能够跨越时空障碍的信息化优势，极大地拓展了以资本为基础的生产，把过去不产生价值的东西变为产生价值的东西（如送外卖），形成更为细化的需要体系。这凸显了空间作为生产力在互联网语境中的重要性，增添了空间作为生产力要素的时代内容。科恩在《卡尔·马克思的历史理论：一种辩护》中曾经说过："空间应是生产力中的一项。"[3]他将空间作为生产力的候选项之一，其理由在于空间是被使用的和发展的。科恩所指的空间是一个无

---

[1] 大卫·哈维. 资本社会的17个矛盾[M]. 许瑞宋，译. 北京：中信出版社，2016：100.
[2] 马克思恩格斯全集[M]. 中共中央马克思 恩格斯 列宁 斯大林著作编译局，编译. 北京：人民出版社，1995，30：540.
[3] 科恩. 卡尔·马克思的历史理论：一种辩护[M]. 段忠桥，译. 北京：高等教育出版社，2008：69.

视所包含内容的抽象考虑,具有特定的空间容积。空间作为生产力的依据是,"即使在一个空间是空无所有的时候,对它的支配也可以产生经济能力,因为它可以放置某种生产性的东西,或者因为生产者需要经过它"①。那么科恩所说的空间到底是实体的还是无形的,似乎并不清楚。

如果说科恩对空间的定义还只是理论上的抽象甚至有些语焉不详,那么当代以互联网为基础的经济则生动地演示了空间的存在意义。互联网打造了一个纯粹以社会关系为纽带的无形空间,这种空间类似于吉登斯的"虚化的空间"。即空间日益从有形的地点(place)中分离出来,成为一种由纯粹的社会关系所运转的无形空间(space)。吉登斯认为它们的区别是:地点受"在场"的支配,即在地域中活动;而空间通过"缺场",远离了面对面的互动情势。② 互联网形塑了数字经济,构建了基于数字技术体系的资本积累方式和社会生产与再生产的组织形式。比如平台经济,依靠高效的数据采集和运输系统、发达的算力以及功能强大的数据处理算法所支持的数字平台,跨时空、跨国界、跨部门地集成社会生产、分配、交换与消费活动,③充分发挥了资本的生产力。

由资本推动的大数据、云计算更将以资本为基础的生产扩展到独立的个人领域。大数据能够构建全体数据的信息库,而不是随机样本数据,这会产生新的生产模式,比如个人定制服务。马克思曾经说过"所有资本彼此都根据订货进行生产,因而产品始终直接就是货币——这种想法同资本的本性相矛盾,所以也同大工业的实践相矛盾。"④然而,随着技术手段和生产力的飞跃,互联网所打造的空间使以资本为基础的生产扩展到订货生产领域,从而实现了"产品最终直接就是货币"与"资本的本性"相

---

① 科恩.卡尔·马克思的历史理论:一种辩护[M].段忠桥,译.北京:高等教育出版社,2008:69.
② 安东尼·吉登斯.现代性的后果[M].田禾,译.南京:译林出版社,2011:16.
③ 谢富胜,吴越,王生升.平台经济全球化的政治经济学分析[J].中国社会科学,2019(12).
④ 马克思恩格斯全集[M].中共中央马克思 恩格斯 列宁 斯大林著作编译局,编译.北京:人民出版社,1995,30:548.

融合的局面。但这并不意味着马克思是错的,而是技术的突破会带来资本增殖方式上的颠覆性改变。大数据所提供的服务平台,使点对点的服务能够像在工业化时代的批量生产一样产生增殖,并且将以资本为基础的生产关系最大化地扩展至个人的生活领域,构建人人都可以参与的模式。但这实质上彰显的是资本的力量。

二、生产关系的层际化、多元交叉化和平台化

生产力的"破坏性创造"式发展打造了更为多元的生产体系,因为技术的更新因不同地区、不同技术水平、不同劳动者素质等而不可能同步更替完成,因而在一定时期内的生产模式必然存在传统与现代、落后与先进并存的格局,从而导致生产关系的多元化。总体而言,资本金融化背景下的生产关系具有三重特征:所有制关系上的层际化、分配关系的复杂化和交往关系的平台化。

(一)所有制关系的层际化

每一个时代都有特定的某种所有制关系占据主导地位。马克思基于唯物史观提出了三种所有制形式:个人私有制、资本主义私有制和劳动者个人所有制。其中个人私有制是资本主义以前的所有制类型,特征是生产资料归劳动者所有,是自我雇佣、分散的劳动方式,排斥分工和协作,阻碍生产力的自由发展。资本主义私有制是生产资料归资本家所有,以大工业为基础的生产方式具有较高的生产力水平,但要发挥大机器的生产效率,需要将众多分散的劳动者聚合在一起,按资本积累法则进行社会化大生产。机器的高生产率水平不断排挤处于较低水平的个人私有制,生产工具的先进使个人劳动者的生产工具变得陈旧直至难以维持生存。个人劳动者逐步沦为一无所有的自由劳动者,不得不服从资本的逻辑。因此,随着机器大工业的发展,必然导致资本主义私有制排挤个人私有制。

然而,资本主义私有制并非永远存在,它也内含着对自身的否定。它有怎样的发展趋势?马克思对此已做过回答:"资本主义生产由于自然过程的必然性,造成了对自身的否定。这是否定的否定。这种否定不是重

新建立私有制,而是在资本主义时代的成就的基础上,也就是说,在协作和对土地及靠劳动本身生产的生产资料的共同占有的基础上,重新建立个人所有制。"[1]对于马克思所说的"在协作和对土地及靠劳动本身生产的生产资料的共同占有",很多学者将其理解为生产资料公有制,这有很大的合理性,但是否还存在其他可能呢? 如果说生产资料公有制所产生的结果是相互协作、对劳动本身的生产资料的共同占有,那么随着生产力的发达是否存在跳过前件直达目的本身,即直接实现对劳动本身的生产资料的共同占有,进而实现个人所有制? 也就是说技术的突破能否产生到达目的地的不同路径?

以互联网为基础设施的当代经济在生产方式和交往方式上已发生了重大变革,它革新了传统的生产要素,比如数据,已成为新的生产要素之一。这源于大数据时代的实践变革,大数据的特征是"大"和"全",隐含着对资本全方位扩张的技术保障以及随之会产生的新的生产关系,尽管这种变化尚未占据主导地位。互联网经济相对于传统模式的鲜明特征是自由——生产要素的自由流动、劳动者自由个性的发挥、劳动时间的自由安排等。技术手段的先进和生产力的发达将越来越多的要素吸纳到以资本为基础的运行体系中来。生产力的这种进步打造了层际化的所有制关系。个人私有制虽然在以大规模生产为特征的机器大工业时代遭到了排挤,但个性化和小规模生产的灵活积累满足了不同层次的需要,个人私有制似乎在信息化时代又找到了生存的空间。

在实践中,以规模化和协作化生产为特征的资本主义私有制仍然占据主导地位。也就是说,在有形的地理空间中,是以资本主义私有制为主导和个人私有制为补缺的所有制形式。但一个需要关注的变化是,在以网络为平台而形成的纯粹由生产关系为纽带的无形空间中,数字经济不断进行着所有制创新,比如共享经济,"以分离资源使用权的形式实现了

---

[1] 马克思.资本论[M].北京:人民出版社,2004,1:874.

生产资料由私人占有到社会公众使用的变革。"[1]这种经济模式提供市场主体平等参与、共享资源的平台,通过技术创新使人们不再受缚于私有产权,用技术手段提供了个人所有制的物质需要。总体而言,互联网从当初工具型的"＋互联网"到现在作为构成社会基本生产组织要素的"互联网＋"的跃升[2],形塑了所有制关系的层际化。此外,共享经济能否为公有制的实现打下基础,关键在于生产力的发展能否突破原有生产关系的束缚。

(二)分配关系的多元交叉化

按照马克思的观点,"分配关系和分配方式只是表现为生产要素的背面。个人以雇佣劳动的形式参与生产,就以工资形式参与产品、生产成果的分配。分配的结构完全决定于生产的结构"[3]。也就是说,生产决定分配。在资本金融化背景下,金融工具越来越多地嵌入分配关系中,使分配具有金融化的特征。这在前面的章节中已有论述。其运作原理是利用金融工具将当下的劳动付出与未来的资本性收益连接起来,其中社会大众的监督和评价是资本金融化背景下分配关系的特征。这种设计模式形成了双赢的效果,用未来收益弥补当前的高额人力成本,能够最大化地发挥劳动的效用,既降低了成本,又提高了公司当前利润。这就在分配关系中除了雇佣劳动所产生的工资性收入,还获得了红利性的资本性收入,使分配关系呈现多元交叉化特征。尤其是随着现代管理思想在企业组织中的渗透,劳动者(特别是知识型劳动者)被赋予新的概念——人力资本,对劳动者的新认识促使企业更倾向于运用金融工具作为激励的手段。

此外,随着互联网空间的发展,平台作为信息的掌控者,拥有了支配劳动的权力,并塑造了新型的劳动关系。数字经济的逻辑是基于知识劳

---

[1] 张玉明,王越凤.共享经济与新时代马克思所有制理论的融合、创新与发展[J].现代财经;2018(10).
[2] 侯宪利.谈谈"互联网＋"与人类解放[J].党政干部学刊;2020(1).
[3] 马克思恩格斯全集[M].中共中央马克思 恩格斯 列宁 斯大林著作编译局,编译.北京:人民出版社,1995,30;36.

动的分工,但与机器大工业时代的体力劳动者不同,知识劳动者的劳动是体力劳动、知识产权和技术能力等的融合。平台打造了一个新型的经济生态,共同的发展环境的打造是在分工和相互协作中进行的。因此,出现了"众包"、零工经济等新的劳动组织形式。比如在 App 应用程序商店中的软件,多出自第三方软件开发者,平台与开发者按照协议从售卖的应用程序中进行分成。零工经济是以互联网为依托,依靠数字平台强大的数据搜寻能力进行供需匹配的灵活用工形式。谢富胜、吴越(2019)认为零工经济是指数量众多的劳动者作为"独立承包商",通过数字平台企业的中介和组织自主提供计件工作的经济形式。[1] 这种新型经济模式由于可以充分运用个人的闲暇时间、空闲资源和特定技术而迅速发展起来。这种生产模式涉及生产者、平台和消费者三方,由此所决定的分配关系既不完全属于传统的按劳分配,也不完全属于按要素分配,而是融合两者又兼具互联网平台经济特色的交叉性分配关系。

(三)交往关系的平台化

由互联网所形塑的交往关系出现了两个看似矛盾的现象:一是当代人愈加孤独,而这正是源于资本在技术手段的作用下已渗透到人们的日常生活中,使人与人之间的交往关系更趋资本化。同时也印证了马克思的预测:"人只是在历史过程中才孤立化的……交换本身就是造成这种孤立化的一种主要手段。它使群的存在成为不必要,并使之解体。"[2]生产力的进步将交换关系扩展至人们的日常行为,个人需要满足手段的加强,比如平台点餐、快递送货到家等,平台逐渐取代了面对面的交往。尤其是随着 5G 技术的普及,人们还会越来越多地把办公场所搬到网络中,传统的集中上班制度将被自由化的工作时间所替代。也就是说以互联网为基础的通信技术的发达将会导致工作模式的社会化扩展至无形空间。这也就意味着从生活到工作都离不开平台。二是互联网打造的空间能够跨越

---

[1] 谢富胜,吴越. 零工经济是一种劳资双赢的新型用工关系吗[J]. 经济学家,2019(6).
[2] 马克思恩格斯全集[M]. 中共中央马克思 恩格斯 列宁 斯大林著作编译局,编译. 北京:人民出版社,1995,30:489.

时空的阻隔和有形空间中的边界限制,将无限具有相同爱好、相同需要和共同目标的人聚合在一起,从而使交往关系突破了以亲情、友情和同事关系为基础的"熟识"界限,扩大到陌生人。但人与人之间的关系更加物象化,传统社会中同一时空内的现场交往让位于网络中的社交平台,如 Facebook、微信、微博、QQ 和网上直播间等。

  一个平台就是一个空间。这些平台所塑造的交往关系更加凸显关系的纯粹性,因而也更有效率。如凯文·凯利所说的"网络闪客",他们瞬间来袭,瞬间撤离。他曾举例,在"深蓝"与加里·卡斯珀罗夫那场著名的象棋比赛过程中,IBM 网站迎来了五百万访问者。而比赛一结束,观战者全部作鸟兽散。[①] 当下数字化的发展,推动了交往关系的平台化,越来越多的会议、活动、赛事等都可以通过平台建立人与人之间的联系。然而,交往关系的平台化会导致新的垄断,人们的意识和行为更加容易被平台操控,更容易成为信息化时代"单向度的人"。

[①] 凯文·凯利. 新经济 新规则[M]. 刘仲涛,康欣叶,侯煜,译. 北京:电子工业出版社,2014:141.

第二部分

资本金融化形成机制的现实逻辑及其批判

第四章　资本金融化的"债务"基础：生息资本的现代化

马克思认为生息资本是资本主义洪水前的资本，没有引起生产方式的变革，不产生价值与使用价值。尤其是高利贷资本更是维护了封建的旧生产方式，不属于进步的力量，因而并不是他的主要研究对象。但他依然深刻揭露了生息资本的两个特性：一是导致产生高度颠倒的经济关系；二是具有时间上的系统性，把过去的劳动与未来的财富奴役在资本的利息中。马克思对高利贷的态度是否定的，但对已经被纳入产业逻辑的生息资本的看法是复杂的，它兼具积极性和消极性两种后果。生息资本在现代经济中发挥重要作用。在制度上，国家利用财政政策干预经济，防止经济衰退，最终物质生产的巨大进步抵消了赤字财政所带来的通货膨胀压力；在技术上，金融工具的创新性发展能够将过剩资本引入投资领域，最终转化为生产力的发展，从而推动社会进入新的阶段。

债务在现代经济中的作用超越了债权—债务关系层面的理解。比如，私人行为中的借贷通常是基于个体的财力，有抵押物，可以保证债务增长与实物财产的比例保持在合理的限度内。因借贷行为不当所带来的危机，终会被经济的自发秩序所矫正。因此，在国家资本主义以前，因借贷不当而导致的企业破产和银行倒闭案例数不胜数，虽造成了当时的经济萎缩，但从长期来看，清除了过剩生产能力，有利于长远的经济的健康发展。自进入国家资本主义以后，资本借贷被提升到国家的层面，中央银行"最后贷款人"的角色和政府的赤字财政赋予债务以挽救经济危机或刺激经济繁荣的权力，这显然超越了私人间的那种债务涵义。从实践来看，现代经济的高速发展离不开赤字财政的助推作用。虽然在历史上，赤字财政是传统社会导致经济动荡甚至社会变革的主要原因。但在进入20

世纪中期以后,生产力的发达和政府自身购买力的增长,赋予赤字财政一定的物质基础。同时,债务也是现代中央银行制度下,投放货币的一个渠道。因此,现代经济中的债的社会意义和作用增加了在传统社会中所没有的内涵。

从宏观角度看,"债"主要来自国家部门和私人部门,前者是国债,后者主要是企业和居民的债务。债对两者的意义是不同的,对国家而言,债务具有公共性,发挥了稳定经济和破坏经济秩序的双重功能,在避免爆发大规模经济危机的同时积累了大量债务。对经济体系而言,债务扩张改变了资本主义的经济结构和资本积累方式,外部投资者的介入使企业的社会化程度提高,增加了经济的复杂性和脆弱性,风险加剧。

第一节 债在现代经济发展中的作用、意义与后果

一、"债"的源起与功能演变

债务很早就出现了。人类最早的文字记载是关于债务的,美索不达米亚文明流传下来的楔形文字都是关于信贷体系的记录。根据大卫·格雷伯的研究,"债"在货币出现之前就存在人类的社会关系中,但这种关系不是基于商品交易的基础,而是基于剥夺自由与被剥夺自由的奴隶关系。债权人是奴隶主,债务人则是奴隶,债务关系确立也就意味着奴隶关系的生成。奴隶主控制奴隶的关键因素是奴隶具有创造财富的能力,而财富的源泉是人的劳动。奴隶失去自由,依附于奴隶主,对奴隶主而言,就是掌控了会创造财富的工具。因此,债在历史上的很长一段时间内都被认为是邪恶的——比如众所周知的高利贷——就是源于利用债务工具剥夺债务人的自由的内涵。

在历史上,高利贷向来都是宗教(如天主教和基督教)道德批判的对象,把它们看成像鲨鱼一样,赚血腥钱,出卖灵魂,并且认为魔鬼本身就是

放高利贷者,其账本中充满邪恶的记录。① 在基督教和天主教的布道中,充满了对高利贷者的警告,要求他们归还从受害者身上剥削得来的利息,否则一定会下地狱。但之后随着世俗社会的开启和商业社会的来临,这一状况被颠覆了。主要原因在于债不再是以人身自由为表达方式,而是转化为一种用货币来表达的商业语言。债务在商业社会中有了新的内涵和作用,具有突破个人或组织财务限制去追求更多财富机会的杠杆性力量。具体而言,债务从不合理转化为合理源于商业经济兴起以后,资本在不同主体之间的流转打造了新型的社会关系,它不再是局部的、宗法制度之下所体现的剥夺性关系,而是以契约为核心的商业利益上的合作关系。

债务作为一种在资本循环体系中发生的经济事物,能够反映这种关系,并以此推动资本的流转。在16世纪40年代,法律学者富朗索瓦·拉伯雷在他的《巨人传》中有一段闻名遐迩的"债务颂",这是对"债"的社会意义的历史翻转。他借用主人公巴汝奇的话来说明债务的神奇:"总要欠什么人一些东西,然后他就会一直向上帝祈祷,保佑你有一个健康的身体,长命百岁。由于害怕会失去你欠他的东西,他在所有人面前都会说你的好;他会一直向你介绍新的放贷人,因此你能够借钱来还他,用别人的钱来满足他自己的需求。"② 处于资本主义刚刚兴起的时代,拉伯雷的思想是时代的反映。他看到了债务在协调社会关系上的作用,债有利于培育信用、责任感、进取心甚至美德和博爱,这正是资本主义早期的商业伦理精神。债务还是维护社会秩序的纽带,"一个没有债户也没有债主的世界有着怎样的概念和形式……一个没有债务的宇宙!天体将不再规律地运行;一切都将彻底紊乱。朱庇特认为自己不欠农业之神债务,因此他将把农业之神赶下祭坛,并用自己的锁链把所有的天神、天堂、恶魔、精灵、英雄、魔鬼、大地、海洋和一切元素都锁在一起……月亮将变黑,成为暗红色;为什么太阳要和她分享光芒呢?他没有这个义务。太阳再也不会普

---

① 大卫·格雷伯. 债的历史. 罗育兴,林晓钦,译. 台北:台湾商周出版社,2013:24.
② 大卫·格雷伯. 债[M]. 孙碳,董子云,译. 北京:中信出版社,2012:122.

照大地,星体也不会再带来有益的影响"①。

没有债务,就连生活也将会沦为一场混战,"人群之中将不会有人去拯救他人。当有人大喊'救命!''着火了!''我快淹死了!''杀人啦!'都是没有用的,没有人会来救他。为什么?因为他从未外借什么东西,也就没人欠他任何东西。没人会因他遭受的火灾、海难、失势或死亡而蒙受损失。他从未借给别人什么东西,而且此后他也不会借给别人什么东西。"②巴汝奇这段关于社会关系的假设前提虽然荒诞至极,但他用"原罪"精神来理解债务的思想却反映了债务在经济社会中的系统性联系。比如,金融机构在金融危机中由于"too big to fail"(太大而不能到)本质上是一样的。从债的功能演变可以看出,巴汝奇简直是关于"债"的社会功能的先知。尤其是关于没有债务就会使生活陷入混乱的荒诞逻辑,竟然在现代经济中变成了现实,债在很多情况下变成了维护社会关系的纽带。在资本主义制度下,从约束和规范国家在债务偿还上的行为开始,提高了全社会的信用水平。

在封建社会,君主欠钱不还是导致早期银行家破产的主要原因,意大利美第奇家族的兴衰充分说明了这一点。在资本主义制度下,君主的权力受到法律的约束,这产生了影响现代经济的两件大事:一是财政预算制度的诞生;二是现代中央银行制度的建立。它们都首先发生于当时资本主义制度较为发达的英国。财政收入的主要来源是税收,在此之前征税体现了国王的意志,显得较为个人化。而财政预算制度则要求国王在征税前先编制预算,核定好开支去向,实际上是关于征税的一份报告。因此,财政预算制度标志着封建君主权力的削弱和资产阶级力量的兴起。另一个是现代银行制度的兴起,成立于1694年的英格兰银行奠定了现代中央银行制度的基础。它的设立初衷是为了帮助政府融资,使其免受高利贷的盘剥。财政预算制度和中央银行制度,提高了政府信用,也拉开了

---

① 大卫·格雷伯.债[M].孙碳,董子云,译.北京:中信出版社,2012:122.
② 大卫·格雷伯.债[M].孙碳,董子云,译.北京:中信出版社,2012:123.

政府大量借助债务融资的序幕。政府信用的提高,逐渐影响到社会其他领域,企业信用和居民信用也随之得到了很大提高,为全社会利用债务工具进行融资奠定了良好的环境基础。与传统社会相比,合理利用债务的商业信用加快了资金的周转,又反过来促进了现代金融业的发展。

债之所以经受了现代性的洗礼而被赋予新的生命力根本在于理性的注入。资本主义是对人们追求财富欲望的解放,但这种欲望与原始的、非理性的贪欲有根本的区别,它是在相互联系与合作中的持续性发展。理性是经济活动的前提,是在"利他"中实现"利己"。合理性是经济活动的内容原则,即通过精明、审慎的经营实现最大化的利润,由于注重经营的长期性而非常注重信用。债务作为杠杆性的资本投入在这种注重长期经营的社会环境中也经历了理性的洗礼,革新了自己的内容。事实上,货币本身也是一种商品,也可以作为商品进行交换,它的价值体现在货币的时间让渡上。资本主义早期兴起于贸易而不是生产领域[1],通过远程贸易积累了大量财富,但资本增殖的渠道有限。一方面大量过剩资本寻找增殖的途径,另一方面商业资本主义的兴起加大了对资本的需求,这刺激了债务运作的现代化——巨额融资开始以规范化的形式出现。这也就是早期的金融创新,包括:银行的兴起、股份公司的成立和第一家永不停业的证券交易所的建立。

随着经济总量的扩大,债逐渐成为经济发展中必不可少的金融工具。经济学家凯恩斯在提出相机抉择的财政政策理论之后,利用负债干预经济成为现代国家的常用手段,并成为经济高速增长的助推器[2]。债务比例还会影响到企业的资本结构效率,现代企业需要一定的债务比例来提高企业的运行效率。詹森和麦克林(1976)曾经论证过,适当的债务融资可以限制管理层滥用公司的自由现金流。因为债务需要还本付息,对公司而言有较大的资金成本压力。这已不是出于简单的资本积累需要,而

---

[1] 14—15世纪资本主义萌芽刚刚兴起之时,包括后来的威斯特伐利亚体系。
[2] 利用债务发展经济并非凯恩斯的本意,这在他的《劝说集》等著作中是可以看到的。大多数国家只不过是运用凯恩斯理论作为自己干预经济的证明。

是关涉企业的运营管理制度。公司的资本结构理论正是利用了债务有利于培育社会信用、提高社会责任感的特点。债权人害怕债务人欠债不还而变相提高债务人的信用，以使他们能得到更多的融资，从而保证自己的利益。

但这一理念运用到虚拟市场将会产生连锁反应，比如次级贷款市场资本运作就是这种为增加信用而互相担保的真实写照。在2008年的金融危机中，那些危机的制造者——大型银行、投资公司和保险机构由于"too big to fail"而免去了破产的命运。由于国家担心金融机构倒闭带来"连锁效应"而获得了国家的资助，渡过了难关。在那次危机中，美联储对金融体系的注资规模是空前的。据统计，在2007年8月9日注资240亿美元（同日，欧洲央行与美联储联手注资950亿欧元）；10日分两次总计注资380亿美元；11日注资30亿美元；13日注资20亿美元（同日欧洲央行注资624亿美元，日本央行注资50亿美元）；15日注资70亿美元；16日注资50亿美元；17日注资60亿美元；20日注资35亿美元；28日注资20亿美元[①]。除此之外，还有降低市场利率和其他"窗口指导"。这些措施为濒临破产的企业重新树立了信用，更为重要的是，提高了整个金融业的信用。

债务从最初的融资功能到现代企业管理功能的转变，也促进了社会分工的细化。债务经济的运转基础是良好的信用，所以信用成为现代经济的通行证，有信用才能获得更多的融资，于是产生了专门经营信用的机构——信用评级公司。目前世界上最有影响力的三大信用评级公司分别是标准普尔、穆迪和惠誉，这些公司为企业的信用进行评级（包括主权债务）。它们的评级具有较高的公信力，华尔街的机构交易员们通常会把这些评级作为"买入"和"卖出"的基本判断指标，直接决定了投资者的信心。

---

① 袁熙. 大债时代[M]. 北京：人民邮电出版社，2012：46.

二、信贷的当代社会意义与后果：信用创造及其所产生的虚幻性

信用创造体现了债务的现代意义，它在一定程度上突破了资本在数量上的限制，推动经济的流转，为更好地实现资源的效用与最佳配置提供了可实现的路径。

为了说明信用创造，现假设一个简单的经济关系，设法定存款准备金率为20％，没有超额存款准备金和留存的现金，全部款项都以银行存款的形式出现。现假定银行A得到了一笔1 000元的存款，在扣掉20％的法定存款准备金200元以后，将剩下的800元贷给了客户甲。甲暂时不用，将这笔款项存在了与自己业务往来比较密切的银行B，B银行在得到这笔资金后，扣掉20％的法定存款准备金160元，将剩下的640元贷给了客户乙。乙暂时不用，将这笔款项存在了银行C，C银行在留下20％的法定存款准备金128元后，将剩下的512元贷给了丙。丙暂时不用，将这笔款项存在了银行D，D银行再重复以上做法，以至无限循环……于是，银行的账面资产为

$$1000+800+640+512+\cdots$$
$$=1000+(1-20\%)\times1000+(1-20\%)^2\times1000+(1-20\%)^3\times1000+\cdots$$
$$=1000\times\frac{1}{1-(1-20\%)}$$
$$=1000\times\frac{1}{20\%}$$
$$=1000\times5$$
$$=5000$$

金融炼金术由此产生了！这一过程当中，没有任何生产和消费活动，只是资金从一个银行转到另一个银行手中。经过这样一个纯粹的借、贷活动，经济中竟然增加了5倍于初始金额的货币总量，这就是银行在货币

上的创造能力。虽然没有增加社会的真实资本，但5倍于货币初始额的经济关系形成了。马克思曾经惊叹于信用创造下资本的神奇增长，"资本好像突然增加了一倍或两倍"。从实质而言，这些资本都是虚幻的，并不代表真实的社会财富。信贷资本遮蔽了流通货币与支付货币之间的区别，似乎银行中的货币都是执行流通职能的货币，这实际上是一种假象。银行派生的货币大多是支付货币，它虽然体现了经济关系，但实际上并不是在产业发展中所产生的，而是金融关系所赋予的。然而，虽然执行的职能不同，但都属于货币。它们对经济的作用体现在两个方面：一是为缺乏资金的企业进行融资，提高社会资本的流动性；二是控制了经济关系，将生产、流通和消费纳入金融逻辑中。货币量增多使产业资本的扩大不再仅仅依靠自身积累，而是越来越多地借助银行。这源于信贷重塑了经济结构，产业资本离开银行体系的杠杆性，难以尽快参与到社会资本总循环中去。也就是说，信贷所提供的不只是货币问题，而是快速进入经济循环中的权力。

信贷链条像一条绳索掌控在银行手中，中央银行的货币政策正是通过对该链条的收紧和放松，调节经济运行。在这一链条中形成了多个借贷关系，而掌控这一关系的正是银行。假如银行要求企业归还借款，那么将会产生相反的效应。由于一笔债务会涉及多个借款人，影响多阶段的经济关系，这就是银行对经济扩张和收缩的作用。从以上过程来看，其作用大小取决于法定存款准备金率，是法定存款准备金率的倒数倍，这个被称为货币乘数。因此，调整法定存款准备金率也就成为中央银行调控货币供给量的一个重要法宝。当然，在实际经济运行中，除了法定存款准备金(r_d)以外，还有超额存款准备金(r_e)。此外，企业在拿到贷款以后也不可能会全部存在银行，通常会留取一定的比例，这被称为现金漏出(r_c)。因此，如果考虑到上述因素，完整的货币乘数应该是$\frac{r_c+1}{r_d+r_e+r_c}$。但无论是否存在超额存款准备金和企业留取现金，其原理是不变的。

信贷能够扩张的根源在于银行的部分存款准备金制度，储户并不会在同一时间到银行提取他们的存款,银行通常留下可供客户提取的一定比例的现金量,将剩余部分贷放出去。银行利用了储户在存款与取款之间的时间差,以及现代银行体系的部分存款准备金制度,派生了数倍于初始存款的派生存款。初始存款代表真实的社会资本,而派生存款产生于现代会计记账法,本身并没有银行的现金储备支持,是虚拟出来的。派生存款的量越大,那么虚拟程度越大,杠杆性越高。这部分虚拟货币之所以能发挥真实货币的作用,在于资金的流动都在银行体系内进行,一旦离开银行体系(比如讲资金从银行账户中提取出去),那么整个经济体系就会坍塌。

部分存款准本金制度是人们在经济实践中摸索出来的经验总结,是伴随着商业经济总量的扩大而做出的金融创新。在金本位时期,随着商业的繁荣,商人们和银行在商业活动中发明了票据,人们发现用票据交换可以代替货币之间的交换。与之类似,用黄金做准备,用纸币代替黄金执行流通媒介职能是一种更为便利的方法,也即用银行发行的存款凭证代替货币的流通。最早发现并使用这一秘密的是经营货币业务的金匠,后来这一权力在英国被英格兰银行所独享,英格兰银行也由此成为现代中央银行的鼻祖。与此同理,信用货币的发行在早期是以百分之百的黄金为准备的,但在实践中,银行发现储户并不会在同一时间提取他们的存款。因此,只需留下其中一部分现金用作取款,其他就可以贷放出去,全额准备变成了部分存款准备。这反映了随着资本主义的发展,经济总量的扩大,银行在自身功能上所作出的调整。长期以来,资本不足是影响经济发展的主要原因,部分存款准备金制度创造出来的货币缓解了这一问题,加快了经济循环的速度。因此,信贷的出现改变了传统的资本周转模式和资本积累方式,本质是通过外在手段干预经济运行。

但从信用创造的过程来看,带有很强的虚幻性,因为债务所形成的资本积累并不全是真实的资本。它很大程度上是借助现代会计记账原理而形成的一种数字化的资本收益,更多地体现在账面上,实体中并没有因此增加资本,但却改变了经济关系,这是它兼具虚幻性和真实性的原因。现代会计原理主要是复式记账法的采用,源于资本主义信用交易的大量出现,古老的统计式的单式记账法已不能满足复杂的经济发展需求。在13~15世纪,地中海沿岸的一些国家和地区,如意大利的佛罗伦萨、热那亚、威尼斯和汉堡等地,商业的发展一开始就与金融业相伴随。在公司治理模式上逐渐以合伙经营、代理经营等形式取代独资经营,这产生了新的会计主体和损益计算要求,于是改革首先在银行业开始。银行以自己为参照物,将客户应该给自己的付款称为"借方",将自己应该付给客户的款项记作"贷方"。借方表示"增加",贷方表示"减少"。由于同时反映了收、支两条线的经济活动内容,这种方法被称为复式记账法。随着经济活动复杂性的提升,在实践中不断进行改进和完善。后经意大利数学家卢卡·巴舒里6年的系统调查和研究,在1494年出版的《算术、几何及比例概要》一书中,结合数学原理从理论上对复式记账法进行了系统的阐述,使得复式记账法扩大到整个欧洲乃至全世界。

复式记账法能够产生虚幻性的原因在于资本与负债之间的关系被模糊了。假如有一笔资金,A公司从B公司取得一笔短期借款10 000元,将其存在银行,那么就会产生两个会计分录:

1. 借款(B公司)

借方	贷方
短期借款	银行存款
10 000	10 000

2. 存款(A公司在银行的账户)

借方	贷方
银行存款	短期借款
10 000	10 000

A 公司从 B 公司取得的借款属于 A 公司的负债，A 公司将借款存放在银行，属于 A 公司的资产。因此，从全社会来看，由一笔借款所引起的经济活动，同时增加了一笔资产。假如全社会只有这两家公司和一家银行，那么现在社会总资产是"短期借款＋银行存款＝20 000 元"，社会总负债是"银行存款＋ 短期借款＝20 000 元"。由此可以看出，一个信用活动在全社会中的影响增加了社会总资产与总负债。社会总资产比原来增多了一倍，然而，社会总资本并没有增加，因为并没有发生相应的社会生产活动，总资产增多只体现为账户上资金数量的增加。因此，债务与资产之间的本质属性就被现代会计记账原理遮蔽了，产生了一种社会财富增多的幻象。商业信用能产生货币增多的假象，原因在于资金暂时不用，如果所借款项立即用于生产，购买原材料、机器设备等真实经济活动，那么将会带来社会总资本的真实增加。此外，需要补充的是，即使在发挥功能性作用的过程中，只要货币和交换行为在时间上发生了分离，就能够产生虚幻性，商业票据（如汇票、本票、支票等）在没有支付给持票人的时间段内，都发挥着商业信用的作用。

三、信贷扩张的不可逆性

长期以来，古典经济学家认为货币是中性的，只能发挥媒介或中介的作用，货币数量与价格成正比。货币数量增多，商品价格上涨；货币数量减少，商品价格下降。通货膨胀完全取决于货币数量，货币不会改变经济的实质。传统的货币数量论，如费雪的交易方程式：$MV=PT$，其中 M 代表货币供应量，V 代表货币流通速度，P 代表物价水平，T 代表社会交易量。由于货币流通速度 V 主要受到支付制度和支付习惯的影响，因而是一个相对稳定的变量；工商业的发展受到自然资源和技术水平的限制，社会交易量 T 也是一个相对稳定的变量。而 M 和 P 是不稳定的，二者呈正方向变动，货币量增加，则会引起价格上涨。因此，古典经济学普遍信奉"萨伊定律"，并不主张干预经济，他们相信自发秩序会自动导致市场出清。但这一定律在由银行体系所主导的经济中发生了改变。

信贷扩张的不可逆性源于国家干预,是"用货币解决制度问题"的结果。经济周期源于资本主义生产的盲目性,虽然在现象上体现为货币短缺,但根源是制度问题,并非单纯的货币供应不足,因而并不能彻底解决问题,还会产生负面影响。2008年的次贷危机就是"用货币解决制度问题"的生动案例。危机的基础是美国长期以来的低利率政策刺激了信贷扩张,危机发生后又通过低成本、无限量地借钱给金融机构来解决金融机构之间的债务链,企图摆脱互相拖欠的恶性循环,平息危机,一个月内注资就达2 781亿美元。美联储作为中央银行,其资金大部分都是债务[①],这种做法也可理解为"用债务解决债务",最后导致了更多的债务。在自由资本主义时期,信贷扩张到一定限度以后通常以爆发危机的剧烈波动进行调整,这会经历痛苦的过程,国家干预旨在避免出现这一经济后果。任何经济危机的导火索都是资金链断裂,中央银行的"最后贷款人"的职能,就是用于防止资金链断裂带来的连锁效应。同时,政府也会积极出手救助,因为政府负有防止经济萧条的重任,而政府能够采用的便利工具就是发行债务。这本质上是用信贷扩张解决信贷扩张带来的问题,导致信贷扩张的螺旋式上升。

根据上面所分析的信贷扩张过程,银行可以派生出数倍于原始存款的货币量。但这一反馈机制也具有反向作用。假如产生了从银行体系中提取货币的行为,如,初级存款减少;公众不愿意在银行体系中持有货币,即出现了"脱媒";中央银行提高存款准备金率;大量呆账、坏账的出现,都会产生货币的紧缩效应。流出一定量的初始存款,银行体系的货币总量将会减少初始存款的数倍,这就是信贷紧缩,往往发生于经济萧条时期。信贷的这一特征增加了经济的脆弱性。此外,信贷扩张所产生的是一种有真实经济关系但又带有虚拟性的经济,资金借贷将银行与企业捆绑在一起,增加了经济的复杂性。总体而言,银行信用主导下的经济发展是一种倒金字塔式的结构,初始存款是金字塔的塔尖,建立在其上的庞大规模

---

① 发行货币在资产负债表中体现为负债。

的货币量是银行体系的派生存款。派生存款总量越多，塔尖相对越小。因此，这种结构具有内在的不稳定性。它必须像一只陀螺一样处于高速运转当中，资金永不停息的流动才能支撑这一体系的运转。但流动越迅速，背离真实的经济状况越远，经济的脆弱性越强。随着这一体系的层级越来越高，任何外来因素都有可能导致这一体系的坍塌，如银行催促企业还款导致资金链断裂或企业降低产品价格以期回笼货款，使社会总产品价格下降，都可能产生"蝴蝶效应"，使经济进入萧条。

但萧条是当代各国竭力避免的一种经济状况，信贷扩张能够在短时间内解决这一问题。因此，用信贷扩张所产生的廉价贷款支持经济发展是当下各国的自发行为，经济发展的制控权也逐渐由市场转向了中央银行（或政府）手中。中央银行大多以经济增长为目标，奉行低利率政策，导致经济体不能发挥市场优胜劣汰的自然选择。经济危机有助于淘汰低效益的企业，但货币和信贷的注入抵消了这一机制的发挥。同时也助长了企业的投机，将大量资金用于冒险，腐蚀了企业家精打细算的职业精神。由于经济中并没有形成可依赖的产业，信贷扩张必须不停地进行下去，一旦出现收缩将会导致经济出现危机。这也是自20世纪以来，经济危机通常产生于金融领域的重要原因。危机爆发后，再通过信贷的方式解决危机。2007年发生于美国的次贷危机就生动演绎了这一原理，向不符合贷款条件的借款人融资，导致借款人超出自身能力无法及时还款而出现了信贷紧缩，资金不足诱发了金融危机。危机爆发后，为防止连锁效应，出资挽救危机的大金融企业，如贝尔斯登投行、美国国际集团（AIG）、房利美和房地美等，还提供了7 000亿美元的经济刺激计划，从银行体系购买不良资产，防止出现银行业的倒闭潮。同时，将实际利率尽可能降到最低，以刺激企业增加投资。

信贷扩张具有不可逆性，还因为信贷扩张改变了企业的运营模式企业行为逐渐被债务所牵制，企业不再是独立的市场主体，难以实现资金的"自给自足"。古典经济学在资本主义早期认为国家应该是市场经济的"守夜人"，国家干预将会破坏市场经济的正常运行，主张自由主义市场经济。哈耶克也在《致命的自负》中阐述了政府干预将会导致低效益的经济运行。然而,经济发展到今天,经济中的最大干预者已经不单纯是政府,而是政府与中央银行为防止经济萧条而形成的联合。银行长期以来由于向企业融资,促进了资金余缺的调剂,增加了资本的流动性而被认为推动了现代经济的增长。但随着银行在经济中的全方位渗透,它已不只是一个提供服务的第三方,企业生产经营的自主性丧失了,再造了经济结构的调整方式,以及经济体系的自然循环、经济周期特征,信贷资金的注入与抽离决定了企业的存亡和经济的繁荣与否。信贷成为被中央银行领导下的银行体系所滥用的权力,资金紧缩会导致经济萧条,信贷扩张是央行最倾向使用的工具。但信贷扩张下的经济繁荣最大化地调动了市场上的投机动机,导致"非理性繁荣",而真实的社会资本量和真实的投资、消费需求的增加并不多。但债权—债务关系是真实存在的,一旦债务被要求偿还,经济扩张就会成倍收缩,引起经济萧条,这又是理性的经济人所竭力避免的,因而信贷扩张具有不可逆性。

四、"通往奴役之路":资本主义国家的债务枷锁

进入 21 世纪以后,迈克尔·赫德森认为资本主义出现了新的奴役方式,即芝加哥学派和布什政府的自由市场政策所导致的道路。"新的通往奴役之路是金融业把政府排除在外,把计划集中到银行的手中……而它们生产的产品是债务。所以真正的奴役之路是以强制的劳役偿还债务的道路,这与罗马强制每一个陷入奴役的国家所走的是相同的道路。"[①]赫德森所提到的情况正是西方左翼学者所批判的资本主义经济金融化现状,信贷杠杆下的债务已经超越了企业资金周转的需要,广泛渗透到居民、企业和国家的日常生活与运营中。此外,在发达国家形成的资本运营模式不断被世界上很多发展中国家所效仿,用透支信用发展经济的方式使全球进入负债时代。

---

① 迈克尔·赫德森. 虚拟经济论:金融资本与通往奴役之路. 转引自资本主义经济金融化与国际金融危机[M]. 刘元琪主编. 北京:经济科学出版社,2009:225.

现代经济高速增长之谜在于对金融杠杆的大量运用,其中债务是最基本、最常用、影响也最广泛的手段。债务主要有银行信贷、发行债券和短期商业票据等形式,对经济的影响程度与影响范围是不相同的。银行信贷具有派生货币的能力,能够对经济产生扩张与收缩效应,虚拟程度比较高,对经济的影响也比较大。银行体系的资金往来系统性比较强,容易产生"多米诺骨牌"的连锁效应。银行本质上也是中介,连接着储户和贷款人,一旦银行发生危机,会迅速扩散到家庭部门和企业部门。发行债券的影响面相对较小,一般限于债券购买者,并且这部分人通常具有较多的盈余资金,抗风险能力较强。更为重要的是,发行债券的资金不像银行具有系统性,它从债券持有人手中直接获得资金,不会产生连锁效应。债券作为有价证券的一种,可以转让、流通和买卖,这被称为债券的二级市场。二级市场上债券的流通状况与债券发行人无关,但会影响以后的融资。商业票据属于短期负债,一般限于企业之间的商业往来,属于临时性资金周转。它的意义在于便利商业贸易,加快资金的流转速度,对整个经济社会的影响程度较小。总体而言,能够影响经济虚拟程度的主要是银行信贷。本文主要分析银行信贷。

在当今资本主义国家,债务是经济繁荣的助推器。从政府部门、企业部门到居民部门都被卷入到债务网络中,债务成为经济运行中必不可少的一环。从统计数字来看,债务的增长速度在近三十多年中是惊人的。在1980年,发达国家政府公债为1 934亿美元,1994年达到10 155亿美元,2005年达到23万亿美元,到2008年金融危机爆发前后,发达国家政府公债与国内生产总值之比普遍超过100%。金融危机的2012年,各国公共债务与国内生产总值之比分别是:美国105%、英国110%、意大利122%、法国77%、希腊158%、葡萄牙101%、爱尔兰120%、西班牙64%、德国74%、日本220%。在企业层面,公司债务的增长更为迅速。1980年以后,发达国家公司债以11%的复合实质增长率快速扩张,很快从1980年的500亿美元,扩张到1994年的2.2万亿美元。企业和政府发行的国家债券数量从1980年的2 000亿美元增长到1994年的1.7万亿美元。到2005年,全球私人部门的债券规模达到了35万亿美元①。据ZMF的统计,2024年全球公共债务将超过100万亿美元,约占全球国内生产总值的(GDP)的93%。② 美联储在2020年货币超发7.4万亿美元,商业银行信贷增长了9%。

当代经济已经被债务所奴役,被套上了债务枷锁。债务之所以被称为枷锁,是因为债务的时间价值不同于其他金融产品,它总是与时间成一定的固定比例增长而不论经济发展状况如何。马克思曾经援引普莱斯博士的见解"资本加上每个部分储蓄资本的复利,把一切东西都攫走了,以致世界上能提供收入的一切财富早就成了资本的利息……所有的地租现在也是对以前已经投在土地上的资本支付的利息。"③这是对债务本质最精辟、最深刻的解读!假定一张票面利率为5%的固定利率、单利债券,时间为5年,那么债券的终值=本金×(1+5×5%);如果是复利债券,那么债券的终值=本金×(1+5%)^5。如果用公式来表示,单利情况下的债券终值为$F=P(1+r\times n)$,复利情况下的债券终值为$F=P(1+r)^n$。债券由于其时间价值的累积性,对于债务人而言是一笔随时间增加而增加的固定支出,它将会不断蚕食产业资本所创造的利润。马克思对此曾深刻地指出:"就资本作为生息资本的属性来说,一切能生产出来的财富都属于资本所有,而资本迄今已经获得的一切,不过是对资本的无所不吞的食欲的分期偿付。按照资本的天生固有的规律,凡是人类所能提供的一切剩余劳动都属于它。这个摩洛赫!"④这揭示了生息资本的本质内涵。复利资本"无所不吞"的本性表明债务经济的"枷锁特性",利息是一种没有概念的形式,如果以利息来理解剩余价值,那么对剩余价值剥夺的界限就只是量的界限,并且会超出任何想象。因此,马克思认为在生息资本的形式上,资本拜物教的观念完成了。

---

① 向松祚. 新资本论[M]. 北京:中信出版社,2014:115.
② https://www.cankaoxiaoxi.com
③ 马克思. 资本论[M]. 北京:人民出版社,2004,3:447.
④ 马克思. 资本论[M]. 北京:人民出版社,2004,3:447.

生息资本天生具有随时间而自我繁殖的本性,如果是复利将会按几何级数增长,这是其秘密所在。因此,从这个意义而言,马克思认为"作为纯粹的自动体,具有按几何级数生产剩余价值的能力,以致像《经济学家》所认为的那样,这种积累的劳动产品,早已对自古以来世界所有的财富进行了贴现,依法据为己有。"①按照这种思路,债务吞噬了现有世界的一切财富、人口和生产力。利用债务杠杆发展经济,就是一条通往奴役的道路。如果按照债务与资产之间的平衡原理,债务的增长需要与之相适应的生产能力的提高,二者具有不可比性。债务的增长是一种数字性的增长,没有实质内涵。而生产力的提高要受到技术水平、劳动力的知识结构、宏观经济波动等因素的影响,在短期内很难有较大幅度的提高。因此,信贷总量的增长往往会超越经济发展所需要的水平,不同于股票等权益性资产,债务是真实存在的,不会随经济状况而消失,对经济的掌控是牢固的。

第二节 资本扩张中信贷依赖的理论阐释

一、资本扩张本性的理论阐释

扩张,是资本发展的生命力。在马克思主义经济学的视阈中,平均利润率下降规律是产业资本的魔咒,也是推动资本扩张的内在驱动力。按照马克思的观点,资本主义生产随着可变资本的占比不断上升,不变资本的占比日益相对减少,使总资本的有机构成不断提高,由此产生的直接结果是:在劳动剥削程度不变甚至提高的情况下,剩余价值率会表现为一个不断下降的一般利润率。创造价值的是活劳动,生产资料只是价值的转移,并不能创造价值,因而属于不变资本。资本主义具有无限发展生产力的趋势,随着生产力的提高,必然会加大对不变资本的投入,因为先进的

---

① 马克思.资本论[M].北京:人民出版社,2004,3:449.

机器设备能够提高劳动生产率。但会产生另一方面的影响,由于机器越来越先进(如智能机器人),在很多地方会代替人工劳动,减少了价值的创造主体——工人的比重。这意味着不变资本(c)的份额将会增加,而可变资本(v)的份额会降低,由此资本有机构成($\frac{c}{v}$)将会提高。也即能创造剩余价值的活劳动所占的比重越来越少,不能创造价值的不变资本所占份额越来越多,那么剩余价值将会越来越少。而剩余价值是利润的唯一来源,由此利润率将会越来越低。如果用公式来表示,利润率(π)等于剩余价值除以总资本($\frac{s}{c+v}$),那么就有等式

$$\pi = \frac{s}{c+v}$$

分子、分母同除以 v,则可以表示为

$$\pi = \frac{s}{c+v} = \frac{e}{\frac{c}{v}+1} = \frac{e}{k+1}$$

其中 $e = \frac{s}{v}$,表示剩余价值率;$k = \frac{c}{v}$,表示资本有机构成。k 越大,则利润率越小。此外,竞争会导致产品价格下降,如不考虑技术水平,平均利润率也会呈下降趋势,企业只能在维持一般利润率的水平经营,竞争会将超额利润抹平。

西方经济学也有类似的结论。经济增长模型实际上就包含有资本具有扩张趋势的内涵,经济增长需要投资规模的不断增大来保持市场均衡。由哈罗德和多马各自独立提出的动态经济增长理论(哈罗德—多马模型),也指出了这一问题。他们认为投资变动不仅会引起收入变动,而且收入变动也会对下一轮投资产生影响。在凯恩斯主义经济学中,投资—加速数模型鲜明地体现了这一思想。投资增加通过乘数效应会导致国民收入成倍增加,由此可以实现本期均衡和充分就业。但投资在刺激总需求的同时,也刺激了总供给的增加,导致生产能力的提高。通过加速原理,追加的生产能力会引起下一期收入的更快增长,而更多的收入又会转

化为更多的追加投资,如此无限循环。由于本期的国民收入在下一期不能保证总需求与总供给之间的均衡,无法实现充分就业,只有不断扩大投资,使每一期的投资都大于上一期,才能实现充分就业。这样一个过程同样也是资本占比不断提高的过程,最终导致投资的循环扩大。

现以相对简单的哈罗德—多马模型进行说明,该模型假设:

(1)全社会只生产一种产品,既是资本品又是消费品;全社会只存在一个生产部门,技术水平不变。

(2)只有资本和劳动两种生产要素,按固定比例投入生产,不能相互替代。

(3)规模收益不变。

(4)不存在技术进步,资本—产出比不变。

假设经济增长率为G,国民收入=Y,资本=K,净投资=I表示资本存量从一个时期到另一个时期的变化,储蓄=S,那么有如下关系式:

经济增长率 $G = \frac{\Delta Y}{Y}$,储蓄率 $s = \frac{S}{Y}$,由于储蓄等于投资 $S = I$,那么就有

$$s = \frac{S}{Y} = \frac{I}{Y}$$

资本产出比 $C = \frac{\Delta K}{\Delta Y}$,由于资本存量的变化就是投资,所以 $C = \frac{\Delta K}{\Delta Y} = \frac{I}{\Delta Y}$

那么经济增长率 $G = \frac{\Delta Y}{Y} = \frac{\frac{S}{Y}}{\frac{\Delta K}{\Delta Y}} = \frac{\frac{S}{Y}}{\frac{I}{Y}} = \frac{s}{C}$

资本—产出比是由投资决定的,经济增长率取决于储蓄率和投资。

哈罗德同时提出了有保证的增长率(G_w)、实际增长率(G)和自然增长率(G_n)三个概念。有保证的增长率是人们想要进行的那个储蓄以及人们拥有为实现目的而需要的资本货物额相适应的增长率,经济实

现均衡和稳定增长的前提条件是,人们愿意进行的储蓄恰好等于投资者预期的投资需求,经济就可以实现稳定增长;实际增长率是实际发生的增长率,它是由实际发生的储蓄率和资本——产出比决定;自然增长率是在人口增长和技术进步允许的范围内所能达到的长期最大增长率,反映了人口与劳动力增长、技术进步与劳动生产率的提高同经济增长的关系,G_n 是社会最适宜的增长率,S_n 是一定制度安排下最适宜的储蓄率。

当有保证的增长率与实际增长率相等时才能实现经济的稳定增长。但哈罗德指出这是非常困难的,二者只会偶尔相等,恰如在"刃锋"上走路,二者相等的均衡道路十分狭窄,导致经济收缩与扩张,从而产生了经济波动。实现长期均衡的条件是:$G_w = G = G_n$。

该模型强调了投资增加收入,又增加了生产能力的双重效应。因此,要实现经济均衡和充分就业必须不断增加投资。可以通过提高投资(储蓄率)来促进经济增长,如通过资本转移能够促进发展中国家的经济增长;也可以通过技术转移降低资本边际系数(k),通过提高资本生产率($\frac{1}{k}$)促进经济增长。

由此可以看出,不论在马克思主义经济学还是西方经济学中,资本的扩张本性都是存在的,这是由资本主义生产方式决定的。资本扩张可以分为地理性空间扩张和效率性空间扩张。前者主要通过向外开发更为广阔的市场,增大生产规模,抵消平均利润率下降规律;后者是通过对生产要素的重新组合提高效率,比如从加速生产循环的角度变相扩大生产规模。

扩张是资本的本性,但信贷依赖与资本扩张本没有必然联系。在资本扩张中之所以会产生信贷依赖,是因为现代经济对萧条的竭力避免改变了经济的发展路径。

二、信贷扩张对资本扩张的影响路径

庞巴维克将生产方式分为直接生产和迂回生产两种。前者是指从基本的生产要素到产品的直接过程,中间没有资本的形成;后者则是先由基本的生产要素来制造机器设备,再利用机器设备来生产最终的产品,尽管在一次生产中这种方式显得间接而耗时,但其中有了资本的形成,从而有利于日后的生产。资本主义自然是用资本来进行生产的,利用机器设备进行生产是资本主义生产方式与小生产方式的根本区别,但这是建立在资本积累的基础上。因此,资本积累是从资本主义诞生开始就被赋予的历史使命,决定了资本扩张的无限性。自由资本主义时期,资本的积累主要是由产业自身完成,它需要的是顺畅的商品流通体系。在垄断资本主义时期,资本积累主要由产业合并银行资本的力量完成的,银行能够将社会资本迅速转化为产业资本。在金融化时期,银行体系不仅将社会资本转化为资本积累,而且打造了适合这种积累特色的经济运行体系:它不直接参与企业的运营,但改变了资金的流向;利率成为市场的重要信号,产业逻辑在很多情况下要遵循金融逻辑,这关系到资金的筹集、生产规模的扩大等企业生存与发展的重要事项。因此,信贷扩张实际上改变了资本的扩张路径。

马克思对资本循环的分析主要是"生产—交换—分配—消费"的封闭式循环,是基于产业自身循环的生产,这在《资本论》中是有说明的。如果不考虑外部因素的干预,这是必然的。这并不是说马克思的预测是错的,而是因为他的研究目的是揭示产业资本的本质特征,信用并不是他的着眼点。另一方面,在他所生活的年代,还没有发展到大规模使用外源性资本进行投资的阶段。从现在来看,外源性资本的使用改变了资本的积累方式。银行大规模介入生产活动意味着原本由"生产—流通—消费"组成的三个封闭式循环,被加入了一个外在通道,改变了资本运行的发生路径。如果用图形来表示,可以表示如下。

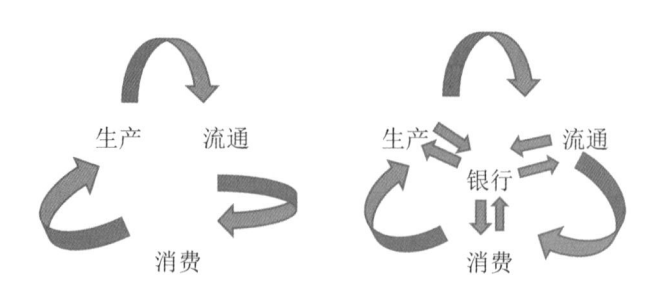

资本积累原本发生在产品市场,如第一幅图所示,是由商品生产与流通的循环所决定的。但银行介入以后,相当于在产品市场的基础上又加入了一个金融市场,金融市场主要是为产品市场提供资金,从而影响企业和消费者的行为。这样资本的积累就不完全是企业自身行为了,还要考虑金融市场状况。从企业的资本构成来看,有权益性资本和债务性资本。在权益性资本当中,有自有资本和股权资本,其中股权资本的参股者可以是个人和企业。那么相对于参股的企业而言,它自身的资本积累当中除了来自产业增殖以外,还包括股权收益或购买债券等金融资产的利息收益。因此,对于企业而言,它的资本积累方式更为多元化。

从第二幅图来看,银行作为一个外部干预者,对生产、流通与消费都发生联系。信贷扩张通过银行体系的自我创造可以凭空派生出货币,这是信用本位体系下资本的炼金术原理。但信用货币也具有支付功能,缩短了资本积累时间,有利于企业更新技术、扩大生产规模,推动了现代经济的高速增长。但利用不经过产业资本循环而派生出的货币发展经济的做法,意味着没有实际的储蓄和真实的社会资本相对应,资本扩张依赖于用新增贷款维持企业投资的增加,会导致真实的经济运转被"架空",从而导致信贷扩张的激进化。信贷资金改变了经济的循环路径,传统的生产、交换、消费和分配四个阶段,由于信贷资金的介入而复杂化了,信贷可以支配它们当中的任何一环,甚或支配四个环节。

信贷扩张对生产、投资与消费的干预破坏了经济规律。市场存在自发的调节秩序,繁荣、衰退、萧条与复苏是市场对厂商投资是否认同的自然表现,厂商根据市场上的"货币选票"调节生产规模是保持经济平衡的关键因素。价格是市场反应的指示器,包括商品价格和货币价格。在商品市场上表现为商品价格的调整,在货币市场上则表现为资本的价格——利率的调整。商品价格主要体现为需求侧,而货币价格则主要是对供给侧有影响。根据这些价格信号,厂商会调整自己的投资战略,从而使资源得到更为合理的利用。信贷扩张实际上也是一种外部干预,它遮蔽了价格信号,妨碍了价格传导机制的发挥,破坏了经济的自发调节功能。以下通过对商品市场与货币市场之间的价格传导进行说明。

货币市场与商品市场的连接是通过投资(I)和储蓄(S)的经济行为进行的,而反映投资(I)和储蓄(S)的信号则是利率(r),它们之间存在如下关系:

$$\begin{cases} 货币市场均衡: M_d = M_s \\ 商品市场均衡: AD = AS \end{cases}$$

其中 M_s 代表货币供给量,是一个外生变量,它由中央银行控制;M_d 代表市场对货币的需求量。在货币市场上,如果货币供给量不变,则利率取决于货币需求量;反之,如果货币需求量在一定时期内保持不变,则利率取决于货币供给量。如果是在传统自由市场条件下,货币的发行以黄金为储备,信用货币的创造依赖于经济的活跃程度,并不会为了达到政治目标而去创造货币。而在现代经济条件下,政府通常会利用货币手段达到自己的某些政治或社会目标而去干预货币量,这就是中央银行常用的货币政策。货币供给量的变动必然会在货币市场上引起货币价格——利率的变动,而利率会进一步传导到投资与储蓄活动中。

在产品市场上,均衡的投资水平为:$I(r) = S(r)$

其中 $I(r)$ 表示社会投资水平,$S(r)$ 表示储蓄水平,二者都是利率的函数。当利率较高时,储蓄大于投资;当利率较低时,储蓄小于投资。也即投资与利率呈反比。这个等式的假设前提是投资来源于真实的社会储蓄。

如果用方程组来表示,则三者可表示为

$$\begin{cases} AD = AS \\ M_d = M_s \\ I = S \end{cases} \Rightarrow \begin{cases} AD(\dfrac{M}{P}) = AS \\ M_d(r) = M_s \\ I(r) = S(r) \end{cases}$$

在商品市场和货币市场之间的自发秩序是社会总需求(AD)与社会总供给(AS)之间的力量比较,决定了均衡价格。价格水平会传导到投资(I),投资水平的高低会影响到货币需求(M_d)程度,并进而影响到利率(r)高低,而利率水平会影响到储蓄(S)水平,储蓄水平又会影响消费水平,二者之间存在反方向的变动关系。因此,在不考虑外生变量M_s的情况下,商品市场与货币市场之间的反馈机制是:$p \to I \to M_d \to r \to S \to C \to p$。根据两个市场之间的自发调节,实现了生产、流通与消费之间的循环。

但信贷扩张破坏了这一反馈机制,市场在一定程度上被垄断者(如银行)所调控,这主要表现在价格不能正确反映市场信息。使得生产动力机制的原在推动者——消费——的功能被弱化了,需求侧的真实信息被遮蔽了。银行通过控制货币供给量(M_s)操纵了货币价格——利率(r),由于资金的需求通常是无限的(除非陷入长期衰退,如日本"失去的十年"时期),通过增加货币量的办法将利率维持在较低水平,实际上模糊了真实的投资需求,使生产性融资和投机性融资无法区分。信贷扩张会放大投机性融资的需求,导致经济的"非理性繁荣"。生产与消费之间的正常通道也被分化了,生产难以反映消费需求,从而使消费陷入被刺激、被设计、被开发的境地,消费被异化了,出现为生产而消费的"消费社会"。在商品市场与货币市场之间的反馈机制将会演变为

$$M_S \uparrow \to r \downarrow \to \begin{cases} I \uparrow \to AS \uparrow \to p \downarrow \\ S \downarrow \to C \uparrow \to p \uparrow \end{cases}$$

以上表明,货币市场与资本市场之间的传导机制完全是一种被动的状态,价格信号也无法反映市场状况。货币供给量增加,利率下降,导致投资增加,由于利率下降,储蓄将减少,如果不考虑投机性支出的增加,那么消费会增加,价格会上升,但综合作用的结果对价格的影响是不明确的。通常消费与价格成反比,但在信用扩张的条件下,投资量增加,厂商的总供给会提高,价格会下降,总需求与总供给之间的力量对比不是那么明确,因此,价格的信号反映作用就被遮蔽了。此外,如果再考虑到有消

费信贷的情况，那么这种情况就更为复杂。货币供给量(M_s)是由银行体系控制的，不是由产品市场决定的。实际上，中央银行通常是反其道而行之：在经济萧条时，增加货币供给量；在经济繁荣时，减少货币供给量。在实践中，中央银行通常在经济出现萧条的苗头时，就增加货币供给量，企图逆转经济周期，避免出现经济衰退。

然而，中央银行逆转经济周期的企图改变了生产结构，导致经济主体的行为失调。繁荣、衰退、萧条和复苏的经济周期从长期来看有一定的积极意义，这种经济规律具有自发淘汰生产过剩的能力，促进产业结构优化，使经济体的运行更有效率、更为合理。信贷扩张阻碍了货币市场与商品市场之间的传导，包括信息传导和机制传导两个方面。由于存在易获取的廉价贷款，资本的价格降低了，企业的投资行为不再主要依赖于实际消费需求，从而导致企业投资不当，如为过剩产能提供融资，阻碍科技进步和生产力的提高。在机制传导方面，投资行为是由货币市场的低利率而被动推进的，并没有社会真实储蓄的支撑，也就是说并没有足够的资本规模实现如此多的社会投资。实际上超出了社会资本可容许的投资边界，在未来会面临现金的流动性不足和偿付危机。正如德索托所言："对市场利率的任何操纵都是反生产的，都会对清算过程发挥负面影响，或者产生新的企业家错误。"[1]因为，信贷影响到了市场经济运转体系的基石——价格信号。

信贷扩张导致经济循环路径和生产结构的改变，反映了企业行为的决定权不再是市场而是银行，是一个市场向银行交权的过程。经济增长需要持续不断地注入更大规模的银行信贷，一旦银行扩张赖以维持的增长速度没有加速到足以在每个时间周期阻止经济周期发挥的程度，就会爆发危机。而一旦危机爆发，银行和企业将会为之前的错误行为付出巨大代价，经济的复苏之路要么重蹈之前的覆辙，要么进行漫长的调整（如日本"失去的十年"）。从实践来看，自从国家开始干预经济以来，基本是

---

[1] 赫苏斯·韦尔塔·德索托. 货币、银行信贷与经济周期[M]. 秦传安，译. 上海：上海财经大学出版社，2016：307.

前者。

三、债对经济的实质:"李嘉图等价"与债务—通缩循环

以政府债务为例说明债务与经济的关系。虽然政府借债并不是新鲜事物,历史上早已存在,但却并不是出于发展经济的目的。用政府债务刺激经济发展的做法是现代人的发明。尤其是20世纪中期以后,随着国家资本主义的来临,赤字财政成为政府干预经济的主要手段之一。对于规模日渐庞大的债务,税收并不足以偿还。由于政府具有最高的信用,金融将政府的信用作为资产翻转为货币,那就是用发新债还旧债的方式解决到期债务,税收和发债成为政府偿还债务的主要手段。因此政府行为对经济运行至关重要,因为如果债务被强制偿还将会引发经济萧条。但债务没有彻底偿还将会导致流动性过剩,其表现是资产价格飞涨,如股票价格、房地产价格等。这使现代经济条件下的债务已不是"欠钱还钱"这么一个简单逻辑了,而是关涉经济运行模式。

从历史上看,用发行债务解决财政危机起初主要是因为战争。早在古希腊时期就曾发生过主权债务危机,阿提卡海洋联盟的10个城邦曾经未能偿还提洛神庙的借款[①]。在传统经济体中,政府债务主要源于为战争进行融资的需求,通常要用以后的税收进行偿还,并不是为了刺激经济发展。早在古罗马,皇帝奥古斯都曾经用扩大政府支出的方法缔造了罗马帝国的繁荣,但花费的主要是奥古斯都的个人财富,政府并没有因此而负债。自由主义经济学派也不主张用债务发展经济,他们普遍信奉"李嘉图等价",并不主张靠债务发展经济。古典经济学家李嘉图认为,在某些条件下,政府无论用债券还是税收筹资,其效果都是相同的或是等价的。从表面上看,以税收筹资和以债券筹资并无不同,但是政府的任何债券发行都体现着将来的偿还义务;从而在将来偿还的时候,会导致未来更高的税收。如果人们意识到这一点,他们会把相当于未来额外税收的那部分

---

① 提洛神庙类似于现在的国际性金融机构,吸收存款,发放贷款。

财富积蓄起来,结果人们可支配的财富的数量与征税的情况一样,这就是著名的"李嘉图等价"。也就是说,政府借款和征税在本质上是相同的。公债并不代表净财富,以公债的形式获得收入与征税具有同样的效果。考虑到债务到期就要偿还的特性,而债务的偿还又最终来源于税收。因此,公债是延迟的税收。"李嘉图等价"虽然有严格的前提条件,如在封闭经济条件下、税收是一次总付和存在完全的信贷市场等,可能与现实经济并不完全符合,但李嘉图揭示了在不存在政府干预的前提下债务的真实本质,靠债务扩张对经济发展并没有实质的意义。

李嘉图分析了债务的税收本质,经济学家费雪则注意到了债务的经济后果。他认为经济主体过度负债会导致经济通货紧缩,从而引起经济衰退甚至是严重的萧条,这就是著名的"债务—通货紧缩理论"。费雪认为债务和通货紧缩是引起经济萧条的主要变量,当过度负债与通货紧缩联结起来的时候,就会产生显著的经济后果。为说明这一问题,他做了两个假设:第一,处于均衡的经济体系受到过度负债的冲击;第二,没有其他可以影响价格水平的因素。当经济在某个时点处于"过度负债"的状态,债务人或债权人出于谨慎,往往会引发债务的清偿,这样会产生一系列的连锁反应:债务清偿导致资产以较低的价格出售,从而导致存款货币收缩,引起货币流通速度下降。压低资产价格出售和货币流通速度的下降共同导致产品价格水平下降,货币的购买力上升。在这种情况下,如果没有外源性融资,会导致企业的资产净值下降,加速破产,最终导致企业的利润率降低。处于亏损状态中的企业会减少产出,从而减少雇佣劳动。企业的亏损与失业率的上升会引发悲观的经济预期,市场信心的丧失导致投资和消费进一步下降,还会增加货币的窖藏行为,导致存款货币流通速度进一步下降。这些变化会导致利率变动的复杂化,出现名义利率下降和真实利率上升。如果用图形来说明这些变化,可简单表示为

债务清偿 $\to v\downarrow \to P\downarrow \to$ 企业资产净值 $\downarrow \to$ 利润率 $\downarrow \to$ 失业率 $\uparrow \to$ 市场悲观预期 $\to v$ 进一步 $\downarrow \to r \begin{cases} 名义利率\downarrow \\ 实际利率\uparrow \end{cases}$

费雪的这一理论后来经过沃夫森和明斯基的重新论述、补充和完善，使人们进一步认识到债务—通货紧缩机制的传导效应，认识到银行体系在经济扩张中的作用，以及资产价格与经济崩溃之间的联系，这在一个日益被信贷所主导的经济发展中具有重要的作用。"债务—通缩理论"反映了债务扩张与通货紧缩之间的相互作用，过度负债引起了通货紧缩，但通货紧缩提高了货币的实际价值，从而使真实的债务规模增大了，因此出现一种悖论：减少债务负担的努力反而增加了债务负担。

从实质而言，无论是"李嘉图等价"还是费雪的"通货—紧缩理论"，都暗含了两种假设前提：一是以微观经济为基础，产业自身积累占主要部分；二是坚持古典二分法，货币是中性的。其实这两个前提在20世纪60年代以后就逐渐发生了变化：资本积累不再取决于产业自身，而是越来越多的来源于金融市场；货币市场和商品市场之间的相互作用日益加强，事实上，由于资源、技术和制度等因素的相对稳定性，产量日益取决于投资规模，而投资规模更多受制于货币因素。因此，古典二分法所主张的货币中性越来越脱离现实。货币学派的代表人物米尔顿·弗里德曼和安娜·施瓦茨在合著的《美国货币史(1867—1960)》一书中，以美国近一个世纪以来的货币存量对政治、经济的变化进行了实证研究，发现货币存量与实际收入或商业活动的周期变动存在紧密关系，与名义收入和价格水平的变动也关系密切。而且在每一次严重的经济衰退时期，都伴随着明显的货币存量下降，尤其是在1929～1933年的大危机中，货币存量的下降幅度最大。当然，这种货币存量并非指绝对量上的减少，而是其增长速度小于扩张时期的增长速度。[①] 因此，货币并不是中性的，用古典二分法来分析产业循环显然忽略了货币的信用创造对经济运行方式的改变。事实上，用增加货币量的办法防止经济衰退是之后政府的常用调控手段，而企业用增加负债的办法缓解经济压力也被现代企业管理制度认为是一种良策，其最终的结果是增加了全社会的杠杆率。

[①] 米尔顿·弗里德曼,安娜·J.施瓦茨. 美国货币史(1867—1960)[M]. 巴曙松,王劲松,等,译. 北京：北京大学出版社,2009：483.

在费雪的"债务—通货紧缩理论"中，其他所有变量的变动都源自于价格水平的下降。如果过度负债没有引起价格水平的下降，也就是说价格下降趋势受到信贷资金的支持而未出现变化，则最终的循环波动将会是复杂的。这并不是说"通货—紧缩理论"是错误的，相反它曾经解释了资本主义经济历史上的多次危机，也正是这一理论在当时的科学性，才推动了经济学家去研究避免出现这一后果的方法。因此，理论总是带有特定的历史性，时代发生变化，那么理论是需要发展的。自凯恩斯的国家干预经济学说提出后，为避免自由主义市场经济在经济下行时导致衰退的严重后果，通常用扩张货币的办法予以解决。即用增加货币量的办法从初始点上改变货币量与产品价格之间的传导链条。具体而言，即为了避免出现经济衰退，债务到期后，如果企业（或政府）不足以清偿全部债务，那么以再次提供信用的方式，防止企业到市场上集中抛售商品，引起产品价格下降。这意味着，企业的债务到期并不一定会出现商品价格下降的结果。由于新信用的续入，企业不会面临破产威胁，从而不会减少产出水平，也不会减少劳动量，引发失业率上升的社会后果。但这也导致商品价格总水平不会下降，失衡的经济结构没有得到矫正。落后产能、过剩产能没有被淘汰掉，使生产效率没有得到提高。但是大量的货币要寻求增殖，实体经济的生产率没有得到提高，资本会转而进入投机渠道进行炒作，导致股票价格飙升和房地产价格的疯狂上涨。政府由此陷入"囚徒的困境"，在避免"债务—通缩"循环与资产价格泡沫之间难以选择。一方面是对经济衰退的担忧，另一方面是通货膨胀。这将是后面两章要论述的内容。

第三节　信贷扩张背景下复杂而不稳定的经济结构

信贷扩张改变了经济的运行规则，建构了虚拟而复杂的经济结构，导致经济具有极强的脆弱性。"金融结构决定了资本主义经济兼具适应性和不稳定性。"[①]明斯基在20世纪50年代指出了金融主导下资本主义经济的特性,提出了"金融不稳定性假说",也是较早将融资结构作为经济模型的内生变量予以考查的经济学家。通过"二价制"和"投资的融资理论和投资周期理论",揭示了融资者关于提高杠杆比率并取得更多投资性融资的欲求会提高系统性风险。"稳定中内含着不稳定",当经济处于强劲、稳定的经济增长时,已经为危机埋下了隐患,这源于企业运转方式的债务特性。本章主要是通过明斯基关于"金融不稳定性假说"的理论,来说明信贷扩张所构建的经济结构何以具有不稳定性。

一、明斯基的金融不稳定性假说概述

海曼·明斯基将金融看作经济的内生变量,这是马克思主义理论之前未曾关注的。金融危机是资本主义经济本质上所固有的,经济不会走向稳定的均衡。这是因为,经济在繁荣的过程中就埋下了危机的隐患。虽然主流经济学在分析经济周期时提出了经济会在繁荣、萧条、衰退和复苏四个阶段中循环,但并不认为经济危机是资本主义所固有的,也没有从融资结构的改变来讨论经济危机的形成。新古典经济理论信奉自由市场,并没有把金融作为强大的外部干预者予以考虑,而是认为是自由市场的结果。在金融对经济越来越居于主导地位的背景下,明斯基的"金融不稳定性假说"填补了这一空白。

明斯基认为融资结构的变化会导致经济危机,这源于投机性投资的份额在融资结构中所占的比重上升。以现金流对债务的关系为标准,金融结构可分为三种基本形式:第一种是对冲融资(hedge financing),这是一种传统的融资方式,对负债的偿付最终来自于所投项目未来的现金流,这是一种最安全的融资方式。古典经济学的"货币中性"理论,实质上是以这种融资方式为基础的。第二种是投机性融资(speculative financing),这种融资方式可以保证债务的利息从未来的现金流中得到偿付,

---

① L.兰德尔·雷.下一场全球金融危机的到来[M].张田,等,译.北京:中信出版集团,2016:79.

但本金难以保证偿还。这种融资的后果是支付危机最终会导致发行新的债务,以对旧的债务本金进行融资。这增加了经济的复杂程度。第三种是庞氏融资(ponzi financing),"庞氏"一词来源于20世纪20年代著名投资人Ponzi,通过将金字塔计划销售给不知情的投资者,利用新投资人的钱向老投资者支付利息和短期回报,制造赚钱的假象,从而骗取更多的资金。庞氏金融的特点是没有偿付本金或利息的意图,其对债务的清偿是通过发新债还旧债的方式进行的。

明斯基认为金融具有不稳定性是针对这三种融资结构在投资中所占的比重而言的,其决定性因素是未来债务偿还的现金流是否真实存在。由于投机性融资和庞氏融资不能从投资内部产生足够的现金流以支付债务的本金和利息,它们的方案基本上都是借助于再融资来进行支付。同时,这两种融资方式也代表了未清偿债务的积累。因此,相比较传统的对冲融资,它们在未来的较长时间内会产生相对较低的现金流,为防止未来现金流的降低需要提高资产价格。这是因为当资产价格大幅下降时,这两种融资方式的"收入—债务比率"将会进一步恶化,最终只能通过强制清算和强行平仓的办法予以解决。也即说,投机性融资和庞氏融资的未来现金流并不是来源于所投资的项目本身,而是来源于外部的再融资,这具有很大的不稳定性。因此,明斯基认为,如果对冲融资在经济中占据主导地位,金融危机将不会产生,或者比较温和,容易被控制。"相比之下,投机金融和庞氏金融所占比重越大,经济就越有可能成为一个偏差放大系统。"[1]这是因为,金融结构和金融关系会随着时间的延长而改变。经济在经过一段时间的良好运行之后,会倾向于由对冲金融占主导地位转向投机金融和庞氏金融权重越来越大的结构。资产价格膨胀与投机性金融、庞氏金融相互推动;在通货紧缩的情况下,庞氏金融会丧失净值,用"出售头寸来维持头寸",最终将导致资产价值崩溃。

因此,在明斯基看来,由于资本主义金融系统存在投机性金融和庞氏

---

[1] 海曼·P.明斯基.稳定不稳定的经济[M].石宝峰,等,译.北京:清华大学出版社,2015:185.

金融占据越来越大的比重的趋势，会导致资产价格大幅上升，未来现金流不足最终导致资产价格萎缩而使经济陷入萧条。正是金融结构的这种改变，造成了频繁的资产价格波动，出现"繁荣—萧条"周期。明斯基认为投机性金融和庞氏金融占比较高，导致企业在未来出现现金流不足和债务对现金流的高比率情形，这一后果可以由金融体系内部予以缓解，但会导致金融结构从"强健"变为"脆弱"。事实上，明斯基的结论与经济历史是相符合的，虽然这一理论是20世纪50年代提出来的，但却预告了2008年金融危机的原因。正是由于银行体系不断扩张的信贷最初抑制了次级贷款者的信用危机，但它不断累积的债务最终导致这一体系的崩溃。在一个可持续的循环经济中，投资与收入和充分就业是相互决定的。投资减少，收入和就业就会降低，资产价格也会下跌，甚至可能会发生费雪的"债务通缩"危机——资产价格暴跌，财富缩水，大量银行倒闭的可能性就大大提高了。总之，明斯基认为，金融结构中投机头寸和庞氏头寸的比重增加，塑造了一个脆弱的体系，冲击来自各种可能：比如银行利率上升、贷款者无法按期还款和投机者的投机行为。

如果金融系统中发生了流动性危机和产出能力危机，如何进行控制或解决呢？明斯基认为政府和制度是相当重要的，"大政府"和"大银行"的外部干预是防止经济走向萧条的有效手段。政府可以通过逆经济风向行事——经济繁荣时减少开支，提高税收；经济下滑时加大开支，减少税收。与凯恩斯"相机抉择"的财政政策相类似，他还认为经济衰退时期的政府预算赤字上升是必要的，这种预算赤字对于避免经济衰退演变成经济萧条是至关重要的。中央银行也可以在经济繁荣时限制贷款来进行类似的操作，但考虑到商业银行追逐利润的动机会通过金融创新绕开这些限制，因此，其效果如何明斯基也无法确定。但中央银行的"最后贷款人"角色、窗口指导和再贴现，能够为陷入危机中的金融机构提供流动资金，有效避免金融机构的挤兑。因此，明斯基反对完全自由放任的市场经济，他认为不协调的市场结果是"天然的"，需要进行干预来避免"看不见的手"所指挥不到的地方。尽管主流经济学也认为存在"市场失灵"，但明斯基的提法与之不同,他更强调市场机制所带来的负面效应。

二、对新古典经济学均衡理论的否定:二价制

明斯基认为在资本主义经济中存在两套价格体系:一套是为当前产出服务,另一套是为资本资产服务。价格的这两种性质是凯恩斯最早提出来的。对价格的这种分析是为了说明货币并非古典经济学家长期以来所坚持认为的"中性"论,它是非中性的,至少货币的名义价格是这样的。而这正是信贷资金对经济结构所产生的影响。这源于企业经营方式所发生的改变,明斯基认为资本主义经济是以一系列相关的资产负债表和损益表为原则的。其中资产负债表中的负债是指按要求的付款、应急支付或者在特定日期的付款承诺。资本主义经济具有连续投资的特性,为投资进行融资就产生了货币支付承诺,也就是合同约定的现金流。这导致投资目的发生了改变,即投资的目的和结果不仅仅是单纯的资本积累,还要保证企业能够对银行履行还本付息。明斯基认为与现金流相关的融资票据已经融入新古典经济学关于生产、消费和投资的真实世界,这对经济行为产生了融资和"真实"的双重影响。因此,价格不仅要实现传统意义上的资源配置和产出分配功能,还要具备与金融有关的其他四个目标:(1)产生盈余;(2)收入由资本资产创造(也就是利润);(3)资本资产的市场价格与能成为资本资产产出的当前生产成本相一致;(4)企业债务的责任能够被履行。[①] 这就意味着,价格除了执行传统功能,还必须包含与取得资本资产所需的现金流、金融体系和经济中的企业类型联系起来。价格所带来的现金流在金融的参与下产生了新的职能——偿还债务、投资与再融资。

这两套价格体系又衍生出一个新的问题——是什么决定了利润?关于利润的来源问题,马克思认为利润来源于工人的劳动,这是一种本原性的解释。按照现代会计原理,一般认为是收入减去成本的差,这并未考虑

[①] 海曼·P.明斯基.稳定不稳定的经济[M].石宝峰,等,译.北京:清华大学出版社,2015:126.

金融参与的情况。在经济实务中,利润的源流是怎样循环的呢,特别是在信贷和其他债务支配现代经济的条件下?明斯基对利润的考虑是基于未来现金流和负债率。在资本主义经济运行中,当前产出价格和资本资产价格存在如下关系:当资本资产的价格水平相对于当前产出的价格水平较高时,经济环境就有利于投资;当资本资产的价格水平相对于当前产出的价格水平较低时,经济环境就不利于投资,这预示了经济的衰退或者萧条。这两个价格水平的交替产生了经济周期,经济政策的核心是稳定经济,让两个价格达到合理水平以保证合适数量的投资,那么就要求两个价格水平要实现和期望的利润流足够大,使得资本资产价格高于投资产出的供给价格。对于投资与利润之间的关系,新古典经济学长期以来信奉"利润=投资"的恒等式,它的前提是生产消费品的工人和生产投资品的工人将自己的工资用于购买消费品。所有工资收入都被用于消费品支出,而没有任何利润收入用于消费支出。对由技术决定的直接劳动力成本实现的加价数额(总的看就是利润),加上生产和分配消费品而产生的材料成本,等于用于生产投资品的劳动力成本。由于生产投资品会产生利润,来自投资的总收入就可分为工资和利润,而总利润等于所发生的投资。这在简单的经济体系中是合适的。

但如果是在复杂的经济体系中,考虑到给国家提供服务、政府的转移支付、管理者和工人的薪水以及资产性收入(股息和利息),都将用于购买消费品并产生利润,那么"利润=投资"恒等式就需要修正。对于一个持续经营的企业而言,价格必须高于随产量变化的单位产品投入的成本。因为这些成本是通过收入超过付现成本的部分进行融资得到的,包括资本资产服务的价格和管理者工资。因此,收入必须包含需要偿还的债务。明斯基在《稳定与不稳定的经济》中有详细说明。

新古典经济学用生产函数来推导相对价格和收入分配的技术理论,虽然可以探寻出资本资产(如工厂和设备)给定情况下的付现成本和产出之间的关系,但不会推出相对价格和收入分配的技术理论。在资本资产给定的情况下,资产收入取决于由总需求决定的生产资料的稀缺性,而不是取决于生产的技术条件。在企业的成本中,不仅仅有生产行为,还有管理、销售等辅助行为。在技术决定的工资收入中,管理和辅助服务的工资比重越大,相对于技术决定的生产成本单位产出,其需求价格越高。对每单位产出而言,如果管理和辅助生产方面的工资与由技术决定的工资之间的比率越高,那么每一产出水平下的利润和产品价格都会比没有管理和辅助生产费用的情况要高。管理和辅助生产人员的工资和薪水是被作为盈余来分配的,但这些服务的购买成本需要企业用价格来购买。这些人员的收入越高,储蓄也会增加,那么资本家所获得的现金流就会越少。而现金流决定着对未来利润的预期,并且是提供引致投资的诱因,现金流减少必然会减少企业的投资。但在实际经济运行中,这一理由很少会使企业减少投资,原因在于外源性融资的存在——银行贷款。新古典经济学之所以没有考虑这一银行贷款的影响原因在于自由的市场经济是新古典经济学的基石,企业的投资行为是独立自主的,不认为银行在资本控制中居于支配地位。因此,新古典经济学的均衡理论受到了日益复杂的经济体系的挑战。

银行贷款允许企业在没有充足的当前利润的情况下履行偿还承诺,在缺乏足够的现金流的情况下保证还款。但此时的商品价格就不仅仅是对应的产品成本,还包含了债务的偿付。

三、危机是如何在投资和融资循环中被积累的?

金融市场的发展决定着企业的投融资活动,"经济的稳定性取决于投资的方式和为资本资产头寸融资的方式。不稳定性取决于系统的内部而非外部机制;我们的经济之所以不稳定,不是因为它受到了石油、战争或货币的意外冲击,而是由于其本质属性"[1]。在投资和融资循环中积累风险,是复杂的货币金融制度在当代经济运行模式中的必然结果。在产业革命时期,古典经济学家坚持"货币中性论"是因为产业资本将金融所产

---

[1] 海曼·P.明斯基.稳定不稳定的经济[M].石宝峰,等,译.北京:清华大学出版社,2015:152.

生的资本纳入其运行的逻辑中。但生活在当代经济语境中的经济学家,很难坚持绝对的"货币中性论",这是因为当代经济实际上是金融经济,金融逻辑主导了产业逻辑。投资是资本主义经济最本质的决定因素,但投资必须进行融资,获得资本资产的所有权也必须进行融资。这与早期资本家通过勤俭节约进行再投资的方式已有根本性的区别,马克思早就看到:"一方面,产业资本家的资本不是他自己'节约'的,他不过是按照他的资本量支配他人节约的东西;另一方面,货币资本家把他人节约下来的东西变成他自己的资本,并且把进行再生产的资本家们互相提供的和公众提供给他们的信贷,变成他私人发财致富的源泉。于是,认为资本似乎是本人劳动和节约的果实这样一种资本主义制度的最后幻想,也就破灭了。"①

融资条款影响着资本资产的价格、投资的有效需求和投资性产出的供给价格。因此,投资和融资已经成为资本主义经济运行的两根支柱。投资的目的是预期未来的收入能超过当前或付现成本,超过成本的收入被用作资本资产,并成为投资收益。明斯基认为一项投资就类似于一个债券,是用今天的货币换取未来货币的过程。投资可能耗资巨大、周期很长,但如果是生产投资性产出的工人和为投资性产出融资的债务工具的所有者,必须在项目完工前就获得报酬。那么就需要企业为此制定一个投资性产出融资的方案,"投资决策——获得资本资产的决策——从来都是关于债务结构的决策。"②

明斯基认为金融不稳定假设有两个基本命题:一是资本主义市场机制不能产生持续的、价格稳定的以及充分就业的均衡。二是严重的经济周期是源于对资本主义至关重要的金融的内在特性。在金融经济中,能对投资及其后果产生放大效应的是复杂的金融系统。首先投资是一个被金融化了的行为。资本资产的生产是投资,资本资产能够在未来产生现

---

① 马克思. 资本论[M]. 北京:人民出版社,2004,3:574.
② 海曼·P. 明斯基. 稳定不稳定的经济[M]. 石宝峰,等,译. 北京:清华大学出版社,2015:152.

金流,能够被交易,还可以用做抵押。由抵押生产工具或未来收入而创造出来的金融工具也可以进行交易。因此,资本资产的预期收入决定了当下投资的价值和购买者愿意为此支付的价格。由此,资本资产的未来收入就能够以债务(或债券)的形式在经济中进行交易,资本资产的收入也将会在债券所有者和剩余所有者之间进行分配。资本和金融资产的价格取决于它们预期产生的现金流和资本化率,而这取决于预期利润。其次,投机性因素将会随之而起。在一个能够为资本和金融资产头寸进行债务性融资的经济中,由于对头寸的债务性融资的使用程度和金融工具,反映了企业主和银行家就未来现金流和金融市场状况进行投机的意愿,而充分就业这个宏观目标往往是从事微观经济活动的企业家所未加考虑的。因此被鼓舞的企业家和银行家都倾向于进行更大规模的债务融资,最后超过经济所能容忍的充分就业状态。债务结构和新型金融资产的投机将共同推动经济走向繁荣,走向通货膨胀,最后走向金融危机。

在企业投资过程中,内部融资是不能完全满足需要的,如何获得外部融资对企业至关重要。但这里需要考虑的一个重要问题是资金的时间配置。生产性融资是典型的短期融资,多体现为银行借款,这与企业的长期投资需求是存在矛盾的。因而要综合考虑企业的内部资金(总的留存收益)和外部资金(债券或股票的发行)的可利用情况。这决定了投资决策中的不确定因素不是投资能否取得专家所预测的业绩,而是投资所需要的内部融资与外部融资的比例,这个比例又取决于利润流能在多大程度上给投资品提供融资。凯恩斯认为我们经济的特点是一个基于安全边际进行借贷活动的系统。那么,这个"安全边际"的界定是随着时间而改变的,如果清偿债务容易,债务性融资比例将会提高。反之,债务不易被偿还,那么可接受的债务比例就会下降。对融资的看法反映了银行家和商人对他们所面临的不确定性的态度,这种态度通常会结合当前和过去的经验转化为对未来的预期。过去经济成功,银行和企业会倾向于降低安全边际,促使投资增加;过去经济失败,将会倾向于提高安全边际,促使投资减少。

企业进入投资通道以后,将提高对银行的依赖程度。银行所提供的融资主要是短期的,由于前期投资只是处于变成资本资产的过程中,所以在完全变成资本资产之前是没有价值的,反而使融资需求呈现刚性。而对于银行而言,随着这类投资的不断增加,银行面临股本约束、银行准备金的内部和外部流失,以及中央银行基于经济调控的需要提高利率等行为,将导致银行的融资供给缺乏弹性。短期利率将会迅速提高,而这会导致投资品的价格升高。在现代股票市场中,短期融资用于为股权和债券的头寸融资,短期利率提高会导致长期利率升高,同时股票和债券价格下降。而资本资产的需求价格则会随着长期利率的提高而下降,投资产出的供给价格随着长期利率的提高而上涨,将会缩小引致投资需求的价格差。如果利率提高到极端水平,那么投资品的现值将会低于当前产出的投资品的供给价格,这将会导致投资活动停止,甚至正在进行的投资项目都会被放弃。资本资产的需求价格和投资品的供给价格之间的差额与利率变化方向相反,利率降低,这两种价格之间的差额就比较大,进行引致投资和融资的意愿就比较强。

金融市场成为投资决定的一部分使经济充满了强大的内在不稳定性。明斯基认为金融结构从"强健"变为"脆弱"是通过金融创新进行的,这是基于他的现金流理论。明斯基认为现金流可以分为收入现金流、资产负债表现金流和投资组合现金流三种类型。收入现金流来自生产过程,包括公共部门和私人部门的工资和薪金、生产和交易各个阶段产生的支付,以及税后总利润。现金流还受到现存和已有债务的影响,通过阅读债务工具的相关合同而确立,这是资产负债表现金流。金融工具的久期越短,资产负债表现金流就越多。投资组合现金流是资本和金融资产不断换手的结果,这些现金流是购买或出售资产,或者增加新负债的决策结果。收入现金流是资产负债表现金流和投资组合现金流与存在的基础。如果已实现的和预期的现金流足以满足一个主体应偿债务的所有支付承诺,则属于对冲型融资。然而,一个主体的资产负债表现金流可能会大于预期收入,那么就会导致延缓付款或再次增加债务。这将会出现两种情况;延缓付款的主体将会积极寻找投机性融资机会;增加债务的主体将会着力于庞氏融资。那么它们与现金流就会出现一个因果关系:追求投机性融资和庞氏融资的主体需要进行投资组合交易(如出售资产或债务)以履行它们的支付承诺。因此,收入现金流、资产负债表现金流和投资组合现金流的相对权重,决定了金融系统的风险性。收入现金流占比较高,金融体系是比较稳健的;资产负债表现金流和投资组合现金流占比较高,金融体系是脆弱的。

第四节 信贷扩张的社会后果及其批判

信奉自由主义市场经济的奥地利学派反对各种形式的干预,其中政府和银行是他们关注的重点。穆瑞·罗斯巴德说:"从历史上看,繁荣为何持续几年,是什么推迟了复苏的过程? 答案是:因为从信贷扩张注入、银行进一步注射更多的剂量起,繁荣便开始逐渐消失。简言之,避免萧条性调整过程的唯一方式是继续增加货币和信贷。因为,只有在信贷市场上继续注入新的货币,才会使繁荣继续下去,使新的生产阶段有利可图。此外,只有不断增加剂量才能加速繁荣,才能进一步降低利率,并扩大生产结构,因为,当价格上涨时,需要越来越多的货币来完成同样数量的工作……但有一点很清楚,通过剂量越来越大的信贷扩张来延长繁荣只会有一个结构:随后不可避免的萧条将变得更漫长、更严酷。"[1]信贷扩张具有不可逆性,依靠信贷扩张维持经济增长将会导致信贷扩张的激进化。经济增长不再依赖于产业自身的发展,而是取决于新增贷款的数量,这必将导致信贷扩张的螺旋式增长。通常情况下,没有实际生产支撑的大量货币,会出现通货膨胀和失业并存的"滞胀"。

---

[1] 穆雷·N.罗斯巴德.人、经济和国家[M].董子云,等,译.杭州:浙江大学出版社,2015:152.

一、信贷扩张背景下的经济周期

古典经济学家普遍认为不存在经济周期。亚当·斯密曾经说过:"在不同商人之间流通的商品,其价值绝不可能超过在商人与消费者之间流通的商品;商人买下的任何东西,最终注定要卖给消费者。"[①]在古典经济学的视阈中,经济不会发生生产过剩的经济危机,这一说法的代表是"供给会自动创造自己的需求"(萨伊定律)。生产者进行生产的目的是消费,每一件生产着的物品都有使用的对象,市场是完美的,市场主体是理性的,依靠价格的导向作用,需求和供给可以在动态调整中趋向均衡,这是古典经济信奉的法则。

现代经济学普遍认为存在经济周期。按照时间来划分,经济周期可分为短周期、中周期和长周期三种类型。短周期一般是3~4年,被称为基钦周期,是由英国经济学家基钦命名的;中周期为9~10年,也被称为朱格拉周期,是由法国经济学家朱格拉提出来的,主要是以国民收入、失业率以及相关的生产、利润和价格的波动为特征的;长周期为50~60年,被称为康德拉季耶夫周期,是以俄国经济学家康德拉季耶夫命名的。对于经济周期的原因,马克思认为经济周期内含于资本主义制度当中,是无法避免的。他从生产关系和资本逻辑的角度出发,认为资本的扩张本性导致对生态环境和人的无度压榨与剥夺,使得资本积累最终成为"贫困的积累"。哈耶克与马克思持有类似的观点,认为经济周期内含于资本主义经济制度当中,是无法避免的。但哈耶克认为,经济周期产生的原因是银行的信贷扩张,只要将银行信贷作为促进经济发展的手段,必然会出现以信贷为结果的商业周期。熊彼特认为是由创新和信用引起的,企业创新对生产要素的重组使得货币需求增加,引起银行信用的扩张和对生产资料的需要增加,经济一路高涨。随着创新在全社会的扩展,市场竞争导致产品价格下降,盈利空间缩小,银行开始收缩信用,经济由繁荣转向衰退。

---

① 亚当·斯密. 国富论[M]. 郭大力,王亚南,译. 北京:商务印书馆,2016:232.

由此可以看出，在熊彼特的理论中，创新引起了银行的信用扩张与收缩，产生了经济周期。也即说，经济周期的直接原因是银行信贷。这与明斯基的观点相近，明斯基更进一步提出是投机性融资和庞氏融资占比较高所导致的现金流不足和负债率过高。

用银行信贷作为促进经济发展的手段将会导致经济的非正常发展，一方面是飞速的经济增长速度，另一方面是银行信贷的大量投放所导致的原材料价格上涨、工资上涨和资产价格泡沫。经济在繁荣与衰退之间交替进行，这是信贷经济条件下的经济周期。银行的信用作为一种外部干预力量，破坏了经济的自我调节功能。信贷扩张最终改变了生产结构，使其原本可以延长与拓宽的结构链条缩短了。在没有信贷参与的情况下，企业的错误计算在会计利润下降的现实中得以矫正，资本短缺迫使企业改变之前的错误投资，从而放弃对资本品的大量投资，转而投资离最终消费品较近的生产。信用货币的大量创造，导致投资错配，出现流动性过剩，从而导致原材料价格上涨、消费品价格上涨和工资率上升，经济出现"滞胀"。为避免陷入萧条，又重新启动新一轮的信贷扩张。但这只是从时间上延缓了经济危机到来的时间，不会从根本上消除经济危机爆发的原因。信贷扩张会进一步加剧最终消费品价格的上涨，市场上的总供给量并不会增加，反而出现减少，出现"信贷扩张—价格上涨"螺旋。经济反复出现"繁荣—衰退"的经济周期，它是由信用创造所导致的投资错配引起的，简单的刺激消费并不能解决这一问题，反而会火上浇油。这也是资本主义在20世纪60年代以后，凯恩斯主义在经济发展中失效的原因所在。

根据德索托的研究，工业革命之后的经济危机都与信贷扩张有关，19世纪的经济周期都是在银行信贷的推动下反复出现繁荣与萧条的交替。在那个时期正是资本主义工业革命如火如荼地进行的时期，银行信贷的杠杆性力量有利于企业家进行大规模的资本密集型投资。在这一时期由于资金充裕，棉纺工业、铁路、钢铁和煤炭工业得到了飞速发展，蒸汽动力作为一种新能源也被开发出来了。伴随着信贷扩张和金融市场的大规模参与,在反反复复的经济危机中,生产力进步了。到19世纪末,电力、电话、造船和地铁等新经济也蓬勃发展开来,汽车工业也得到了发展。整个19世纪呈现出银行信贷和工业发展相互支持的图景,但经济危机的发生也是频繁的,几乎每隔十年就会发生一次,交替出现着"繁荣—衰退"的经济周期。20世纪30年代,一场规模空前的经济大危机席卷了整个资本主义世界,股市崩溃,失业剧增,生产停顿,在历史上被称为"大萧条"。根据经济学家的考证,这次大萧条的起因正是信贷扩张。本杰明·安德森认为:"在1922年中期至1928年4月,没有需要,没有理由,我们轻松愉快地、不负责任地把银行信贷扩大了两倍以上,在接下来的那些年里,我们为此付出了可怕的代价。"①罗斯巴德也估算,美国的货币供给从1921年的370亿美元增长到了1929年1月的逾550亿美元。货币数量的大规模扩张,一方面流进了股市助长了股市的非理性繁荣,另一方面扭曲了企业的投资,这些错误最终在经济危机中得以矫正。

　　整个19世纪,经济危机持续不断,一直持续到20世纪30年代的大萧条。从根源上看,是信贷扩张导致投资错配所致,但另一方面经济周期之所以如此频繁,还在于货币制度。当时的金本位制实际上限制了信用货币的无限量发行,也即不能像现在一样用货币解决制度问题。当经济出现衰退,不能大肆用扩张货币的办法进行挽救。加之在20世纪30年代之前,是自由主义经济学思想占据主导地位,无论是经济学家还是政治家,都认为自由放任的市场是最有效的市场。在不存在政府干预的情况下,银行信贷(信用创造的派生货币)作为一种外部性力量干预市场经济运行极易导致经济的失衡。工业发展是资本密集型行业,银行的杠杆性力量对这些行业的发展是有利的,但这里存在一个"度"的问题。没有储蓄支持的信用放款通常会以较低利率的形式渗入企业中,但自然利率随着资金需求量的增大最终会上升到正常水平。实际利率上升会导致资本品的投入出现资金短缺。由于在金本位制度下,货币的发行要受到黄金

---

① 转引自赫苏斯·韦尔塔·德索托. 货币、银行信贷与经济周期[M]. 秦传安,译. 上海:上海财经大学出版社,2016:339.

储备的制约,不能完全根据市场需要进行调节。因此,当出现市场衰退信号时,不能像现在一样激进地用扩大货币发行量的办法进行挽救,最后只能通过痛苦的经济调整,重新洗牌,以出现经济危机为代价消除过剩投资。

20世纪30年代的大萧条虽然重创了经济发展,但换来了货币制度的改革,以防止出现"多米诺骨牌"的连锁效应。其中包括赋予中央银行"最后贷款人"的角色和建立存款保险制度,以避免经济出现系统性崩溃。反观19世纪的经济危机,所存在的共性是银行一旦出现危机,会导致客户挤兑,而客户对银行的挤兑又会进一步加剧银行业的危机。通常是一家或几家银行出现危机,诱发客户对整个银行业的挤兑,扩大了危机的影响面。而银行一旦破产,客户的存款也就被损失了,客户财产的损失降低了市场购买力,最终降低了消费能力,这一系列行为对经济发展发挥了反向的反馈作用。而中央银行"最后贷款人"的作用,能够对出现危机的银行及时进行融资,"精准救助",防止银行倒闭发生系统性危机所引发的集体恐慌。

另外一个是存款保险制度的产生。它保障的是储户的资金安全,是在银行倒闭以后,由第三方的保险公司来赔偿储户的存款损失,一方面保护了市场购买力,不会对最终消费产生重大打击;另一方面也防止出现由于储户对银行挤兑所诱发的银行破产。这两大改革虽然有利于经济稳定,在防止经济出现大面积崩溃方面具有重要意义。但这两种制度对经济的作用从长远来看具有两面性。中央银行的"最后贷款人"制度极易滋生道德风险,助长银行在信贷扩张上的不审慎,加大了银行业对经济的钳制程度。中央银行经常通过再贴现、法定存款准备金率和公开市场业务对经济进行宏观调控,这也意味着在经济发展权力方面,中央银行成为新的垄断者,资本主义市场经济已不再是真正的自由主义市场经济。

20世纪60年代资本主义经济在保持了15年左右的繁荣之后陷入新的危机。所不同的是,这次危机并没有出现毁灭性的萧条,而是物价上涨和失业率上升并存的"滞胀"。很多经济学家认为是凯恩斯主义的政府干预政策导致了这一危机,但具体而言还在于信贷。凯恩斯认为银行信贷对总投资不存在扩张效应,他曾经说过:"我们必须照顾到债务的形成和偿付(还包括信贷或货币数量的改变);但由于就整个社会而言,债权数量的增加或减少总是必然等于债务数量的增加或减少,所以当我们涉及的是总投资时,这一信用或货币的复杂之处会相互抵消……通俗意义的总投资与我的净投资的定义完全一致,即一切种类的资本设备的净增加额。"[1]因此,他并不赞成以银行放贷的方式增加投资。在会计报表上,凯恩斯的这一说法是正确的,因为有债务必然有债权,二者是相对应的。如果不存在现金形式的支取,这是一个恒等式,比如在电子计算机充分发达的条件下,支付款全都用电子转账进行(不考虑其他条件,仅就银行与客户之间的债权债务而言)。但如果有现金从银行账户中流出,就会发生虚拟货币与实际货币之间的冲突,在银行派生货币过程中,客户从一家银行接受了一笔贷款,他将因为这笔贷款而成为银行的债务人,但他将贷款存在银行的同时又成为银行的债权人。按照德索托的说法,借款人欠银行的债务并不是货币,但他收到的付款是一个活期存款账户,这明显是货币。[2]

事实上,在凯恩斯主义经济学中,投资和储蓄是相对应的一对概念。他始终认为投资应该来源于储蓄,这在其利率决定理论中可见一斑。在这一点上,凯恩斯与古典经济学家是一致的,他并不主张依赖金融体系获得经济增长。因此,他非常注重财政收入平衡,但较之传统经济理论,他更为注重灵活的财政政策,主张"相机抉择的财政政策"。凯恩斯主义之所以导致信贷扩张的"滞胀"后果,在于他对储蓄概念的认定遮蔽了信贷扩张对投资的扭曲性影响。对于由新增贷款创造出来的货币,他是这样认为的,"源于这一储蓄就像其他储蓄一样真实。没有人可以被强迫持有

---

[1] 约翰·梅纳德·凯恩斯. 就业、利息和货币通论[M]. 高鸿业,译. 北京:商务印书馆,2009:83.
[2] 赫苏斯·韦尔塔·德索托. 货币、银行信贷与经济周期[M]. 秦传安,译. 北京:上海财经大学出版社,2016:379.

对应于银行新增信贷的额外货币,除非他故意选择持有更多货币,而不是其他形式的财富。"①由此可见,凯恩斯坚持认为在居民部门中,货币只有两种用途:要么被用于购买消费品,要么被储蓄起来;凡没有被购买商品的货币,那一定是被储蓄起来了。因此,凯恩斯认为投资是由储蓄支撑的,不会产生信贷扩张的经济后果。但事实上,随后经济活动出现了新的内容,尤其是在20世纪70年代以后,金融机构更为多元化,商业银行出现了"脱媒"现象,居民的剩余资金并不转化为储蓄,而是购买股票、基金、债券以及其他金融产品。商业银行的业务也发生了转向,从传统的存贷业务向金融市场的投资业务转移。商业银行、投资银行、其他影子银行之间相互提供融资,在没有储蓄的支撑下也可以进行扩张。

经济实践证明,凯恩斯将信用创造出来的货币等同于储蓄(没有被消费掉的部分),而将投资建立在这样一种储蓄基础上的理论实际上只适合于金融行为不复杂的情况下,商品的价格信号可以完全发挥指示作用。在金融化时期,金融所带来的经济虚拟化不需要克制当前消费也可以增加投资所需要的货币量,误导了企业家的行为决策。在微观经济领域,正是企业家行为构成了市场自发调节的中轴,企业家集体性的判断失误是引导经济走向衰退的内在原因。凯恩斯主义实际上仍然带来了这一后果,资本短缺被银行扩张所创造的信用暂时弥补了,使企业家将大量资本用于资本密集型行业。投资失衡不能通过经济危机的形式得以矫正,从而出现了消费品价格上涨、资产价格上涨、劳动力价格上涨和失业率上涨的"滞胀"。在这种情况下,用增加市场有效需求(刺激消费)的凯恩斯主义政策是解决不了的。

三、信贷扩张导致财富分配的"马太效应"

托马斯·皮凯蒂在《21世纪资本论》中提到,由于资本的收益率大于经济增长率,导致财富分配的两极分化越来越严重,从而把金融化背景下

---

① 约翰·梅纳德·凯恩斯. 就业、利息和货币通论[M]. 高鸿业,译. 北京:商务印书馆,2009:87.

的财富分配问题提上了正式的讨论层面。信贷的激进化能够产生财富的重新分配效应,通常会导致资本所有者越来越富,而劳动者越来越贫困的后果。信贷扩张所导致的经济危机与通货膨胀的成本共担,损害了低收入阶层的利益。信贷扩张中资本的虚拟积累规模日益庞大,它们不创造剩余价值,却在分割剩余价值。"钱生钱"的财富获取方式,模糊了分配领域中的"责、权、义"关系,收入所得与劳动付出严重不匹配。更为重要的是,信贷扩张下的财富再分配具有较大的隐蔽性,它并不以严重的阶级冲突为表现形式,而是一种名义财富增长实际财富缩水的温和状态,从而使得对财富分配的探讨缺乏广泛的社会基础。

信贷扩张导致经济关系不平等,银行在资金配置上天然具有"嫌贫爱富"的倾向:由于风险的存在,通常偏爱大企业和富裕阶层,而对中小企业和贫困家庭设置融资限制,使得社会成员在使用金融资源的机会上是不平等的。这是因为,中小企业和贫困家庭的资金需求具有规模小、交易频繁、期限短的特点,此外缺乏必要的担保品,使得金融机构的这类服务成本高、收益低、风险大,尽可能将这些需求排除在服务范围之外是金融机构的理性选择。由此导致财富实力强的人更容易得到金融支持,而真正需要金融支持的人则很难从正规金融渠道融到资金,产生贫富分化的"马太效应"。这种效应还存在于发达地区与落后地区、富人与穷人之间。在开放的金融市场中,金融资源的配置存在落后地区向发达地区转移,穷人向富人转移的情况。但另一方面,如果改变银行的"嫌贫爱富"本性,则属于违背金融规律,也会带来灾难性的后果。发生于美国2008年的金融危机,根源就是对没有偿还能力的人放贷,为转移风险而层层开发金融衍生产品造成的。

银行业具有积聚社会闲散资金的功能,这是其他机构所不具备的,但也极易成为资本的垄断者。能够调控银行业的是中央银行,而中央银行通常要兼顾政府发展经济的目标,结果就是政府通过银行业干预宏观经济运行。尤其在不发达国家或地区,这一干预更为严重,通过制造资源配置的不平等来实现少数集团或内部人的利益。比如,银行以极低的市场利率将资金贷给效率较低的企业,这些贷款大多数难以收回,背负高额不良资产的银行只能依赖政府支持,消耗的是政府的财政收入。或者通过金融市场,分摊给全社会。这不仅在资源配置中是不公平的,而且将成本转嫁给全社会,减少了政府公共支出,最终降低了低收入者的福利,而受惠的是内部人。从而破坏了公平的商业竞争环境,助长权力寻租,滋生腐败。

还有金融危机发生后的社会危机成本共担是导致分配正义面临困境的另一个主要方面。正义论的代表人物罗尔斯承认收入分配存在不平等的合理性,它的差别原则体现了怎样的不平等才是符合正义的:"社会和经济的不平等应这样安排,使它们(1)适合于最少受惠者的最大利益;(2)依系于在机会公平平等的条件下职务和地位向所有人开放。"[①]这个原则的核心旨在说明社会需要帮助和支持社会上的弱势群体,一种正义的制度应该改善这些人的不利处境。"作为公平的正义"应该能够做到改善"地位最不利者"的处境,对弱势群体进行救济是分配正义的基本要求[②]。然而,金融危机损害的正是大多数低收入者和社会上的弱势群体的利益,虽然富裕阶层的人也会受到损失,但对社会底层的影响是最大的。首先,金融危机会引起经济衰退,生产收缩首当其冲的是那些低素质和低技能的劳动者,收入减少又无法利用金融市场的资金进行缓解,因而会陷入绝对贫困。其次,公共支出减少,福利降低。危机爆发,政府会减少对教育尤其是农村教育和卫生保健方面的支出,而这些对低收入阶层的人群影响最大。金融危机还在责任与权利的分担方面存在不对等。按照柯亨的观点,分配正义的核心在于利益与负担之间的合理分担。金融危机通常由少数人的极度贪婪而引起,他们享有高工资和充足的金融资源,利用金融工具转移来自实体经济部门的财富,但最终却由全社会承担了危机所带来的成本,"占领华尔街"运动就是民众对这一现象的反抗。尤其是那些生活在社会底层的民众,通常被拒斥在金融服务之外,却承担了金融危

[①] 约翰·罗尔斯.正义论[M].何怀宏,等,译.北京:中国社会科学出版社,2001:83~84.
[②] 姜涌.分配正义的规范与限制[J].广东社会科学,2013(6).

机的成本。

　　资本在虚拟经济中的扩张无需经过生产过程,资本回报率的增长大大快于实体经济部门,致使虚拟资产呈几何级数增长。严重脱离经济现实的金融资产膨胀,会加重商业社会的负担,导致货币贬值,物价上涨,从而引发通货膨胀。通货膨胀给居民生活带来很大的影响,其本质是对货币资产的强制性征税,降低货币的实际购买力,对社会财富进行再分配。这主要对依靠固定工资、从事实际生产和低收入者群体造成冲击,而对金融行业的参与者则没有影响甚至还会因此受益。因为诸如债券、股票和房地产等金融资产的价格会随着通货膨胀的上升而上升,它们带有自动补偿差价的功能。而那些除了劳动之外没有其他收入来源的低收入者和领取固定工资的人,由于名义工资不会随物价的变化而快速调整,也无法利用金融资产组合规避通胀风险,而导致其实际工资下降,陷入相对贫困的境地。社会财富在通货膨胀的掩盖下从低收入者转向高收入者手中,导致贫富差距拉大。通货膨胀还会影响国际收支,货币贬值会改变一国的贸易条件,通常会导致贸易部门的产品价格上涨。虽然货币贬值会出现贸易条件改善和贸易条件恶化两种结果,但无论哪一种都会降低低收入者的福利。总体而言,通货膨胀会通过金融转移引起社会财富的再分配,掌握金融资源的人通常会因此受益而穷人受损。即使是在恶性通货膨胀情况下,相比较富人而言,穷人的福利也会受到较高程度的损害。

　　自凯恩斯宏观经济学兴盛以来,国家干预成为经济陷入困境时政府的常用手段。在金融化语境中,政府才是金融机构真正的"最后贷款人",在发生金融危机时实施救助成为政府义不容辞的职责。因为如果政府不干预,将会出现更大范围的经济萧条,这也是凯恩斯经济学之所以在20世纪30年代大危机中战胜新古典经济学的主要理论根据。正是这种看似正当的合理,遮蔽了对正义的反思。政府救助通常采用充实银行资本金、免除债务、提供流动性和降低利率等方式,将坏账冲销掉。然而政府的资金来自税收,这实际上是将金融危机从私人手中转向公众,从而实现成本的社会化,让这些拥有高额收入的金融从业者从自己所犯的错误中解脱出来。然而,从全社会来看,对财富毁灭的担忧遮蔽了对这一问题的反思。其不正义不仅仅表现在金融危机成本的社会共担,还在于政府的公共行为被金融逻辑所钳制,"too big to fail"生动体现了金融权力与政府权力的博弈,政府权力受到金融逻辑的掣肘,削弱了政府的社会权威。在将金融危机的成本转嫁给全社会之后,金融机构的从业者依然享受着高薪,并不承担危机所带来的全部成本。

现代经济离不开金融,它在经济循环体系中发挥着不可替代的作用。然而,要发挥它在社会中的普惠性,根本是让大家都因金融资源的合理配置而受益。正如罗伯特·希勒所说:"金融体系是一项新发明,而塑造这种体系的过程还远没有结束。只有细致入微地引导其发展才能将其成功地引向未来,在这个过程中最重要的是对金融体系进行扩大化、民主化和人性化改造,直到未来某一天我们能够看到各类金融机构在普通民众的生活中更常见,它们产生的影响也更积极。进行这种改造就意味着要赋予普通民众平等参与金融体系改造的权力。"①需要提及的是,金融机构经营的成本约束天然拒绝诸如中小企业和贫困家庭这些真正需要金融支持的人,因为他们缺乏担保而使风险较高。解决这一问题需要金融创新。然而,金融创新具有两面性,当其被少数人所掌控,极易沦为少数人攫取利益的工具。金融创新具有知识和技术上的高深性,一旦服务于个人私利的目的,其破坏作用也是巨大的,这也是普通民众反对金融创新的关键所在。

但从另一方面而言,金融之所以能成为现代经济的核心,根源就在于金融创新,它能够化解经济发展中所固有的限制,让全社会的资金流动起来。因此,希勒认为:"进行金融创新的一个重要前提就是必须服务于保护整个社会的资产这个最根本的目标。"②金融创新具有服务大众的思维,但必须具有纯善的目的才能实现金融民主化,这也是构建普惠金融体系的关键。

---

① 罗伯特·希勒. 金融与好的社会[M]. 束宇,译. 北京:中信出版社,2012:ⅩⅩⅥ.
② 罗伯特.希勒. 金融与好的社会[M]. 束宇,译. 北京:中信出版社,2012:ⅩⅩⅪ.

第五章 "实"与"虚"的张力：金融市场的两面性

资本"脱实向虚"被很多学者认为是金融化的重要表现之一。这种现象的根源在于信贷扩张所导致的金融市场的功能异化，产生了推动实体经济发展与助长虚拟投资（投机）之间的两面性。这背后的推动力来源于信贷扩张。第二次世界大战以后，资本主义国家的高速增长往往伴随着信贷的高速扩张。二者之所以相互促进是因为，一方面经济增长速度足以抵补信贷扩张所产生的压力；另一方面生产力的进步导致大量物质产品的生产，抵消了信贷扩张所可能引发的通货膨胀压力。然而，一旦这两个条件不具备，由于存在资本边际效率下降规律，那么信贷扩张所带来的过剩性货币就不愿进入生产领域而滞留在流通领域中，寻找投机的可能。在当代尤其如此，因为在产业资本占据主导地位时期，这些过剩货币最终会以爆发经济危机的形式予以矫正。而在国家干预的资本主义经济时期，经济危机是政府所竭力避免的，金融市场通常成为吸纳过剩货币的主要场所。资本具有增殖的本性，产业资本由于生产周期的天然限制，增殖的速度和幅度是有限制的。但金融市场作为一种虚拟市场，资本的增殖是没有界限的，这激发了金融创新的非理性动机。因此，金融市场具有两面性：一是推动了资本的社会化，更加有效地配置资本，并构建了适合金融市场的组织管理制度和企业运行模式；二是导致经济"脱实向虚"。

需要说明的是，金融市场与信贷扩张在对社会经济关系的影响程度上并不同。信贷扩张会导致经济的虚拟化，但所形成的经济关系是真实的。而以股票为代表的金融二级市场，经济关系却是虚拟的。一般而言，金融二级市场的危机也是局部的，通常涉及拥有证券资产的人。但若信贷和二级市场存在联系，那么危机将是全局的。

第一节　金融市场概述

一、金融市场概述、源起与功能演变

金融市场一般是指为实现货币借贷和资金融通、办理各种票据和有价证券交易活动的市场。主要包括进行短期证券交易的货币市场和长期证券交易的资本市场。金融市场是经济活跃的标志之一，经济越发达，金融市场就越发达。金融市场在促进资源配置方面有重要的作用：第一，可以确立公平而有效的市场价格。金融市场比较接近于经济学中所追求的完全竞争市场（被经济学认为是一个完美的市场类型，其特点是价格是根据供需形成的，存在大量的买者和卖者，无人对价格具有操控能力）。在金融市场上，金融产品的买卖是通过交易所的交易系统公开进行的。大量相似的证券集中交易，交换双方来自全国甚至世界各地，产品经过标准化以后是无差异的，由此可以依据集中竞价的结果确定价格。第二，提高流动性。流动性是指资产被转化为现金的难易程度，如债券在多大程度上能转化为现金。金融市场能够提高流动性是因为这里买者众多且需求不一致，投资需求者购入资产，资产所有者转化为现金，都能在市场中顺利实现。第三，降低交易成本。金融市场由于集中交易，通常交易量巨大，交易的边际成本相对较低。产品都是标准化的，质的差异通过量的升降来表达。更为重要的是，金融市场的信息是强制性公开的，大大降低了搜寻成本。

金融市场是金融体系中的一个庞大系统，按照不同的标准，金融市场可以有不同的分类。按照金融资产的发行与流通可分为一级市场和二级市场。一级市场是原始证券的发行（IPO），其募集资金归发行人所有；二级市场是已发行证券的上市流通，证券在投资者之间交易转让，所得资金归证券所有人，与发行人无关。依据有无中介参与可分为直接融资市场和间接融资市场。直接融资是资金所有者的资金直接投资给资本需求

者,投资人获得资本需求者发行的证券(如股票和债券),以在未来获得收益。如在股票市场上获得股票可以得到分红或资本利得,在债券市场上获得债券可以在约定的时间获得本金和利息。间接融资市场一般有中介机构参与,资金需求者和资金供给者不直接联系,而是通过中介机构来调剂资金余缺,常见的有银行和信托投资公司等。依据金融债权的到期期限可以分为货币市场和资本市场。资产到期期限短于 12 个月的一般被称为货币市场,常见的如国库券、商业票据、银行承兑汇票、回购协议及可转让存单等。资本市场按类型可分为公司间市场、银行间市场、票据市场、商业票据市场和可转让存单市场。金融资产的到期年限超过一年的被称为资本市场,常见的有中长期债务工具和股票。按交易合约的性质不同,还可分为现货市场、期货市场和衍生产品市场。现货市场是协议达成后在几个交易日进行交割(如 T+0 制度)。期货市场是在协议达成后不立即交割,而是约定未来某个时间如 3 个月、6 个月或 9 个月以后交割。衍生产品市场是对各种衍生金融工具进行交易的市场,如远期合约、期货合约、期权合约和互换等。

  金融市场是在经济发展的深度和广度不断拓展的前提下进行创新的自然结果。从世界经济史来看,《威斯特伐利亚和约》标志着商业社会的崛起,荷兰异军突起成为这个体系的领导者。荷兰为发展远程贸易建立了当时最先进的海上船队,通往波罗的海、俄国和东印度、西印度,成为海上的贸易霸主。在这样一个复杂的贸易网络中,资金的支付、流通就成为一个重要问题。在此背景下,商人之间建立了联合支付系统,并以该系统为依托发行可流通的贸易收据,以减少现金的使用。与此同时,阿姆斯特丹成为当时欧洲的商业中心,在商业交往基础上发行的票据能够流通和兑换,这使得阿姆斯特丹的商业信用地位大大提升。商业的繁荣与信用提升往往是成正比的,这时还出现了依靠社会资本、风险共担的股份有限公司。政府也推动了票据的发行,比如税收担保债务工具的出现,用于公共基础设施建设,如围海筑堤工程、建造大型远洋贸易商船。随着有价证券的增多,票据的买卖和转让需求提升了,这促使荷兰成立了世界上第一个可供有价证券交易的场所——证券交易所。此后,这一模式传到了法国、英国等其他欧洲国家。特别是英国,利用这一制度完成了政治改革和经济转型。在政治上,金融市场为政府融资的能力加强,在对法战争中屡胜法国,确立了英国在欧洲的霸主地位。在经济上,金融体系稳固,资产价格稳定,利率被保持在合理的水平,使新兴资产阶级能够获得充足的资金,迅速壮大了自身的力量,改变了社会的运行法则,拉开了资本统治社会的序幕。

在英国,充足的资本,大大促进了资本密集型和劳动密集型产业的发展。到19世纪,铁路、钢铁、石油和煤矿等被资本和技术所哺育而出的重化工业发展繁荣,奠定了英国工业化进程的基础。工业作为资本密集型行业,需要源源不断的资本供给。巨额的融资需求刺激了金融创新,在这一时期出现了权益工具证券和债务工具证券,从普通股、优先股到各种和收益挂钩的债务工具和设备信托工具。这一时期金融市场发挥了资金配置、提高流动性的功能,对经济的发展起到了至关重要的作用。但需要注意的是,在历史上的很长时间里,金融市场都处于经济运行的辅助地位,长期占主体地位的是银行体系。即使在希法亭提出资本已经发展到它的最高形态——金融资本时,金融市场依然是在银行体系的附属之下,没有实现对企业制度的形塑。因为即使资本的形态发展到金融资本阶段,产业资本也是"圣父"。企业的组织形式、管理形式和运营方式虽然与金融市场有关,但仍然是依照自身法则的。

这一转折发生在20世纪30年代的大萧条。此后迎来了美国历史上最严格的金融管制,《格拉斯—斯蒂格尔法》规定"分业经营、分业监管",降低了金融机构业务之间相互交叉的复杂性。联邦储备条例规定了利率上限,旨在抑制市场投机。这一阶段主要发挥了金融的服务功能,资金主要流向了实体经济。然而,到了20世纪70年代以后,金融相对于实体经济的地位发生了变化。金融创新浪潮导致全能型银行的出现,《金融现代化法案》的颁布宣布了"分业经营、分业监管"的原则被打破。这一时期一个突出的变化是公司金融对企业运营的改变,金融市场不仅仅发挥资源配置和提高流动性的功能,还成为公司兼并、收购的场所,改变了资本的运行规则。

二、"资本符号化":金融市场的隐性逻辑

如果将金融市场的源起与功能演变还原到历史的通道来考量金融市场的运行法则,将会看到"去实体存关系"的"符号化"是其隐性逻辑。金融市场的前身是商人之间以商业网络为依托所构建的支付结算系统,其意义主要体现在方便商业往来中的贸易结算,其目的之一就是减少现金的使用,运用支付工具保留资金往来中的关系。从最初的"货币符号化"到金融市场成熟以后的"资本符号化",体现了金融市场对当代资本形态和资本运行法则的巨大改变。从本质上看,资本代表了社会关系,资本的形态并不是一成不变的。随着经济交往的扩大,资本的去实体化倾向愈明显,也愈发接近资本的本真涵义——关系。但符号超越实体,消除物的规定性,实际上让符号本身所代表的实际经济关系变得虚幻、飘渺,由此激发了人性中因对财富贪欲而迸发出的创造性,比如在实际经济中出现的"空手套白狼"。由于资本的符号化倾向,在金融市场中远比在实体经济中容易。

无论货币的起源和演化经历了多么复杂的过程,它在商业经济中的主要作用是表现商品的价值,将不同"质"的商品用统一的"量"进行相互通约,从而构建符合商品交换的社会关系。要对一个实践活动多种多样的世界进行筹划与考量,离不开抽象以及将这种抽象表达出来的概念——范畴体系,在这种过程中,金融化的逻辑就逐步形成了。将事物的量质关系区分开来,能够使内容上差异较大的东西通过"量"的表达而同质化,这需要对事物进行符号化处理。价值的符号化推进了货币的符号化,齐美尔认为"约化成为纯量的见解,是如何把价值的符号化进程支撑起来的。唯有以价值的符号化为基础,货币才得到充分纯粹的实现"[①]。

---

① 齐美尔. 货币哲学[M]. 许泽民,译. 贵阳:贵州人民出版社,2009:110.

由此可以看出,在齐美尔看来,货币是作为价值符号化的表现。货币一方面以黄金为载体,而黄金本身属于贵金属,具有很高的价值,本身也是商品。另一方面它又是价值符号化的表现形式,实际上是价值的符号。因此,货币具有贵重物品和符号的双重性质。作为贵重物品,它是一种被表达的关系;作为符号,它是关系的缔造者。货币的这两种属性实际上是互斥的,齐美尔敏锐地洞察出货币所存在的这一问题,他认为"就货币实际上具有价值稳定的基本特性而言,这应归因于它的如下使命:以纯粹抽象的、单纯通过其量的方式表达事物的经济关系,或者说表达那些使事物变得有经济价值的关系,但货币自身却不掺和到这些关系中去"[1]。

齐美尔认为货币是以纯粹抽象的方式表达经济关系,但货币本身却并不与这些关系发生联系。那也就意味着,货币本身的价值是无需考虑的,当然前提是"唯有在理智性得到了极大的增强,心灵拥有了独立能力,以至于直接细节不必考虑的情况下,才成为其可能"[2]。只要货币能够确立交换的秩序,货币的载体是贵金属还是贱金属其实是无关紧要的。不过,齐美尔本人是反对货币符号化的,但经济实践的发展却是朝着符号化演变。在威斯特伐利亚体系下,在远程贸易中搭建的支付系统就是一种货币符号化的表示。马克思所揭示的货币的职能——价值尺度、流通媒介、支付手段、贮藏手段和世界货币——概括了在不同经济境遇中,货币将会表现出哪种职能。在小规模经济中,货币主要发挥价值尺度和交换媒介的职能,流通中的货币主要是实物货币。但随着经济规模扩大和经济活动的复杂,货币的周转速度提升,货币的价值尺度(数学上的"量"的关系)和支付手段再次发挥了便捷、安全和有效的功能,记账系统、支付结算系统推动了货币流通的顺畅流转。在这种背景下,货币主要行使支付手段职能。资本是由货币发展而来的,能够带来货币的货币就是资本。在货币符号化以后,更加有利于资本的积累,同时也促使资本趋向符号化。

---

[1] 齐美尔. 货币哲学[M]. 许泽民,译. 贵阳:贵州人民出版社,2009:81.
[2] 齐美尔. 货币哲学[M]. 许泽民,译. 贵阳:贵州人民出版社,2009:111.

金融市场是货币关系演变的结果。经济繁荣推动了商业票据和有价证券的发行,这是推动世界上第一家证券交易所成立的动因。其最初目的是为这些已经发行过的有价证券提供转让、流通的集中场所,让这些资产流动起来,类似于我们当下的二级市场。随着经济复杂化程度的提升,金融市场的地位也日渐重要。这里聚集了大量的交易者,资金流动庞大。因此,金融市场除了提供有价证券的交易,还成为有价证券发行的场所。庞大的资金规模使证券能够顺利发行,投资者和资金需求者能在最快的时间里完成交易,实现各自所需。这样一个市场虽然是无形的,但它的交易秩序和交易规则与有形的商品市场无异,只是标的物是不具有使用价值和价值的商品,而是享有受益权的合同,它是所有权(股票)或受偿权(债券)的凭证。因此,产品同质化是金融市场的特点。"标准化"是金融市场区别于商品市场的标志之一,它突出了"数量化"内涵。所有商品都要经过标准化处理——包括证券发行、购买方式和流通方式——转化为一定的数量。尤其在信息技术成熟并普及到金融系统以后,更加强化和凸显了金融市场的数量化特征。于是出现了一种怪象,金融市场上流动着巨量资本,但看不见实物资本的影子。除了一级市场(IPO)可以募得真实资本,二级市场上流动的资本数字本质上都是主观预期支配下的资本符号。

金融市场作为一种无形市场,其运行法则是将资本符号化。它强大的交易系统和支付结算系统提高了资本的流转效率,而流转效率的提高正是通过"去资本实物化"实现的。交易如果以实物资本为载体,将严重受制于资本流动性的约束,将处于流通中的资本抽回变现是一件巨大而又会带来严重影响的事情。金融市场主要是关于受益权的交易,并不需要实物形态的资本,它实际上确立了一套以符号表示的权益行使规则。符号化的资本代表了资本的实际功能,能够兑现实物资本,这赋予符号化的资本以坚实的信用,这也是金融市场得以稳定运转的根本原因。金融市场没有实物的交割与分配,它只能通过数字变动来体现权益的变化,同时也是资本数量与构成的变化。因而,金融市场的隐性法则就是要把实物资本抽象为数量关系,再将其符号化。通过符号实现资本的生成与流通,资本积累和企业并购不再通过激烈的竞争,而是在貌似和平的数字变动中进行。这就是数字和符号化的力量,能够在避免出现有形市场上的那种反抗和争端的情况下,实现对企业的控制权,并将这种力量延伸到整个商业交往中。

金融市场设立了新的市场运行规则,数量关系把企业的资产分割、碎片化了,把对企业的受益权(包括股票的所有权和债券的受偿权)转化为可交易的商品。企业的权力被分散了,金融市场成为所有权产生、转让的场所,这也就意味着企业的运营被植入金融市场的权力控制之下。这派生出一种新的企业控制方式通过所掌握的股份决定企业的控制权,资本的权力被表达为对股票数量的持有程度。然而,数量关系是最容易被人为操纵的,将实际的经济关系转化为数量关系,将企业的运营基础建立在脆弱、易变的虚拟关系之上。符号化消解了资本的历史性和实存性,通过对符号的掌控就可以实现对实体的控制,这很容易引发投机,使人们为争夺符号而开发设计出更多的符号。资本实体的消除使意识失去了对物的感知,精神处于自我与客体的无差别状态。意识脱离了物的基础,使精神变得空虚导致理性陷入迷途,从而失去目的的真正意义。这形成了金融市场的两面性:在推动经济发展的同时,蕴含着经济虚拟化的可能。

第二节 金融市场在现代经济发展中的作用

一、资本的社会化所形塑的"陌生人"经济

现代经济发展所需要的巨量投资与金融市场相互促进,共同推动了当代社会的理性化,形塑了突破"熟人"圈子的"陌生人"经济。投资是推动现代经济转型的核心力量,正是投资带动了从生产到消费的经济链条的运转。在传统社会,大规模投资通常都由政府实施。一方面政府具有较大的财力,是企业无法比拟的。另一方面政府具有较高的信用,即使在

资本短缺的情况下,也可以通过发行债券来完成。因此,具有集全国之力利用社会资本是政府的特权之一。在民间经济方面,投资都是基于个人行为,并以此为基础在企业制度上形成了个人独资和合伙制等类型。民间投资的资本起初主要是来自个人或自己亲戚朋友的帮助,"熟人"起到了一种信用担保的作用。后来,银行等储贷机构开始介入经济活动中,为投资活动进行融资,开始突破"熟人"的圈子。利用来自银行的货币资本本质上也意味着资本的社会化,因为银行的资金主要来自社会大众的储蓄。银行作为中介对贷款人的信用进行调查,对符合贷款条件的客户提供融资,银行客观上起到了一种信用监管者的角色,对利用金融杠杆发展经济起到了一定的保障作用。对于银行在经济中所发挥的重大作用,希法亭和列宁从金融资本的角度已给予详细解析,此处不再赘述。

银行虽然也是重要的资金供给者,但对于具有较大风险和较长期限的大额融资,银行的力量是有限的。在这种情况下,以股票市场为代表的资本市场就具有重要意义。资本市场是在经济领域,模仿政府的集全国之力动员全社会资本的模式,利用社会资本来推动大规模的投资活动。这也是近代荷兰和英国资本主义迅速发展的重要原因。集全社会之力进行大规模投资的做法,打造了超越国家范围的基于"陌生人"的经济。历史学家阿瑞基在谈到荷兰资本的崛起时,认为在阿姆斯特丹建立的第一家永不停业的证券交易所是荷兰积累战略的重要组成部分,"(阿姆斯特丹证券交易所)吸引着全欧洲经济对闲散资金和贷款的供应和需求。1619年至1622年的危机之后,这种力量已经变得不可抗拒。"[1]对闲散资本的聚集,也吸引了商品交易和商品投机,这些加大了对货币的需求,因而在在货币与商品贸易之间形成一种资本扩张的良性循环。后来的英国超越荷兰成为资本主义世界的霸主,是因为它发现了另一种良性循环,即金融市场与工业发展之间的联系。工业革命从生产领域改变了生产方式,而荷兰的商品贸易主要在流通领域。虽然成为强国的路径不同,但都

---

[1] 杰奥瓦尼·阿瑞基. 漫长的20世纪[M]. 姚乃强,严维明,韩振荣,译. 南京:江苏人民出版社,2011:154.

发挥了金融市场的作用。

　　金融市场的作用就是集聚全社会的资本用于投资。为了在陌生人之间实现责－权－利上的合理配置,推动了理性的制度改革和相应的法律制度的完善,股份有限公司就是企业在组织形式上对这一变化的反映。事实上,早在17世纪的荷兰就已经出现了股份公司,阿瑞基认为股份公司是荷兰实现资本良性扩张的核心要素之一。但那时的股份公司与现在的并不完全相同,它是政府特许的,通常与政府联系在一起。股份公司的特点在于"大",起初由政府特许在海外商业贸易中行使专营权和特许权,甚至还要代表荷兰政府完成战争和立国活动。不过它在金融市场中的投资活动与现在类似。阿姆斯特丹之所以成为当时影响力巨大的证券市场,就是因为投资或投机这些股份公司的股票。充足的资金使这些股份公司发展迅速,更为重要的是,这种模式使证券市场和实体市场相互促进,构建了资本与经济发展之间的良性循环。这一模式在当时是先进的,阿瑞基说:"英国人花了一个世纪来模仿,花了更长的时间才超过。"[1]

　　在英国的股份公司起初与荷兰一样,也是政府特许的,带有强烈的政府意志。后来随着自由企业制度的兴起,股份公司不再由政府特许,而是基于《公司法》成立。这推动了股份公司成为普遍的企业组织形式;在企业内部管理上,所有权与经营权相分离,企业从"封闭"走向"开放"。由于企业的出资人(股东)并没能参与实际经营企业,但有要求获利的权利,因而负责企业发展的董事会要选择具有专业经营能力的经理人来对企业经营。为了防止董事会与经理层合谋,一般还存在监事会和独立董事。也就是说,在这种企业制度中,股东、董事会、监事会和经理层的设立是集体理性选择的结果,是基于市场的"陌生人"之间的合作。

　　这种"陌生人"经济模式最大的成功之处在于将社会大众都卷入它的运行机制中来。在20世纪初,列宁就曾经说过:"银行所收集的(即使是暂时收集的),是各种各样的货币收入。其中也有小业主的,也有职员的,

---

[1] 杰奥瓦尼·阿瑞基. 漫长的20世纪[M]. 姚乃强,严维明,韩振荣,译. 南京:江苏人民出版社,2011:155.

也有极少数上层工人的。"①从侧面反映了资本对社会大众的吸纳。但在当代以股票市场为代表的资本市场,其影响力和波及面都超过了20世纪初的银行。尤其是在第二次世界大战以后,由于科学技术的突飞猛进,生产力的快速发展,提高了全社会居民的收入水平,以股票为代表的证券普遍渗入普通工薪阶层。这意味着资本的循环体系的扩张已达到了比较高的程度。

金融的根基是信用,信用的保证需要规范严格的制度安排来规制,防止信息不对称导致欺诈发生。金融市场的发达,逐步打造了适合自身发展特点的外部生态,促进了相关产业的发展,与金融市场有关的服务业发展兴盛起来。比如会计师事务所,为投资人、监管者和利益相关者提供审计报告、资产评估、企业合并、分立及清算等业务。企业在金融市场的运作离不开会计师事务所的报告。另外,较有影响的还有信用评级机构。金融市场是基于预期和信心的,对于不了解公司具体运营的社会投资者而言,信用评级是研判公司经营状况的核心要素。如穆迪、标普、惠誉三大国际性信用评级机构在2008年金融危机后相继下调希腊主权国家债务评级,而引发了一场欧洲主权债务危机。对于企业而言,信用评级机构也具有同样的作用。由于独立的第三方评级机构注重声誉机制的约束,评级内容包含了公司的信用记录、财务状况、履约能力、经营状况和盈利能力等信息,因而金融市场(包括监管机构)对信用评级都具有高度的依赖性,被誉为资本市场的看门人。信用评级关涉企业的声誉和在金融市场获取资金的能力,是对企业的一种社会监督,避免了企业生产的无计划性和盲目性。这些部门并不生产剩余价值,但其发展规模越来越大,实际上反映了现代企业组织和生产的金融化程度越来越高,需要相应的服务机构。

---

① 列宁. 帝国主义是资本主义的最高阶段[M]. 北京:人民出版社,2014:33—34.

二、资本的社会化打造了现代公司治理结构

在产业资本早期,资本的投入与使用多是纯粹的私人资本,因而生产资料所有制是绝对私有的,公司在经营管理上是"封闭"的。然而,在资本金融化时期,企业更多地利用社会资本。生产资料虽然仍为私有,但资本却日益变为具有公共性的社会资本,生产资料更加倾向于集体性特征,先前那种绝对生产资料私有制的运行机制也被消解了,它所产生的一个后果是权力的分散与相互依赖的共同体的形成,公司在内部治理上也走向"开放"。出资人(股东、债权人)将资本交由经营者(企业家)来运营,从而实现所有权与经营权的分离。为保障股东利益和建立严格的风险控制制度,设立股东会、董事会、监事会和经理层等机构,就公司控制权和剩余索取权做出制度安排,这些决定了公司的目标(如利润最大化或股东利益最大化)、控制企业的方式、风险和收益的分配等内容,从而形成了基于陌生人的利益协调机制。

金融的社会性打造了一个开放的经济系统,出资人与所有人、资本家与企业家、经营者与管理者是分散的。公司制企业是一个具有社会性的集体组织,在公司权力上是分散的,按照与公司的关系可以分为三大权力结构:所有权、管理权、经营权,他们可能分属不同的主体且形成了权力倒挂的格局,公司的所有者并不参与具体经营,而掌管企业实际运营的一般是公司从外部聘请的职业经理人。这使得企业突破了"内部人"所有的纯粹私人性,成为"外部人"共同参与的半公共性。在内部组织架构上,股东大会是最高权力机关,通常按照所持股份的数额决定投票权。但股东大会只有在重大事情上才会召开,公司的经营活动通常由董事会负责指挥与管理,向公司股东会或股东大会负责并报告工作。董事会下面设总经理负责具体的日常经营活动,执行董事会的决议。也就是说,在公司的具体经营活动中是"外部人"控制的,"外部人"受"内部人"委托管理企业。同时企业吸收了社会的人力资源,成为开放型的企业。

在实践中,"内部人"与"外部人"共同治理的企业,由于两者有着不同

的期望效用函数,利益并不总是一致的。亚当·斯密就曾说过:"在钱财的处理上,股份公司的董事为他人尽力,而私人合伙公司的伙员,则纯是为自己打算。所以,要想股份公司董事们监视钱财用途,像私人合伙公司伙员那样用意周到,那是很难做到的。"[①]马克思从生产方式的角度剖析了19世纪的股份公司对资本主义的意义,他认为这种形式直接取得了社会资本的形式,这种企业也表现为社会企业,与私人企业相对立,"这是作为私人财产的资本在资本主义生产方式本身范围内的扬弃。"[②]但就其本质而言,这是资本主义生产方式自行扬弃的矛盾,"它再生产出了一种新的金融贵族,一种新的寄生虫,——发起人、创业人和徒有其名的董事;并在创立公司、发行股票和进行股票交易方面再生产出了一整套投机和欺诈活动。这是一种没有私有财产控制的私人生产。"[③]列宁则进一步揭示了股份公司在20世纪初,通过相互持有股份进行控股的"参与制"所进行的欺诈和对公众的盘剥。他们所共同反映的核心问题实际上是委托—代理问题。

"内部人"追求股东利益最大化或利润最大化,"外部人"追求自身价值最大化。然而,企业的日常经营由经理层负责,那么经理层在信息上拥有优势,而董事会和股东则处于信息劣势。由于内部治理上存在信息不对称,很容易形成合谋,损害股东利益,进而破坏整个市场环境。詹森曾说过:"20世纪30年代以来的相关法律和条例将大部分权力交到了管理者手上,这往往都以牺牲公司所有者的利益为代价。与此同时,董事会也常常附和管理层的决策,而忘了他们原来是为了保护股东利益而设立的。"[④]由于董事会很难掌握经理人的全部经济活动,也就难以有效监管到管理层,且存在共同利益,内部治理倾向于夸大收益减少损失的现象。因而仅靠公司的内部治理存在道德风险,而外部监管部门自外而内的监

---

① 亚当·斯密.国富论[M].郭大力、王亚南,译.北京:商务印书馆,2015:710.
② 马克思.资本论[M].北京:人民出版社,2004,3:495.
③ 马克思.资本论[M].北京:人民出版社,2004,3:497.
④ 迈克尔·詹森.企业理论[M].童英,译.上海:上海财经大学出版社,2008:3.

管成本较高,也缺乏时效性。股份公司作为资本社会化的产物,具有社会化的交易运行机制,只有在社会中流动起来,即让公司的控制权市场化,为整个市场带来"鳗鱼效应",才能克服信息不对称,优化经济环境。

防止代理人利用信息优势获取利益的重要工具是运用金融市场的社会性。詹森和麦克林基于公司和金融市场关系的代理成本理论在这方面非常具有代表性,综合反映了金融主导下公司的内部治理、财务管理与金融市场之间的关系。按照他们的观点,传统新古典经济学的企业理论不能解释企业各参与者相互冲突的目标是怎样达到均衡而实现利润或现值最大化的,也不能解释"所有权与控制权分离"的现象,以及大公司经理的行为。而这正是金融化背景下企业的组织现状,詹森和麦克林的理论实际上反映了开放的组织条件下企业所面临的新的问题,他们提出了"代理成本"的概念用于解释所有权和控制权分离的情况下,如何实现利益的协调,以保障所有者的权益,集合了代理理论、产权理论和财务理论。他们认为企业是关于劳动所有者、物质投入和资本投入的提供者、产出品的消费者三方之间的一组契约关系,产权的意义在于决定成本和报酬如何在一个组织的参与者之间进行分配。

利用社会资本来规制现代公司治理也体现在企业的资本构成中。詹森和麦克林研究了外部股权和债务所产生的代理成本问题,因为掌管企业具体运营的经理层对公司的财产没有剩余索取权,他们和所有权人的利益并不完全一致,这样就产生了代理成本。运用债务约束是降低代理成本的重要手段,这就突破了对负债的传统认识。随着金融市场和金融创新的发展,股东和管理层的利益协调主要在金融市场,这包括在实现股东价值最大化的目标下,实现管理层的最大回报,股票期权的使用促进了所有权人与经营者之间的利益调和。期权实际上是一个契约,是在股票价值达到期望利润时才可以变现的一种权利,能够更好地激励经理人为公司做出贡献。另一方面,期权不属于工资性收入,是来自金融市场的收益,因而可以降低企业成本,提高利润。类似的还有员工期权,员工薪酬运用期权增加了公司利润,有助于公司股份价值的提高,促进了股票市场的发展,也强化了金融市场与公司治理结构与内部管理结构之间的联系。

资本市场的社会性具有全社会共同参与、共同监督的统一性作用,有利于形成一种市场自发的交互式参与监督机制。相比较自上而下、自外而内的政府监管体制,交互式的参与监督具有原子式的自发反应机制,真实高效。金融市场是资本狩猎的场域,追求市场收益最大化的机构和个人像搜寻猎物一样观察监督着每一家企业,以发现可利用的市场机会,善于发现存在问题或股价不能反映公司真实经营状况的企业,它们的超额收益正是来源于由此造成的市场波动。因此,这种自发处理不良问题公司的解决机制,有着监管部门无法企及的高效。比如,曾经被评为"最具创新精神"的能源类巨头公司安然,其瞬间倒塌就源于金融市场中机构投资者的研究与揭露,将一家外表辉煌而内部亏损的大企业淘汰出市场。相比之下,如若交给产品市场或政策监管体系去发现,由于信息滞后,将会需要较长的时间和较大的社会成本。总之,由于道德风险,公司对于存在的亏损、生产过剩甚至虚假收入等问题很难进行自我调整。而资本市场上的兼并、重组、杠杆收购等金融活动形成了"弱肉强食"的生存法则,为效益差、管理不善和创新缺乏的企业打造出一条强制退出的通道。但这也会导致出现一些以投机为目的的市场并购,"野蛮人"(指机构投机者)绿票勒索企业可能会破坏企业的正常运营,给市场带来波动。这些人并不懂管理,他们的目的也不是经营企业,而只是投机。

三、金融市场在企业运营中的作用

"大大小小的美国公司的经营随着华尔街的节奏而变化。"[1]以金融市场为信号灯,这是当代资本主义企业经营的真实写照。这是因为,构成资本主义经济的基本单元——企业,从内部组织、筹资、投资都离不开金融市场。金融掌握了资本流通的渠道,从而获取了支配经济运行方式的权力,并形成一种制度安排。

---

① 特伦斯·麦克唐纳,等. 当代资本主义及其危机[M]. 童珊,译. 北京:中国社会科学出版社,2014:127.

在传统的生产模式中，企业运营主要基于商品市场。马克思曾深刻剖析了在没有信贷参与的情况下，资本积累的过程，它首先是将货币资本转化为生产资本，即购买机器设备、原材料、劳动力等，然后将包含有剩余价值的商品资本投放到市场换回更多的货币，再将这些增殖了的货币在扣除掉必要的消费之后重新投入生产过程，最后开始下一轮的资本循环。但在当代，企业更加倾向于利用金融市场的货币资本补充资本积累，即企业为了进行扩大再生产无需全部使用自有资本，可以利用金融市场的社会资本。现代企业的总资产＝负债＋所有者权益，从这个公式可以看出，企业的资产规模以及对社会资本和社会劳动的支配权力主要取决于"负债"和"所有者权益"两大部分，这两者都与金融市场有关。那么，对于生产体系而言，其所面临的市场就不仅仅是商品市场，金融市场也成为一个重要的组成部分。两个市场相互作用，构造了一个多层次一体化的市场空间，使经济运行更加高效。

"负债"和"所有者权益"还体现了公司的资本结构，两者之间的比例反映了公司资金成本的大小。因此，"负债"对现代企业而言不一定是因为货币紧迫，还有可能是公司出于优化财务结构的需要，合理利用杠杆以使资金成本最小。对此，莫迪利亚尼和米勒修正的 MM 理论最有代表性，该理论认为在资本成本与公司价值之间存在最佳资本结构。在考虑所得税的情况下，由于负债可以免税，有利于增加企业价值，只要通过财务杠杆可以获取不断增加的收益，那么负债越多，杠杆收益就越大，当债务资本达到资本结构的 100％时，企业价值达到最大。资本的扩大再生产也可以通过金融市场，托宾的 q 理论是在投资上连通金融市场与产品市场的典型代表，扩大生产规模或投资新领域还可以通过在金融市场上购买现成的企业。对于企业而言是自己投资还是购买一家企业可以根据 q 值（市场价值/重置成本）的大小来确定，$q>1$ 表示自己投资比较划算，$q<1$ 表示收购现成的企业比较划算。但企业不同的决策会影响社会投资水平，前者会提高社会总投资，后者则只是资本的集中，不会增加社会总投资，从而不会对就业、需求和供给等产生影响。

在金融市场上,企业本身事实上也符号化为一种商品,其价值就是市场中流通的股票,总价格也就体现为股票的数量乘以每股的价格。通过在金融市场实施兼并、重组和收购等行为,就可以直接扩大企业的规模。随着金融工具的创新,资本市场充满了各种可能,兼并、重组、收购等行为不一定是"大企业吞并小企业",还有可能相反,小企业也可能会吞并大企业。比如在20世纪80年代兴起的杠杆收购能够实现"小鱼吃大鱼"的效果,曾一度助推新兴公司的黑马式发展。仅在这一时期,以这种杠杆融资方式兼并的公司总价值达到2 350亿美元,涉及的公司达2 800家。[①] 为新兴公司融资对打破垄断起到了重要作用。如为MCI(美国世界通讯国际公司)筹集20亿美元的垃圾债券,打破AT&T对长途电话市场的垄断;光线产业、移动产业的麦克劳移动通讯公司和有线电视网(CNN)都运用过杠杆收购。更为重要的是,目前发达国家已形成了开放的世界性大市场,不仅有本国的投资者,还面临着世界上其他国家的收购危险。20世纪90年代,美国半导体产业兴起之时,以住友、三菱、三井和芙蓉集团为代表的日本大企业,对美国的电脑、半导体、超导材料等高科技企业特别感兴趣,富士通曾试图收购硅谷标志性高科技企业仙童(Fairchild)半导体(后因美国政府干预,收购未果)。

金融还改变着组织的成立方式和发展方向,尤其在新兴行业。传统时期,企业的成立主要基于创始人的个人意志和个人努力。在资本金融化时期,风险资本会主动"发现"有价值的企业,通过扶助企业成长,将其打造为有价值的公司,然后上市。比如,著名的国际风险资本红杉已形成了覆盖种子期、早期、成长期、成熟期以及二级市场投资和母基金投资的全产业链投资生态,支助了大批以互联网为依托的企业和高新技术企业。风险资本有充足的资本、相关领域的专业人士、完善的风险管理体系,通常还是人力资本和市场信用的象征,因而能够获得风险资本的支持会增强初创企业的信用,帮助企业迅速在行业内立足。在与企业的关系上,风

[①] 干春晖. 公司兼并与收购[M]. 上海:立信会计出版社,1996:9.

险资本通常会直接参与初创企业的经营,持股并控制董事会,但并不与企业融为一体。而是根据企业的市场表现实行阶段性融资,大致可分为早期投资、中期投资、成熟或晚期投资。早期由种子融资(为某种创新性技术、创意等融资,帮助成立公司)→创立融资(为公司产品开发进行融资,为商品化做准备)→第一阶段融资(为产品的商业化销售进行融资)。中期投资主要包括:第二阶段融资(用于初次扩张规模)→第三阶段融资(用于销售规模扩张)→桥梁融资(为上市做准备)。成熟期投资主要是对可能会出现的情况进行处理,如上市、回购(对陷入困境或破产的企业进行融资)、杠杆收购(通过权益投资控制企业管理权)和兼并。风险资本的目标是扶助企业上市,获得上市收益。

总体而言,当代企业在筹资、投资、内部公司治理和组织运营等方面都离不开金融市场的作用。除了为企业提供资金支持的中介性服务,客观上还充当了企业的投资顾问。尤其是新兴产业,还提供了产业发展的孵化器,对支持创新创业具有重要意义。

第三节 金融市场的虚拟性及其内在机理

信贷扩张是金融市场功能异化的物质基础,正是信贷扩张所创造出的过剩资本构成了金融市场过度活跃的基础,金融市场财富获取的高度或然性激发了人性中的投机动机,"动物精神"(凯恩斯语)高度张扬,使理性成为激情的奴隶。信贷扩张对金融市场的影响主要通过三条路径:一是过剩资本直接流入金融市场,以企业和个体投资者为主要载体;二是通过其他金融机构,如保险公司、影子银行;三是通过设计衍生金融产品,以实现规避风险和保值增殖的双重目标(该部分将在下一章介绍)。

一、信贷扩张:金融市场虚拟创造的存在基础

信贷扩张所派生出的巨量货币是金融市场虚拟创造性的存在基础。金融市场——如债券市场、股票市场和衍生金融体系——是在商业贸易

和工业化进程背景下,经济总量扩大、货币需求量增多、财富增长和剩余货币增多而产生的金融创新的结果。金融市场和信贷扩张虽然本质上都是融通资金,但二者对经济的影响是不同的。信贷扩张是通过债权—债务关系将银行渗透到经济关系中,从企业到消费者之间的产业循环由于信贷资金的介入,而形成一个以银行为中心向外辐射的经济关系。银行业务原本附着在商业贸易上,借助商品贸易所构建起来的广阔而又密集的交易网,将自己的业务扩展到世界各地。银行在结算和支付系统上的创新,满足了商品贸易的空间拓宽和时间延展。同时,银行体系通过结算和支付系统控制了现代经济的资金命脉和交易方式,由此成为现代经济的核心。银行派生存款的功能是在经济关系中,通过多链条的债权—债务关系而形成的。通过虚拟的货币(如派生存款)建构了真实的经济关系,这是信贷扩张的本质内涵。

信贷扩张能够创造货币,由于乘数效应,银行体系通过"贷款—存款"活动所派生的货币并不能被生产领域充分吸收,于是产生了过剩货币。但这些货币是有成本的,如果没有可靠的、未来可产生充足现金流的项目,这些货币就会以投机作为偿还本息的途径。通常来讲,这部分货币主要有三个去处。

一是留在流通领域内投机商品,如炒作大宗商品的价格。2008年金融危机以后,特别是2020年由新冠疫情引发经济衰退,各国为挽救经济而扩大政府债务的做法,都造成了局部的商品投机。最有代表性的就是土地,在历史上,土地向来都是过剩资本炒作的对象。因为土地是稀缺的,炒作土地也被认为是最有利可图的。在我国也曾发生过炒作大宗商品价格的情况,过剩资本炒作农产品,如我国在2008年金融危机以后,为防止经济陷入衰退而实行的四万亿经济刺激计划。信贷扩张所带来的负面效应在2010年出现了,由于缺乏有效的投资途径,大量信贷资金开始炒作农产品,出现了"蒜你狠""糖高宗""豆你玩"等现象。过剩资金在流通领域内的炒作使大蒜的价格疯涨了100倍,这种价格变化是难以用"需求—供给"原理来解释的,完全是资本运作的结果。

二是流向金融市场，推高股市价格。信贷扩张所产生的过剩资金流向股市会刺激股市的繁荣。在历史上，荷兰阿姆斯特丹证券交易所之所以被认为是世界上第一家证券交易所，原因在于它是第一家永不停业的证券交易所，背后的燃料离不开信贷资金。事实上，早在15世纪，热那亚、莱比锡交易会和汉萨同盟的许多城镇早已存在证券市场，而且交易兴盛，市场繁荣。与此同时，国家债券在意大利的城市国家也可以流通转让。阿姆斯特丹证券交易所之所以后来居上，除了布罗代尔所认为的交易量、市场灵活性和它所受到的公众注意，以及交易中的投机自由程度外[1]，还有一个重要的因素——为证券交易所提供了银行资金。1609年成立的维塞尔银行的一个重要的职能之一就是为证券交易所提供流动资金。阿姆斯特丹证券交易所是鼓励投机的，随着之后股份公司这种经营模式的产生，代表企业所有权的股票为证券交易所实现良性循环提供了物质基础。基于投资和投机双重功能的阿姆斯特丹证券交易所蓬勃发展开来，吸引了全欧洲的剩余资本，使荷兰成为欧洲的资本流通中心。

三是流向文化领域。这几乎是历史上每一个时期在经济过热之后都会产生的一个现象。15世纪的文艺复兴的背后就离不开过剩资本的推动，当时，由于热那亚商人所积累的巨大资本在贸易航线受阻以后，无法继续投资实业，随之将剩余资本投向了文化领域，带来了文化的繁荣。20世纪80年代，在信贷扩张膨胀中走向经济狂热的日本，也带来了对文化的疯狂追捧，包括艺术品。1989年9月28日，日经指数见顶前三个月，索尼花34亿美元收购哥伦比亚电影公司。[2] 在艺术品领域，日本商人齐藤了英高价拍得凡·高的晚期作品《加谢医生的肖像》和法国艺术家雷阿诺的《煎饼磨坊的舞会》在当时的拍卖会中轰动一时。我国的影视传媒行业也在近些年来得以迅速发展，掀起了明星持股影视公司潮。包括万达院线、乐视网等都是资本融入文化产业的案例。

---

[1] 杰奥瓦尼·阿瑞基. 漫长的20世纪[M]. 姚乃强，等，译. 南京：江苏人民出版社，2011：154.

[2] 鲍勃·斯瓦卢普. 金融危机简史[M]. 万娟，等，译，北京：机械工业出版社，2015：76.

过剩资本流向商品市场炒作大宗商品一般是被各国法律所禁止的，我国自古以来就打击囤积居奇。因此，流到商品领域操纵商品价格的行为是少数的。虽然信贷扩张与商品价格上涨之间存在必然联系，但那是通货膨胀，全部商品价格都有不同程度的上涨。流到文化领域的过剩资本在当代都是以金融方式进行的，如当下盛行的对影视公司的资本运作，需要在金融市场中完成，实质是金融市场的一部分。某影星曾在收购浙江万好万家文化公司的过程中大肆运用杠杆，自有资本只有 6 000 万元，其余资金拟来自第三方机构西藏银必信资产管理有限公司和向金融机构进行股票质押，在当时备受关注。总体而言，过剩资本大多流向了以股市为代表的金融市场，股市的繁荣和衍生金融体系的兴盛与信贷扩张存在直接关系。信贷所形成的经济关系是真实的，但股票市场和衍生金融体系并不一定会形成真实的经济关系。因此，对经济的影响较之信贷扩张要小得多。虽然自 20 世纪以来，经济危机多发生于金融市场，并对经济产生了重大影响。如 1997 年的东南亚金融危机重创了泰国的出口导向型经济；很多经济学家将发生于 2008 年的金融危机归结为金融过度创新。但从本质来看，都是因为金融市场的危机波及了信贷所搭建的经济关系，从而动摇了以信贷链条为主轴的生产活动。如果没有危及信贷关系，纯粹的金融市场危机将不会导致引发整个社会阵痛的经济危机。如荷兰早期的"郁金香热"，美国 1987 年发生的股市"黑天鹅"事件等，危机很快就被控制了，并没有蔓延到实体经济领域。

　　信贷扩张促进了工业革命的开展，但也出现了随信贷扩张而交替出现的经济周期。随着股市成为吸引过剩资本的重要场域，在经济生活中的影响也开始增大。一旦信贷紧缩，股市资金缺乏，股票市场价格就会下降，对个人资产规模和企业扩张都会产生影响。股市与信贷不同的地方在于股市具有"羊群效应"，大量的投资者（主要是投机者）习惯于从众。经济过热时"火上浇油"，经济衰退时"釜底抽薪"，这种行为进一步加剧经济失衡，增加了经济的脆弱性。"信贷扩张＋股票市场（包括衍生金融体系）"的模式是经济危机的根源。自工业革命以来，经济危机每十年左右发生一次，股票市场的危机几乎都伴随着信贷扩张。英国在1847年的经济危机源于1840年以来的信贷扩张，英国建造了数千英里的铁路线，基础设施投资带动了资金需求量，信贷开始扩张，信贷总量在短短的两年时间内增长了5倍，股市进入上涨期，尤其是铁路股票，股市繁荣助长了市场投机，并蔓延到法国和德国。随着信贷收缩，铁路股票价格纷纷下跌，股市进入萧条期，一场经济危机开始了。英国于1857年爆发的经济危机与1847年极为相似，所不同的是此次信贷扩张的范围更广，几乎涉及了当时所有资本主义国家。物价、利润和名义工资都增长了，股市繁荣出现，投机变得相当普遍。矿产公司和铁路建设公司是当时最重要的资本密集型行业，信贷扩张主要是源于这两个行业。随着采矿和铁路行业利润下降的开始，这些信号反映到股市上，出现了股票价格的下跌，并带动了其他股票价格也出现了下跌。股市作为经济的晴雨表，股市下跌，引发银行收缩信贷，导致萧条，最终爆发危机，触发了一场世界范围内的萧条。

在接下来的1866年、1873年、1882年、1890年和1907年的一系列危机中，其原因和方式颇为类似。都是银行通过信用创造派生了大量货币，导致股市投机兴盛，公司利润下降导致相关股票价格下降，促使股市萧条，信贷紧缩导致危机爆发。所不同的是，每一阶段所投机的股票类型不同，从铁路股票、矿产股票、钢铁股票、造船业股票到后来的电力、电话、地铁等行业。这也从侧面反映了，尽管信贷的激进化导致金融市场的激进化，但生产力还是飞速发展了。尤其是重工业，促进了资本主义国家的工业化进程。这说明金融机构所提供的足量资本是经济飞速发展的燃料，但同时也存在脆弱性。1929年，席卷资本主义主要国家的大萧条与上述发生路径是一样的，但其规模之大，影响范围之广超过了之前的历次危机。那次危机依然是以股市暴跌收场，它的外在表现与之前一样都是股市投机活动猖獗，造成经济的虚假繁荣，证券市场价格上涨了4倍。对于这次危机爆发的原因，经济学家从不同的角度进行了解释。比如英国想恢复到金本位制的努力扭曲了外汇交易制度，英镑高估造成美元对英镑投机扰乱了货币秩序；还有生产与销售之间的矛盾；贫富差距过大；自由放任的经济政策等。但与历次危机爆发的发生路径是一样的,都是经济膨胀以后银行转而收缩信贷引起的。

二、信贷扩张产生的过剩资本直接流入金融市场

信贷扩张是导致金融市场非理性的根源。信贷扩张搞活了经济,让经济得以快速运转。但信贷扩张的货币派生效应使资本变得廉价,高倍杠杆加大了经济的脆弱性。信贷扩张是一种存在于企业自身资本积累的外部干预,高杠杆的使用破坏了企业的运行法则,由此带来多方面的影响,如导致企业盲目投资或产业结构调整受阻(该退出市场的企业没有退出),这些都降低了企业未来的实际盈利能力,对银行而言也存在较大的还款风险。按照明斯基的理论,信贷扩张会导致投机融资和庞氏融资的占比提高。如果企业预期所投项目的未来现金流不足于偿还本金和利息,将会促使企业寻找其他回报率更高的投资途径,以对冲企业所承担的资金成本。金融市场由于无需生产过程,具有收益率高、见效快的特点,往往是这类资金青睐的地方,尤其是对企业和个体投资者而言。

从企业而言,企业投资是根据利润率来进行的,一个常见的指标是利润率与利率之间的比较。如果利润率高于利率,企业会加大投资,利润率低于利率会减少投资。信贷扩张起初的低利率往往会诱使企业加大投资力度,随着货币需求量的增多,名义利率会恢复到真实的市场利率水平;另一方面,随着投资加大,市场风险也不断增加,企业真实的回报率也会下降。从社会生产效益上看,根据资本边际效率递减规律,在保持其他要素不变的情况下,连续增加某种要素的投入,虽然在初始阶段能够促进产量增加,但超过一定限度后,生产效益不但不会增加,反而出现了下降。假设企业在短期内的生产状况主要取决于两种要素:劳动力 L 和资本 K,那么产量与要素的关系可以用一个函数式来表达:$Q=F(K,L)$。如果连续增加资本 K,资本所带来的收益的增加是递减的,但利率是统一的。那么就会产生一个问题,逐步增加的投资实际上拉低了总投资的回报率。但全社会的货币总量却是以规模递增的,回报率的增加是递减的,资金的

成本是规模不变的,由此就会出现资本收益率大于平均利润率的倾向,这种状况达到一定的临界点,就会促使企业将资本放到资本市场去增殖。

在这种情况下,实体经济中的投资规模就会下降。相对于大量的货币,市场上的商品供给量是不足的。其原因一方面有奥地利学派所认为的,大量资本用于投资高阶商品(资本品),而与消费者距离较近的低阶商品的供给量相对减少;另一方面是生产技术的限制,生产能力跟不上货币的增长速度。这会导致未来投资项目的现金流是不足的,企业投资高阶商品需要持续的资本注入,银行的资金供给必须满足项目投资需要。如果项目中途因为资金不足而中断,那么先期投入的本息将会失去偿还的来源。高阶商品的生产和生产能力与货币增长速度不匹配,商品的供应量减少;同时对原料的需求增加,将会导致商品价格上涨,引发通货膨胀,这反过来又加重了企业的资金成本。银行借款通常是短期的,这意味着在期限结构上,信贷扩张与企业投资高阶商品的行为是不相匹配的。在这种情况下,企业面临长期的资本压力和实体经济利润率下降的局势,会刺激企业的投机行为——将短期资金转到金融市场获利。另一方面,相对于企业的长期投资,银行借款是短期的,企业还需要获得金融市场上的长期债务融资或权益融资。因此,金融市场繁荣是符合企业利益的。

银行的信贷资金通过企业流入金融市场中,企业行为必然出现资本运作。金融市场得到信贷资金的支持,提高了流动性,刺激了股市繁荣。当利率(名义利率)降低到无法再降低的地步时,任何货币总量的增加,都不会进入实体经济,而是以"闲资"的方式被大家持有在手中,这时候投机动机无限大。信贷扩张所创造的货币量并不能用于实体投资增加、居民消费水平提高或进出口贸易,而是流向金融市场用于投机。通常情况下会进入股市,制造人为的繁荣,导致资产价格泡沫严重。资本收益率大于经济增长率,利润主要通过金融渠道而非贸易和商品生产生成,资本主义出现了生产停滞和债务扩张趋势的双重特征,促使资本主义通过经济金融化方式弥补停滞趋势的后果。

信贷扩张对金融市场的影响需要区分自由资本主义和国家资本主义

这两个不同的时期。前者通常会经历从疯狂高涨到泡沫破灭的市场自发调节,后者由国家和政府兜底,通常不会导致毁灭性的市场危机,但会导致失衡的经济结构长期得不到调整,对经济有机体的破坏是长期而深入的。从历史上看,1929年大萧条以前,信贷扩张和股市虚假繁荣每隔10年左右循环一次。这是因为人为干预下的经济繁荣破坏了经济的自发循环,经济失调最终通过爆发金融危机的形式得以矫正。危机消除了过剩的生产能力、多余的货币供给和错误的投资结构,将经济重新拉回到正常的轨道。但这种市场自发的调整过程是痛苦的,往往伴随大量企业倒闭、工人失业和商品市场急剧萎缩,使经济损失严重,加剧阶级矛盾,最终引发革命。1929年以后,经济危机爆发的频率和影响程度较之以前都削弱了。这并不意味着利用信贷扩张干预经济的手段不再使用了,而是恰恰相反正是螺旋使用的信贷缓解了经济危机。金融危机爆发的直接原因无非是资金链的断裂,现金流和偿付能力不足是压弯骆驼的最后一根稻草。中央银行的"最后贷款人"角色扮演了在危机时期提供流动资金的作用,避免出现危机的金融机构在复杂的经济联系中产生连锁效应,但同时也迫使银行信贷走向激进化。银行信贷所产生的过量货币导致经济失调,经济失调出现的危机又需要银行信贷,危机以后的治理仍然需要银行信贷,这是一个循环论证。因而,资本主义自身的矛盾并不会因金融化而得到解决。

此外,资本主义进入国家资本主义以后,政府承担了稳定经济增长的使命。政治目标、社会责任使政府支出大量增加,自由资本主义时期的财政平衡原则被打破了,资本主义发达国家都倾向于赤字扩张——通过发行国债的方式,弥补资金不足,将国家拉入债务泥潭。政府大量举债增加了全社会的杠杆,而政府债务的偿还只能是未来的税收或者发新债还旧债。由于政府偿还本金的能力是充足的,因而具有良好的信用。国债在金融市场上被称为"金边债券",深受投资者欢迎。然而,这里存在一个问题,政府并不是市场上的投资主体,其所借债务大多用于公共产品建设或社会保障,这些项目本身并不能产生现金流用于偿还所借的债务。这意味着,政府的债务不会影响产品市场的供给水平,但政府举债提高了市场利率,对企业产生"挤出效应",社会投资总水平会下降。那么对产品市场而言,社会产品的总供给量会下降。从货币市场上看,政府举债提高了市场利率,货币需求量上升。这导致产品市场和货币市场之间的失衡——货币需求量上升,利率提高,投资水平下降,社会总投资规模下降。但市场流通的货币量增加了,因为政府购买和转移支付最终会形成社会购买力,进一步加剧失衡,货币显得"过剩"了。由于实际利率较高,这些资金并不会转化为实体投资,而是寻找投机机会,很大部分会再次流向金融市场。

自进入国家资本主义以来,信贷扩张是逐年递增的,而通过金融危机消灭过剩货币,调整经济失衡的办法又是几乎不可能的。因而,过剩货币被金融市场所吸纳是缓解信贷扩张不良后果的一个途径。但同时也会产生新的问题,资本市场上的财富增殖不同于产业市场,它没有生产过程和生产周期,它采用了资本流动的最抽象形式——用钱来生钱。在这一点上,它与赌博有很大的相似性。在没有社会关系的金融市场中,跳动的数字与财富增减的重大关联,极易激发人们的赌徒心理,从而导致金融市场的功能异化。资本激发了精神的创造性,金融市场成为精神的活动场域。这使人们对财富的认知偏离了正常的轨道,通过资本运作获得财富被社会各行各业所追捧,劳动和实业则被看成保守陈旧而日益被边缘化,资本"脱实向虚"。此外,金融市场的现金流必须是充足的,这需要资金的不断注入,于是向未来透支是这种模式的必由之路。

三、通过影子银行进入金融市场

商业银行体系的信贷扩张创造了大量货币,它推动了现代经济的高速增长,是金融市场繁荣的基础。然而,商业银行通常是监管最严格的领域。国际清算银行(BIS)的"巴塞尔委员会"制定了国际通用的监管标准,在世界范围内的银行体系中统一采用《巴塞尔协议》关于资本计算和资本标准的监管体系。如资本充足率、风险权重计算标准、市场纪律等,现已发展到《巴塞尔协议Ⅲ》。因此，商业银行无限制扩张是被约束的。但是，商业银行会通过金融创新绕开监管，比如将风险从表内转到表外。另外，从商业银行手中接过货币扩张大棒的还有影子银行——具有银行的功能，却不受银行体系的严格监管。这使影子银行的资产规模呈爆炸式增长，为全球的流动性过剩插上了腾飞的翅膀。据统计，在美国，高峰时的影子银行体系持有16万亿美元的资产，而相比之下，美国前五大银行控股公司总资产加起来不超过6万亿美元，整个商业银行体系的总资产也只有10万亿美元。[①] 影子银行是涌动在商业银行体系下的暗流，监督当局和研究者只注重表面的商业银行行为，忽略了其背后深藏的汹涌暗流。

  影子银行主要包括投资银行、对冲基金、私募股权基金（PE）、结构投资载体（SIV）、货币市场基金以及担保债务凭证（CDO）、信用违约互换（CDS）、资产支持商业票据（ABCP）和再回购协议（Repo）。影子银行之所以称为"银行"，是因为它在很多方面与商业银行的经营类似。比如，都是借短贷长。商业银行的信贷扩张所创造的资金充裕环境是影子银行成长起来的主要原因。影子银行不能像商业银行那样通过公开吸储获得资金，它们的资金来源渠道是短期资金市场或发行债券，这需要有充足的流动性资金。信贷扩张所派生的大量货币由于没有良好的投资途径，或为了减轻资金的成本负担会大量转移到金融市场，而影子银行的高额收益率会成为这些资金追逐的对象。影子银行在得到资金以后通过资本化运作又会创造出数倍于原来规模的流动性，营造出一种金融市场中"赚钱机器"的假象。影子银行之所以发展这么快，无监管或监管少是重要的外部原因。比如，不需要按规定披露详细的财务状况，不需要考虑资本充足率、在杠杆使用和衍生产品开发方面没有严格的限制。但信贷扩张所营造的充裕资金环境，过剩资本需要寻找出路是影子银行发展的动力。

  在影子银行体系中，投资银行是主要成员。投资银行是资本市场的主要力量，帮助企业IPO和并购是其传统业务，这时它以服务者的身份

[①] 辛乔利. 影子银行[M]. 北京：中国经济出版社，2010：17.

出现。20世纪80年代以后,投资银行的业务发生了战略性调整:一是从代客交易向自营交易的业务转移;二是从股票市场交易向金融衍生品交易转移。随着外部监管条件的放松,混业经营被允许,投资银行的资金较容易募集。资本过剩刺激了金融创新,人们追逐高回报率的动机增大了对金融产品的需求。它们一方面凭借手中的资源,设计、开发、承销各类证券化产品和衍生产品;另一方面,利用借短贷长的模式,大胆使用高杠杆,广泛涉足于各类其他金融市场,如对冲基金、再回购协议等。设计开发新产品增加了资金的循环流动,同时也加大了金融机构之间的联系。如投资银行每天的对冲、套利等业务需要源源不断的资金支持,但同时也会有暂时闲置的资金,这些资金通常会用于流动性强、手续简便的再回购市场。同时,投资银行还向对冲基金提供一揽子服务,如提供股票贷款、融资、集中清算、结算和托管等服务。在分业经营的条件下,清算、结算和托管这类服务一般都是由商业银行提供。但在混业经营后,由于投资银行的手续简单且优惠更多,比如允许将客户准备金账户的证券做贷款质押品,大大降低了对冲基金的成本。为其他金融机构提供流动性,提高了投资银行在市场上的业务范围和影响力。

对冲基金(Hedge Fund)是影子银行中的第二大成员。它是一种只对少数、高净值投资者开放的投资基金,广泛投资于股票、债券、大宗商品和衍生品等众多投资领域。在操作方式上,通过使用套利、做空和衍生品等不同的交易手段规避投资中的相关风险,如同时在现货和期货市场上进行方向相反的操作,以对冲资产的价格风险。与共同基金相比,对冲基金的收益率不受市场走向的左右,它追求的是绝对回报。对冲基金涉足面广,有实体投资和虚拟投资。在金融市场上,对冲基金扮演着做市商、证券经纪的角色;在股本投资和杠杆收购方面又类似于私募股权基金;在债券和货币市场行使着银行的功能,并同其他金融机构广泛联系,形成了错综复杂的经济关系。对冲基金的风险性和复杂性表现在它的"黑箱操作"——除了不受监管而无法得知风险敞口这一个特点,它的投资策略、类型和方式都无从得知。在"黑箱"操作方面,具有代表性的人物是詹姆斯·西蒙斯。他是一位天才的数学家,曾组织 70 多位数学、物理学和统计学博士花费了 15 年的时间精心打造出黑箱,使他在 2008 年获得了 85 亿美元的个人净值。对冲基金的风险性还在于它的杠杆操作,它的资金来源渠道主要有:银行贷款、客户的保证金账户和其他隐藏的杠杆,如通过衍生品和结构性产品等投资工具可以发挥类似于杠杆的作用。

私募股权基金(Private Equity Fund,PE)作为影子银行的一种,业务范围非常广泛,涵盖了实体经济中的大多数领域。私募股权基金实际上是一种另类投资,它是直接投资非上市公司股权或杠杆收购已上市公司股权的基金,而不是传统市场上的股票、债券或外汇。私募股权是当之无愧的"影子银行",它在很多方面弥补了银行的空缺,有效解决了企业在资金方面的燃眉之急。比如,一些刚成立或信用欠佳的公司,很难从银行那里融到资金,私募股权基金的灵活经营能够帮助这些企业渡过难关。私募股权基金擅长杠杆收购(LBO),信贷扩张所产生的充足的市场资金,为它们提供了生存的土壤。在这一资本运作中,商业银行和投资银行都参与它们的活动。商业银行提供信贷资金,LBO 的债务通常会占到收购价格的 60%～90%,银行充当了资金供给者的角色。在杠杆收购过程中,其实不需要私募股权基金付出太多自有资本就能得到超额回报,这种杠杆性力量很容易使人们变得激进,导致市场的非理性发展。并购成为一种资本游戏,收购企业的目的不是经营,而是以牺牲被收购公司(包括员工)的利益获得超额收益,严重影响实体经济的发展,这是其弊端所在。

结构投资载体(Structured Investment Vehicle,SIV)是"银行的银行",是一种表外工具,"载体"为借短贷长的经营方式和风险转移提供了一种渠道。它是最符合"影子"银行定义的金融机构,它的创造者是商业银行。SIV 的成立是信贷扩张的一个直接后果,商业银行扩张贷款,提高了银行资产的风险性。此外,商业银行还受到严格的风险监管,其风险敞口要向监管局汇报。而 SIV 的设立遮蔽了从融资到投资方面的风险,成为躲避金融监管的工具,助长了商业银行在贷款上的冒进。SIV 利用了金融市场上的资金进行运作,同时又为金融市场提供了更多的资金。它通过发行短期商业票据获得短期资金,同时投资于长期、高收益证券。由SIV所发行的商业票据在资产支持商业票据市场上占据了半壁江山,用这些募得的资金再投资于包括抵押贷款支持证券的各类证券化产品。信贷扩张所创造的大量货币支持了SIV的运营模式,这背后是银行的直接干预。如安排备用信用额度;承诺如实体不能为到期商业票据展期,则由银行承诺回购未发生违约的资产。

此外,还有货币市场基金(Money Market Fund),它本是一种共同基金,是货币批发市场。主要投资于各类短期、低风险证券,也是资产支持商业票据的主要买家。货币市场基金与其他影子银行有较为紧密的联系。由于主要投资像政府债券、存款凭证、企业发行的商业票据等资产,货币市场基金的风险小了很多,安全性和流动性仅次于国债,也是影子银行和大型企业获取流动性的重要来源。

第四节　金融市场走向非理性的精神解析

金融市场作为信贷扩张的直接后果,在企业投资和居民生活中的渗透,除了它有利于实现资金配置、资产保值增殖、风险管理和价格发现功能以外,还在于金融市场开拓了一个智慧与想象的精神空间。在这个空间中,"暴富"的幻象契合了人性中的贪欲与自由意志,激发了人性中最积极、最能动的力量。金融市场作为一种无形空间集合了社会大众的心理,演变成一种群体心理,即金融市场反映了大多数投资者的心理意愿,这些心理极大地影响着金融市场的发展。但这种群体性心理极易被环境所牵制从而放大其反应程度,导致激情主宰了理性。

一、解析金融市场的心理维度

长期以来,主流经济学认为金融市场的投资是出于人们的理性判断。20世纪50年代以后,随着对不确定性的研究,人们发现金融产品的收益可以通过概率进行估算。通过对历史数据的整理,计算出金融产品的收益方差和标准差,就可以运用数学工具计算自己的投资组合,以实现同等风险下的收益最大化或同等收益下的风险最小化。精确的数学计量开始被引入金融学中,这使金融学跨越了过去那种纯货币理论的状态,开始研究资产定价问题。而金融市场也由此成为数学模型所"掌控"的区域,人们开始摆脱盲目的投资而进入精确的计算时代。在这一时期,出现了很多有影响力的经典资产定价模型。首先是 H. 马柯威茨(H. Markowitz)的资产组合理论,他用统计技术发展出的均值方差模型是后来其他资产定价理论的基础。马可威茨第一次系统地用数理统计方法计算了金融市场上的投资者行为,这也拉开了用数学模型的精确性进行理性投资的时代。之后,莫迪利亚尼(Modigliani)和米勒(Miller)用标准的均衡分析法,通过公司的融资成本—收益决策来推导证券供给曲线,提出了著名的"MM 定理"。

之后,用数理模型的确定性研究金融市场的不确定性成为金融学的重要内容。夏普(Sharp)、林特纳(Lintner)等人于 20 世纪 60 年代,以马柯威茨的资产组合理论为基础,发展出资本资产定价模型(CAPM)。罗斯(Ross)又进一步发展出套利定价模型,奠定了研究资本市场价格的理论框架。法码(Fama)在 20 世纪 70 年代提出了有效市场假说,并给出了金融市场价格运动规律的实证研究。布莱克(Black)、斯科尔斯(Scholes)和默顿(Merton)等人在 MM 定理和 CAPM 模型的基础上发展出金融产品定价模型,导致了金融产品的大量创新。如著名的 Black－Scholes 模型被广泛应用于期货和期权定价模型中。随着博弈论和信息经济学的发展,这些模型也被广泛应用到金融市场中,S. 罗斯(S. Ross)、S. 格罗斯曼(S. Grossman)、E. 普雷思克特(E. Prescott)、J. 斯蒂格利茨(J. Stiglitz)、H. 利兰(H. Leland)、M. 布雷纳(M. Brennan)、M. 杰森(M. Jensen)、O. 哈特(O. Hart)、M. 哈里森(M. Harrison)、D. 克瑞普斯(D. Kreps)和 S. 布哈塔期瑞(S. Bhattacherya)等人。他们把金融产品看成契约,用不完全信息解释金融市场的逆向选择和道德风险,揭示了金融市场资源配置的效率问题。并由此延伸到金融市场的治理机制,成为完善金融系统制度架构的理论基础。

用数量模型的精确性去控制金融市场的不确定性是一种美好的愿望,这反映了人们改变世界、征服世界的决心和勇气。然而,经济规律并不会按照人们的既定逻辑运行。比如,用数理模型去分析金融市场,要求人的行为和数据要遵从模型的设计。这就要求人是理性的(不理性的人的行为是无法预测的)、市场是有效的、投资者是风险规避者、信息是完全的、市场是完全竞争的。事实上,这只是模型设计者的一厢情愿,人的行为是复杂的。由于存在认知偏差,证券市场上经常会出现各种偏激和情绪化行为,并不能做到完全理性。这使得金融市场上经常出现与人们的预期不相符的"异象"。金融理论的资产定价技术并不能解释这些发自人们精神深处的力量所带来的影响,这使人们越来越多地关注金融活动参与者本身的行为,从心理学、社会学等角度看,在金融市场中大量存在有限理性以及非理性投资者的"错误"行为。

基于心理学的行为金融学考虑了人的心理因素在投资决定中的作用,将在金融市场上出现的行为特征归因于认知局限和思维启发、过度自信、情感因素三个主要部分。由于人们的注意力、信息和处理信息的能力有限而又必须做出决策,那么人们常常倾向于启发式。所谓启发式,是指一种基于信息集的某个子集进行决策的规则。[①] 由于利用信息的不完全性,启发式经常出现在人们的决策中。启发式有两种:一种是灵活的、自发的、无意识的,付出的努力最少;另一种是有意识的,需要付出更多的努力,适合决策风险较高的情况。启发式是一种省时省力的决策机制,很多时候都出于人们的无意识。比如"听见有人喊地震立马跑出去"而不去辨别其是否真正存在危险,这就是启发式的一个表现,它能够以最少的信息做出判断。启发式在金融市场上的应用也很多,比如将好的企业看作是好的投资,将过去实现的高收益与未来可能的收益联系起来。启发式还会产生羊群效应,也就是从众行为。

---

① 露西·F.阿科特,理查德·迪弗斯. 行为金融[M]. 戴国强,等,译. 北京:机械工业出版社,2012:81.

过度自信是人们倾向于高估自己的知识水平、能力和信息的精确程度，对未来和控制未来的能力过于乐观的倾向。是金融市场上经常出现的一种心理现象，它常见的表现形式是自我感觉良好、控制幻觉（认为自己有超乎寻常的能力）、过度乐观（高估有利结果的概率）。过度自信还会表现为自我归因偏差，它倾向于将成功或者好的结果归因于自己的能力，而将失败归咎于自己不能控制的外部环境，它会导致过度自信的程度更高。还有事后聪明偏差，它的一个最经典的表现就是"早知这样，我就该……"的想法。与事后偏差紧密相连的是证实偏差，是指人们倾向于寻找与自己已有信念一致的证据，而倾向于忽略相矛盾的事实。自我归因偏差会使我们不仅润色也会清晰保留对成功的记忆；事后聪明偏差使我们将过去的记忆和信念理想化；证实偏差倾向于寻找证据忽视矛盾并迎合先前的信念，这三种偏差也产生相应的影响。[①] 过度自信常常导致过度交易，热衷于从市场流动中获得高额收益的投资方式，甚至以借债的方式进入市场，严重影响金融市场的稳定。

希勒在《非理性繁荣》中提出"投资者决定投资时的情绪状态是造成牛市最重要的因素之一"[②]。对于情绪的认定，一般认为诸如快乐、伤心、愤怒、轻视、厌恶、骄傲、恐惧、惊奇和后悔这样的心理状态。这样的情绪是如何影响市场波动的呢？阿科特等认为，主要是通过自豪和后悔这一对矛盾的情绪而展开的。自豪和后悔是最常见的一种情绪反应。后悔是一种消极的情绪，投资者通常会避免这种情绪而自然地偏离了风险规避的本能。自豪是后悔的对立面，自豪感能够促使人们更加冒险。具体表现方式有处置效应、赌场资金效应和情感。有研究表明，投资者会过早地卖掉表现良好的股票而长时间持有赔钱的股票。它是这样一种状态"这只股票确实上涨了，所以我最好现在就卖掉它以赚点钱"或者"我已经在这只股票上赔了钱，但是我不能现在就卖掉，说不定哪天会涨回来呢"，这

[①] 露西·F.阿科特，理查德.迪弗斯. 行为金融[M]. 戴国强，等，译. 北京：机械工业出版社，2012：155.

[②] 罗伯特·J.希勒. 非理性繁荣[M]. 李心丹，译. 北京：中国人民大学出版社，2014：77.

种卖掉胜者而持有败者的倾向就叫处置效应①,是为了规避后悔情绪。情绪对证券市场的影响还存在另外一条路径:赌场资金效应。理查德·泰勒和埃里克·约翰逊认为人们的投资决策存在路径依赖,个人行为会受到先前得利和先前失利的影响。事前获利后,人们会对预想的风险变得开放起来,这就是赌场资金效应,即最近赢钱的赌博者更倾向于冒险。而对于失利的教训会使风险规避加强,这被称为蛇咬效应。还有一种影响情绪的方式是情感。一个人的情感判断是对其刺激的感知,包括感觉反应。大脑利用情绪去解读特定环境,人们会乐于接受那些正面标志的刺激而回避那些负面的。情感反应在金融决策中的一个常见现象是经理层的过度自信和过度乐观。

二、以群体心理为基础的市场精神

大量投资者在相同空间中活动会在共同的个体心理基础上生成一种群体心理,但不是个体心理的简单相加,而是说个体心理在群体行为的影响下会产生单个个体所没有的力量。庞勒曾经对大众心理进行过研究,他指出群体心理"可以让一个守财奴变得挥霍无度,把怀疑论者改造成信徒,把诚实的人变成罪犯,把懦夫变成豪杰"。因此,庞勒认为:"掌握了这门科学(群体心理学),就会为大量的历史和经济现象作出最为真切的说明,而离了这门学问,它们就会变得完全不可思议。"②在人与人的交往日趋密切的现代经济中,群体心理对经济行为和决策的作用更大。聚集在一起的人们,感情和思想会相互磨合而达成一种共识,形成集体心理。在这个过程中,他们的个性消失,被群体心理所支配。因此,孤立的个人与群体中的个人在认知、行为决策上有很大的不同。在群体中的个人很难保持性格的单一性,他们在环境的刺激中会形成复杂的性格特征。庞勒以法国国民公会中的最野蛮的成员原来都是谦和的公民为例,讨论过这

---

① 露西·F.阿科特,理查德·迪弗斯. 行为金融[M]. 戴国强,等,译.北京:机械工业出版社,2012:163.
② 古斯塔夫·庞勒. 乌合之众[M]. 冯克利,译.北京:中央编译出版社,2016:8-9.

个问题,指出"一切精神结构都包含着各种性格的可能性,环境的突变就会使这种可能性表现出来"①。

在金融市场上,投资的目的是个人利益最大化。但由于对未来的预期和投资决策的不确定性,出现一种看似矛盾的现象:个人主义的群体心理。罗伯特·希勒也表达了类似的看法:对投机资产的投资是一种社会行为。投资者在大部分的空闲时间里讨论投资,阅读投资胜经,谈论他人成功或失败的投资。在相互交流中形成普遍的预期,比如"一线城市的房价不会下跌"等。因而,投资者的行为以及资产的价格都会受到整个社会力量的影响。金融市场作为一种无形市场,吸引了各行各业的人加入。由于没有真实的社会关系,这种交往显得抽象而缥缈,但由于追求更大收益的共同目标,将这种抽象而缥缈的社会关系形成一个具有明确方向的集体心理。构成这种集体心理的基础是股市永远存在赚钱的机会,无论牛市还是熊市或房市永远是上涨的,无论政府是否调控。这种原始而简单的愿望在群体心理中被强化为真理,成为投资者行动的信念,使个体失去对行为自身和周围环境的批判精神,不去辨别理论是否存在矛盾,从众导致理性的丧失。在这种环境中,进行股票分析的分析师通常会取得一种类似于领袖的地位,他们对股市的判断(特别是对后市看好)往往成为这些集体意志的核心。庞勒指出群体情绪是单纯而夸张的,全然不知怀疑和不确定性为何物,这非常适合于金融市场中的投资者。比如,很多投资者对金融分析师的话唯命是从,轻易进入股市或者过度投资,被深度套牢仍不醒悟,其偏执和狂热是正常思维所难以理解的。

金融市场中存在"羊群效应",它是指由于受其他投资者采取的某种投资策略的影响而采取相同的投资策略,即投资人的选择完全依赖于舆论(随大流),或者说投资人的选择是对大众行为的模仿,而不是基于自己所挖掘的信息。它的关键是其他投资者的行为会影响个人的投资决策,并对它的决策结果造成影响。② 羊群效应是金融市场中最容易被操控的

---

① 古斯塔夫·庞勒. 乌合之众[M]. 冯克利,译. 北京:中央编译出版社,2016:6.
② 李心丹. 行为金融学[M]. 上海:上海三联书店,2004:116.

力量,索罗斯在东南亚金融危机中曾经提到其之所以成功的一个重要原因是利用投资者的从众心理进行投机。从众心理是金融市场中最为普遍的,这是由金融市场的特点所决定的。信息量巨大使得人们对信息变得麻木,从一定意义而言,从众是一种省时省力的理性选择。由于大家的目标意志、行动方向相同,使得市场情绪在群体中的蔓延非常快,强大的传染力很快就会演变成疯狂或恐慌,甚至发生踩踏,这在金融市场中是司空见惯的。这种传染力具有强大的力量,使个体无法保持自己的独立见解,往往成为集体行为的跟从者,理智和理性变成了"激情的奴隶"。在市场繁荣和市场危机时都会出现这种过度反映。如果是利好消息,则会盲目入市,过度投资。在经济繁荣时进行加倍杠杆操作通常都发生于群体性的噪声交易中,这放大了人们的欲望,很多人在事后对自己先前的疯狂都感到难以理解,凯恩斯称这种现象为"动物精神"(animal spirits)。如果是行情看跌,则会草木皆兵,过度抛售,加剧市场波动,让原本出现危机的金融市场更加无法自我调控。

投资者的集体行为往往会导致市场的不可控,以 20 世纪 30 年代的大萧条为例。危机爆发前,股票市场高速上扬。市场一片看涨,吸引了投资者的疯狂投资。从 1926 到 1929 年,股票指数翻了两倍多,从 100 点上涨到了 216 点。这一非正常增长在 1929 年 10 月 24 日就暴露过一次危机,当时抛售了 1 300 万份股票,市场几乎没有购买需求,致使价格暴跌。银行资金进场救助,以供给货币量的方式止跌,股市跌了 12~25 个点。到 10 月 28 日上午,第二轮的恐慌来临了,900 多万份的股票又被集中抛售,股市暴跌 49 个点。到 10 月 29 日开启了具有毁灭性的抛售,3 900 多万份的股票被集中抛售,股市再次暴跌 49 个点。除了股票市场的崩盘,还拖进去了一大批银行,银行倒闭导致挤兑潮引发了整个银行业的危机,这就是 20 世纪 30 年代美国大危机之前的写照。

群体中的个人表现出明显的从众心理,庞勒称为"群体精神统一性的心理学规律"。它会演变成一种精神,成为进入这个集体的个体所奉行的无形规则。作为一种无形市场,金融市场具有匿名交易、电子竞价、操作迅速的特点,因而成为精神和意志得以高度张扬的场所。金融市场中财富易得的幻象和人们追求暴富的心理在这里演变成一种绝对精神,他们以此为动力去追寻市场中的暴富神话。当实现高倍收益的小众事件成为现实时,立刻就会在金融市场中传播开来,加上人们的过度渲染,很快形成坚定的精神力量,在人们的潜意识中得以强化,从而轻信别人的投资策略(尤其是该投资在以前曾经成功过),盲从和跟随渐渐取代了个人理智的独立思考。金融市场的投资者原本较为多样化,但一旦进入市场,就会被一种无形的集体精神所裹挟。无意识成为投资者普遍的性格特征,个人的才智被削弱了,异质化的个人被同质化了。当然也有反其道而行之的,如"羊群效应"中的逆向"羊群效应",就是采取与大众投资方式相反的策略。虽然策略不同,但依然被同样的市场精神所影响。

第五节 金融市场非理性的社会后果与批判

金融市场与金融衍生体系的激进化是人为干预市场运行的后果,股市繁荣或衍生金融产品的蓬勃发展,形塑了人们对经济发展、风险管理和财富积累的认识。社会民众和企业家如果将对商业的回报集中于选择某只股票或去购买衍生金融产品,是一种舍本逐末的做法。金融市场高速的资金流动给人一种财富横流的幻象,颠覆了传统的"财富"逻辑——财富是一种"流",是动态的、可增殖的,而使用价值则不是考虑的重点。金融市场的激进化导致社会性格和社会行为被金融的虚拟性所奴役,从 G 直接到 G' 的财富获取方式由于避开了劳动这个"倒霉事",而被社会所追逐。此外,资本收益率大于平均利润率致使大量资本"脱实向虚",同时也腐蚀了企业家精神,加剧了经济失调。

一、"劣币驱逐良币":资本"脱实向虚"

金融主导下的资本增殖路径颠覆了传统的财富逻辑。对于财富的认定,自从经济性成为社会的主导性特征以后,财富的意义更多体现在价值衡量上,即能换回多少货币。在金融化语境中,财富是一种"流",它包含了两层含义:一种是指流动性,即在流动中实现保值增殖;另一种是指现金流,能在未来产生现金流。这是当代资本中的金融思维在财富观念上的体现,是社会变迁的必然结果,表现在资本结构上就是实物资本的占比不断减少,金融化资本的占比不断增加。

  生产力的进步和经济的飞速发展,经济的深度和广度支撑了大量剩余货币离开实体经济领域进行自我创造。在虚拟领域中,由于没有固定资产投资,没有基于生产关系的雇佣关系,更重要的是没有生产过程,这使得资本的循环周期很短,资本积累速度呈几何级数增长。金融市场更加鲜明地体现了资本的租金性质,在金融精英的设计开发下,财富增长很快,资本收益率高于实体经济中的平均利润率。相比较而言,实体经济的生产周期长,收益见效慢,还面临着较高的市场风险、信用风险和价格风险。金融市场快捷的投资变现能力,吸引了大量实体经济中的资金进入金融市场。金融市场财富横流的幻象制造了当代人的迷思,财富的本质是什么?这并不重要!以最快的速度获得超额收益才是人们所关心的。尤其是金融精英开发设计出来的高深玄妙的金融产品,以一种"科学"的面貌出现,吸引了众多投资者,包括金融机构、政府、企业和家庭,多数社会成员被纳入金融所编织的虚拟网络中。金融市场的经济运营方式不同于商品市场,没有投入—产出关系,也不存在严格的成本与收益约束。换言之,它的收益率是商品市场无法相比的。在形式上,它的商品是货币,成本是货币,收益也是货币,无需转化。

  在金融市场上,由于无需机器设备和厂房,因此扩大生产规模无需增加固定资产投资。这意味着金融机构所得到的大量利润可以直接分配,而不需要有留存收益用做日后企业扩大规模。因此,金融行业的员工工资通常很高,特别是投资银行、基金等影子银行的工资水平高于实体经济多倍。这吸引了大量的精英进入金融业,数学、物理学、工程学领域的一流人才都被华尔街纳入麾下。诺贝尔经济学奖获得者默顿等建立的长期资产管理公司(LMTC)就是一家很著名的投资基金公司,还有西蒙等。

这些知识精英的智慧在金融领域中得到了充分的展现,他们设计的产品有着超额的市场回报率,吸引了世界各地的投资者。总体而言,金融市场的高工资和高收益率重新配置了人力资源和资本资源。越来越多的知识精英选择进入金融市场;越来越多的资本离开实体流向金融市场,或者主营业务被金融投资业务所赶超,资本变相地进行"脱实向虚"。虚拟经济过热还会引起其他资产的价格上涨,最常见的就是房地产。在现代金融技术操作中,房地产是最好的金融化产品。它有实体价值,在未来能产生现金流,是金融的最佳操作对象。投机房地产被认为是最快的生钱之道。但房地产不会增大社会总资本,这种资源错配会产生"劣币驱逐良币"效应,实体投资日渐萎缩,而虚拟经济泡沫严重。

金融具有两幅面孔:功能性和虚幻性,正是这两种属性赋予金融以"亦真亦幻"的特性,遮蔽了金融主导下的经济运行规律,极易使人们产生"幻觉"。功能性是发挥资金融通和资源配置的作用;虚幻性是它的信用创造作用。虚幻性会激发人们的创造性和贪婪的欲望,导致信用创造偏离正常轨道而变得激进化。人们的智慧和对高额利润的追求会促使金融的虚幻性发生主要作用,这是因为信贷扩张和金融市场的资金并不全部是真实的社会资本,这些资本中的大部分都是虚拟的。马克思也曾揭示过对这一问题的迷惑,"随着生息资本和信用制度的发展,一切资本好像都会增加一倍,有时甚至增加两倍,因为有各种方式使同一资本,甚至同一债权在各种不同的人手里以各种不同的形式出现。"[1]以股票市场为例,指数的涨跌只具有数字的意义,并不意味着经济体中有与之相对应的物质资本。它是经济的晴雨表,也是人们对未来经济发展预期的信心指数。但如果是在金融激进化的背景下,股票价格指数并不意味着实体经济的真正繁荣,恰恰是资本错配程度的反映指数。市场指数越高,资本错配越严重,使越来越多的资本从实体经济中流出,转到虚拟市场。

---

[1] 马克思.资本论[M].北京:人民出版社,2004,3:533.

二、腐蚀企业家精神

资本一旦离开产业资本循环体系,即跨越了资本从货币到商品再到货币的转换过程,就会丢掉企业家所特有的精明与实干。布哈林在他的《食利者政治经济学》中,借用了桑巴特的话,形象地阐明了这一理念。桑巴特曾经这样评价17和18世纪法国和英国的"高级财政":"这是大部分资产阶级出身的很富有的人,他们作为包税者和国家债权人而发了财,现在却像菜汤中闪亮的油花一样漂浮着,对经济生活完全袖手旁观。"①金钱离开生产过程,变成从钱到钱的游戏,抹去了对生活的热情,精神变得空虚;激发了人性中激进的非理性,而抑制了审慎投资、创造新事物、颠覆旧事物,改变世界的激情与理性。资本主义早期的那种兢兢业业、准确计算投资与收益的精明消失了,代之以资本主义的"肥胖",布哈林称这种人为食利者阶级,即积累起来的剩余价值由于各种各样的信贷形式的发展,而流入与生产没有关系的那些人手中。②布哈林引用英国作家笛福的话描述了从商人到食利者的演变:"以前他(即商人)首先应当积极和勤奋,以便为自己谋取财富;而现在他除了决定要成为懒惰和不努力之人以外,便无需做别的任何事情。无期有息公债和地产是他储蓄唯一合适的地方。"③金钱如这般轻易获得,还会在社会上做相效尤。这些人在取得成功以后会从生产和流通领域中退出,他们与物质生产将不会有直接联系,从而成为与社会无益的人或组织,积极向上的企业家精神将不复存在。

马克斯·韦伯认为资本主义之所以在西方产生是因为新教伦理,事实上,新教伦理的积极意义就是培育了企业家精神。现代性的开启是以欲望的释放为推动力的,在以基督教为精神统治的神性社会中,追逐财富是一种罪恶的表现。而现代性打造的俗性社会鼓励人们的财富欲望,理性地追逐财富型塑了企业家精神,从而形成规制社会行为的隐性力量。

---

① 尼·布哈林.食利者政治经济学[M].郭连成,译.北京:商务印书馆,2009:14.
②③ 尼·布哈林.食利者政治经济学[M].郭连成,译.北京:商务印书馆,2009:16.

它促使企业以连续地、合理地经营为获得利润的手段，并由此形成商业交往中的理念——合理而最大化地赚钱。在韦伯笔下，企业家精神促使人们注重勤俭节约，抑制当前消费，将更多的钱投资于企业扩大再生产。这种精神使人们的获利行为突破了对财富的原始贪婪，更加注重经营的长期性和合理性。新教伦理将对本职工作的热爱上升到"责任感"和"天职"的高度，促使企业家在商业经营上恪尽职守。经营者把企业作为自己的安身立命之所，注重长期经营和经济规则，在文明的交往方式下进行商业往来，这是资本主义所津津乐道的自发秩序产生的精神源泉。韦伯认为，企业依靠市场中以货币和资本为媒介的商业往来，通过合理的交易获利，而不是以强权、掠夺或投机的方式渔利，是资本主义区别于传统赚钱方式的根本所在。

企业家精神是商业社会良性运转的核心。在经济发展过程中，企业家是经济平稳运行的关键因素。企业家的精明和审慎是投资的决定性力量。他们往往根据市场的价格信号决定投资行业和投资规模，通过正确的投资决策使经济体系中的需求与供给保持在合理的水平上。古典经济学家认为，个人追求利益最大化的利己动机能够使资源得到合理配置，并因此主张自由主义市场经济，反对政府干预。古典经济学家虽然长期以来没有正视企业家精神在资本主义经济发展中的作用，但它的理论基础暗含了这一点。古典经济学的价格理论是通过企业家的行为实现的，这构成了市场中的供求法则：在其他条件不变的情况下，商品价格越高，意味着市场上该商品是短缺的，增加该商品的供给量是有利可图的；反之，当某商品价格出现下降，那么意味着该商品的供给是过量的，减少该商品的供给量是有利可图的。这个简单的例子说明，企业家的投资判断是维持经济良好运转的中轴，而企业家的判断要依据真实的价格信号。如果某种商品的价格上涨，源于市场之外的因素，就会使这一法则失去效力。比如因商品炒作而价格上升的商品，并不是源于市场中的真实需求，而是投机，这些会干扰企业家的判断，激发他们利用市场混乱从中渔利的投机动机。

在金融非理性的背景下，在企业的投资判断模型中，除了商品市场的价格信息外，资本市场的利率成为另一个重要的影响变量。如果储蓄充足，意味着市场上资本品的数量众多，它们折合成未来物品的价格较低。因此，市场利率就比较低。那么企业家根据这一市场信号，可以利用更多的资本品，增加生产过程的复杂程度或延长生产过程，从而生产出更有生产力的产品。反之，如果市场利率较高，说明大家的资金需求量比较大，当下的资本品供给较少，折合成未来产品的价值也比较高，企业应该避免使用过多的外在性资金，防止生产失调。利率对于市场的作用，恰如德索托所说："利率传递给企业家这样的信息：哪些新的生产阶段或投资计划他们可以而且应当着手进行，哪些不应该开始，为的是保持协调（并尽可能人性化地协调）储蓄者、消费者和投资者的行为，防止不同的生产阶段依然过于短暂，或者变得太过漫长。"[①]企业家正是依据市场的价格信号调整着自己的投资，由于企业家的逐利性，从而使得做好正确的投资决策像韦伯所说的"天职"一样，成为他们行动意识中的神圣教条。

然而，金融的过度扩张打造了一个虚拟的世界，破坏了储蓄—投资—消费之间的自然循环，也模糊了企业家的生产目标。在传统经济中，企业家的行为目的是获取最大化的利润，进而不断扩大企业的生产规模。金融化以后，现代企业制度如股份有限公司成为主要形式，股份制使所有权和经营权相分离，所有者（即股东）通常并不亲自参与企业经营，而是由经营者——职业经理人进行管理，二者在经营目标上是不同的。所有者希望获得最大的分红，管理者希望获得较高的报酬。如果是上市公司，经营目标还需要体现企业价值最大化。根据科斯的产权理论，私有产权有较强的激励作用，能够促使企业提高效益。但所有者与管理者分离的股份制，通常由没有公司所有权的管理者经营，利益的不同使管理层更倾向于使用外来资金而不是企业自身的积累扩大生产规模。在现代资本结构理论中，债权和股权须保持合理的比例，这实际上暗含了金融工具在企业经

---

① 赫苏斯·韦尔塔.德索托. 货币、银行信贷与经济周期[M]. 秦传安，译. 上海：上海财经大学出版社，2016：210.

营中的地位。金融的杠杆性在帮助企业快速发展的同时,也带来了深远的社会后果,即对金融的依赖程度日渐加深,经济的杠杆性越来越高。企业家勤俭节约的精神在金融化世界中被认为是传统保守的象征遭到削弱。

第六章　金融衍生产品的非理性发展

金融衍生产品是以原生资产为基础而派生出的产品。原生资产可能是实物也可能是指数，通常包括股票、利率、汇率和商品等，交易类型主要有四大类：远期、期货、期权和互换。金融衍生产品只是一种依赖于原生资产的合约，衍生资产买卖的是在未来的权利和义务，并不涉及原生资产所有权的真实转移（大宗商品的最后交割者除外），在一定程度上是原生资产未来市场状况的反映。金融衍生产品实行保证金交易，具有较高的杠杆性。对于大多数金融衍生产品而言，由于其交易的对象是未来的权利或义务，因此，这种生产关系是虚拟化的。从本质来看，金融衍生产品是对金融资产的再开发，虽然在历史上曾经发生过因为金融衍生产品的投资失误而对企业带来巨大影响的案例，如巴林银行的倒闭和我国中海油的期货事件，但多限于金融领域，并不会造成行业甚至整个经济体系的危机。由于影响面有限，也不会导致经济的金融化现象。但当金融衍生产品的原生资产与信贷产品发生联系，而这些信贷又源于关系国计民生的重大经济活动时，金融衍生产品的杠杆性和虚拟性就会产生巨大的力量。房地产业是这方面的代表，本章主要以房地产为例说明这一点。房地产业在当代，已不是单纯的实体投资而是一种融合了金融衍生品的虚实相结合的综合性投资。金融工具将房地产从实体发展为合约，发挥了人类智慧中的精神创造，但也使房地产的发展偏离了正常的道路。由于房地产在经济、社会和居民生活中居于重要地位，房地产的金融化势必传导到经济生活中。

第一节　金融衍生产品：精神创造高度张扬的具象化

信贷扩张创造的大量货币被影子银行所吸纳，为金融创新提供了燃料。这产生了两个后果：一是风险增加，因为这些资金的流通通常在监管之外。商业银行通过金融创新将风险资产从表内移到表外，只是将风险隐匿，并没有完全消灭风险，尤其是对整个金融市场而言。二是追逐更高资本收益率的诉求，会导致行为上的激进。资金从银行转出是有成本的，为了弥补资金成本，客观上具有追求较高收益率的动机。通过金融创新将风险转移出去而又保持较高收益率的途径就是通过衍生金融产品，还可以绕开监管。市场资金充足，监管少，为金融精英提供了个人意志张扬的良机。金融创新吸引了数理方面的天才，这些金融产品成为他们意志的对象化。为实现躲避监管和高收益的双重目标，丢失了对金融的本真认识，导致衍生金融产品的非理性发展。

金融衍生产品的初始意义是帮助原生资产规避市场风险，比如期货，通过估计远期价格，将市场风险控制在一定的范围内，防止价格波动。但随着市场资金的宽裕和人们追求高利润的动机，金融市场的复杂化提高了市场风险，客观上促进了以规避风险为动机的金融衍生产品的发展。但在这一过程中，资金的流转却产生了炼金术的作用，导致金融的非理性，主要表现为产品设计脱离物质基础而走向玄妙化、数量的爆炸式膨胀和思维方式的激进。在产品设计方面，为了提高技术，金融机构借用了数学和物理的模型破解金融市场的均衡与非均衡问题。20世纪50年代以后掀起了一个高峰。随着电子计算机和互联网的发展，大量风险管理和定价模型如雨后春笋般涌现。金融市场频发的"黑天鹅事件"使长期坚守的均衡理论被证伪，人们认为市场是动态混沌的，破解市场混沌之谜使得单一的高等数学知识已经不能满足要求了。这是因为市场在很多情况下都是一种物理现象，比如高频率市场动态（高速）、迅速资金流（极大质量和极小质量的物理运动），测量金融市场的动态变量引入了物理学的纤维束理论。这相当于金融市场中的相对论和量子力学。

高等数学和物理学尖端科学的引入，使得物理学家成为金融创新产品中的高级、复杂量化模型专家。一些模型的复杂程度甚至需要天体物理学家来运营，他们是华尔街的"火箭科学家"。很多金融产品如CDO、CDS的设计汇集了数学、物理学、金融学、统计学、经济学和精算学等多种学科的智慧，成为复杂的数学工程，因而这些知识形成了一门新兴学科——金融工程学。如此精深的科学公式和复杂的数理模型，使单一学科出身的人根本无法了解，包括纯粹的经济学家或金融学家。但应看到，数学和物理学是人类追求完美的智慧表达，这也是柏拉图超级偏爱几何学的原因。数学和物理学长期以来占据了古希腊哲学诗性智慧的核心，在这里实现了人类社会、文化知识与大自然的交互。因此，这两门学科在本质上是人们智力领域的精神活动，很容易脱离社会生活而走向抽象化。但它们也是人类征服自然和控制自然的思维工具，近代启蒙运动正是借助了自然科学的理性而吹响了"向大自然宣战"的号角。金融市场本质上是一个人化自然，市场的运动是否存在类似于自然界中的客观规律？金融市场是遵循"随机游走"还是属于"动态混沌"？这促使人们寻找现象背后的规律，以期能够控制市场。这是数学和物理学被引入金融学中的心理动机。然而，数学和物理学的完美化追求会将金融产品推上精神创造的轨道，使产品的设计脱离物质的存在基础演变成精神游戏，从而导致思想的迷思。

"雇佣最聪明的人，用最快捷、最安全的方式，让钱生钱，再生更多的钱"，这是华尔街的行事原则。金融衍生产品更是吸引了一流的人才加入，由数学家、物理学家和精算学家组成的团队，以风险（控制风险、利用风险）为核心进行产品开发。其中证券化是最具有划时代意义的设计，它改变了金融机构的盈利模式，资本市场上的金融交易成为金融机构的主要利润来源。随着金融机构混业经营时代的来临，金融机构所面临的风险也复杂化了，除了信用风险还有市场风险。证券化能够将信用市场和资本市场联系起来，通过这个平台将风险转移出去。因此，证券化作为金融创新最初是为了规避管制和转移风险而设计的。信贷扩张为商业银行创造了大量贷款资产,风险增加;由于受到严格的监管,商业银行的贷款量受到限制。风险控制和绕开监管的双重要求促进了金融创新,创立一个特别目的载体(SPV)将风险资产转移给SPV,就可以将表内资产转到表外,既实现了风险转移又绕开了商业银行关于风险资产最高权重(100%)的限制。影子银行也热衷于证券化,因为可以从承销、打包和交易中赚取手续费。资金只要处于流动状态就可以产生收益。证券化与信贷扩张存在互为因果、相互推动的联系,证券化增加了全球的信贷规模,吸收了大量的多余资金;而信贷规模的扩张又促进了证券化的运作。这促使证券化的性质发生改变,它的作用不再是从表内转移风险资产,以实现风险控制和规避监管,而是根据现有债权做投资组合套利。债权主要是从二级市场购买过来的,通过买卖债权实现股本回报最大化。此外,在证券化平台上还可以开发出很多令人眼花缭乱的结构性产品,再借助信用违约互换将风险转移给保险公司。

通过使用最先进的信息技术,开发出最复杂的金融工具,绕开金融监管,金融市场玩起了"钱生钱"的游戏。衍生金融产品为金融业开辟了新的空间,在这个空间里玄妙的数学和物理学模型充斥其中,其目的就是通过高深复杂的模型遮蔽产品存在的虚幻基础,利用大众的懵懂、迷信和狂热,在金融市场上制造获取暴利的赚钱机器,还能躲避监管。复杂的金融衍生产品除了它的开发者和设计者之外,就连金融专家和监管者都难以看明白,大多数投资者更无法知晓,这使它从原来的避险工具变成了精神的游戏。但复杂的模型和高深的公式给了他们一种科学的错觉,反而能够产生一种虚幻的安全感。加之金融衍生产品往往能够提供较高的资产回报,投资者热衷于对这些产品进行投资。这使得开发这种产品的资金更加充足,刺激金融机构不断采取更为激进的投资策略。这是一个恶性循环,但却巧妙地保持了市场需求和供给的两旺,不管是投资机构还是投资者都陷入欲望不断膨胀的非理性状态。导致衍生金融资产呈爆炸式增长,不断催生的信用泡沫和资产泡沫助长了经济的金融化。人们的价值观也发生了重大变革——金融精英成为时代的偶像。金融业的快速增长开启了"快钱"时代,腐蚀了社会精神,人们对实体经济变得极端没有耐心,从项目刚上马就想着如何尽快变现。

第二节 金融衍生产品的运行:以房地产金融化为例

2008年,发生于美国、席卷全球的金融危机起源于房地产的次级债,众多类型的金融机构加入其中,通过金融创新对这些信用欠佳的次级债进行再开发成衍生产品。不仅美国的金融机构大量参与,还吸引了世界上很多国家的金融机构。金融衍生产品若纯粹在金融市场运作,它实际上属于剩余资本在虚拟经济中的智能游戏,不会对整个经济体系带来实质性影响。但金融衍生产品一旦与实体经济相联系,它的虚幻性和高倍杠杆性会将实体经济虚拟化,从而改变实体经济的运行轨道,这其中最有代表性的是房地产业的金融化。

就房地产本身而言,它是经济系统中的重要行业,土地和房屋的买卖、租赁等经济活动在封建社会已经相当普遍。在我国,从19世纪中叶起,上海、广州等沿海城市就出现了房地产大业主以及房地产开发经营组织,房地产行业在社会中的作用日益显著。从世界范围来看,在市场化开启较早的欧洲,房地产的产业化发展相对更加成熟。由欧洲不动产协会(EPRA)和欧洲非上市房地产运载装置投资者协会(INREV),委托开展的关于商业房地产在欧洲经济中的作用和重要性的研究成果表明,所有形式的房地产占到经济活动的近20%。仅商业地产行业在2011年对欧洲经济的直接贡献就达到了2 850亿欧元,相当于经济总量的2.5%,比欧洲汽车工业和通信行业之和还多。[①] 但需要注意的是,房地产作为商业活动,却没有完全遵循经济规律。如房地产的价格并非决定于市场需求与供给,经济学的专业知识在很多情况下难以解释房地产价格的上涨

---

① 贾科莫·莫里,安东尼奥·马扎.房地产金融[M].吴琦,葛斐,译.北京:中信出版社,2016:1.

之谜。房地产并非高新技术行业,是什么支撑了它的高额收益率?行业的繁荣离不开充足的流动性资本,探索房地产市场的繁荣之谜需要揭示其背后的资本来源渠道——金融。

一、房地产市场金融化案例:回顾 2008 年金融危机

2008 年的金融危机与房地产有关,也叫"次贷危机",即"次级抵押贷款"危机(subprime mortgage loan)。在美国的抵押市场上,根据借款人的信用等级分为"次级"和"优惠级"两个等级,放款机构根据不同的等级会区别对待,从而形成了两个层次的市场。通常信用等级比较低的借款人申请不到优惠级别的贷款,会转向次级市场寻求融资,次级市场的贷款利率通常比优惠等级的抵押贷款利率高出 2%~3%。次级贷款主要向那些收入低、受教育水平低的家庭和个人发放。在 2006 年之前的 5 年里,由于美国市场利率较低,住房市场异常繁荣,刺激了美国抵押贷款市场的迅速发展,很多不具备买房条件的人都开始买房。但刺激抵押贷款存在一个悖论,借款人本身的收入较低,还要承担较高的借款利率,这必然进一步加重还款者的债务负担,导致产生贫富差距拉大的"马太效应",使得还款风险进一步提高。为了抑制市场的非理性繁荣,美联储在两年之内进行了 17 次加息调控,终于爆发了还款危机。由于次级贷款通常采用固定利率和浮动利率相结合的方式,即购房者在购房后的前几年按固定利率还款,之后按浮动利率还款。利率的提升无疑加重了这些低收入者的还款负担。同时,住房市场的萧条也使通过卖房或抵押住房再融资的方式变得困难,这导致大批次贷借款人不能按期还款,最后银行通过收回抵押品的方式收回大量住房。但由于出售住房较为困难,这些问题最终转移到了银行业,使银行受损严重,成为次贷危机的导火索。

次级购房者的还款危机引发了与之相关的一系列金融产品陷入危机。事情的起因是美国第二大次级抵押贷款公司——新世纪金融公司发出 2006 年第四季度盈利预警,并于 2007 年 4 月 2 日申请破产保护,拉响了危机的警报。同时在中国香港市场汇丰控股也增加了对次级抵押贷款

的准备金，引起当日股市大跌，恒生指数下降了 777 点，跌幅达 4%。这种危机很快蔓延到了与美国经济联系比较密切的德国，2007 年 8 月，德国工业银行旗下的"莱茵兰基金"以及银行本身参与美国的房地产次级抵押贷款业务，而遭受估值为 82 亿美元的损失，德国中央银行不得不召集全国银行业商讨拯救德国工业银行。接下来，风暴以排山倒海之势袭来，美国另一家大型抵押贷款机构——美国住房抵押贷款投资公司向法院申请破产保护。在投行领域，首先是贝尔斯登因投资次级贷款抵押证券化产品而出现流动性危机，接着投资银行雷曼兄弟因大量持有与住房抵押贷款相关的资产而破产。其他金融机构紧随其后，纷纷陷入危机，"多米诺骨牌"效应开始了。危机还迅速蔓延到与美国投机结构相似的其他欧洲国家，如第一大银行巴黎银行旗下的三只基金，由于投资了美国次贷债权而遭受了重大损失，巴黎银行不得不宣布冻结这三只基金，并导致欧洲股市大幅下跌。

随后在亚洲市场，日本的瑞穗集团因为美国的次贷债券而损失 6 亿日元。据估计，日本九大银行持有的美国次级债券超过一万亿日元。与此相类似的还有韩国，包括 Woori 在内的五家银行持有 5.65 亿美元的担保债权凭证（CDO）。同时，澳大利亚、加拿大、英国等都卷入其中。全球股市惨遭重创，中国香港恒生指数曾创下单日下跌 940 点，日经平均指数单日下跌 874 点的记录。到 2007 年底，多国央行不得不合作解决由次贷所引起的危机，这是一次大规模的全球经济合作。由于金融投资大多属于虚拟投资，它的价值在于大家有合理的预期，一旦预期丧失，则金融产品的价值将不复存在。它们不同于实体经济中的投资，有厂房、机器设备等固定资产的残值，这种金融资产一旦发生危机就会造成财富蒸发。它们的价值损失速度之快，正如赚钱速度之快一样。由于金融投资的虚拟性和便捷性，往往牵涉面更广。雷曼兄弟之所以被放弃拯救，一个重要原因在于它参与了信用违约互换，经济联系的复杂性使收购变得困难。此外，危机的传播速度也很快。美国投资银行出现危机以后，很快就波及了与之来往密切的欧洲和日本市场。危机起于金融市场，是一场金融危机，但根源却在于实体经济中房地产的金融化,次级抵押贷款的借款者是大规模次级债券的"阿克琉斯之踵"。

在这次危机中,很多经济学家认为过度的金融创新是这场危机的根源,这是有道理的,是引发次贷危机的直接原因。相比较其他金融机构,银行的经营更为审慎,对银行业的监管也更为严格。单就银行体系而言,其经营规则是严格而审慎的。然而,2008年的金融危机缘何肇始于银行体系?答案正是衍生金融工具的运用。正如著名的巴林银行因期货投机而破产一样,银行体系与衍生金融工具的结合放大了系统性风险。在美国,随着新自由主义的盛行,1999年颁布的《金融服务现代化法案》取消了商业银行和证券公司分业经营、分业管理的原则,进入混业经营时代。银行、证券、信托和保险等金融机构业务交叉、联合经营。2008年的金融危机充分显示了银行、证券、信托和保险等金融机构的交叉经营如何会陷入困境并导致金融危机的。

住房贷款的借款人从银行的次级抵押贷款中取得贷款,银行将这些长期性资产证券化,打包出售给投资银行,从而使银行获得了融资,可以进行更多的放贷业务。投资银行在得到这些证券以后再销售给保险公司或对冲基金分散风险,投资银行和银行业因此得到资金再去做其他的投资。2008年的金融危机,起因是次级抵押贷款市场的借款人无力还款,引发了次级抵押贷款公司及存贷机构陷入坏账危机。这些金融机构将贷款证券化以后向投资银行出售资产抵押证券获得融资,由于这些借款人出现违约,这些证券的价值大幅下跌,使投资银行面临亏损。投资银行出现危机引发保险公司和各种对冲基金也陷入困境,这就是通常所说的"多米诺骨牌"效应。金融机构之间的业务交叉,联合经营,实际上扩大了系统性风险。

当房地产和金融市场的虚假繁荣最终导致美联储连续加息以后,这一虚假繁荣的泡沫被刺破了。次级贷款的借款人无力还款看起来是群众的贫穷和消费受到限制的问题,但从本质而言并非如此,根源在于资本主义制度。但金融的介入旨在解决消费者无力消费的限制,这在资本主义制度条件以及当时的技术水平下是违背金融规律的。最终使建立在这一基础上的一系列衍生体系坍塌，投资银行倒闭连带着银行和保险公司，引发了系统性危机。在这次危机中，第四大投行雷曼兄弟倒闭、华盛顿互惠银行破产、房利美（FNMA）和房地美（Freddie Mac）被国有化，美国最大的保险公司（AIG）被收归国有。这次危机重创了金融业，但由于金融业与实体之间紧密的关系，实体经济也受到重大冲击，也引起了人们对金融作用的再认识。

二、公司金融：房地产市场的资金来源

房地产属于资本密集型行业，这是因为土地的价值量比较大。所开发的项目投资也很大，如大型商场、大型社区，往往需要巨量资金，单靠企业资本的自身积累难以企及，由此凸显了金融的杠杆性作用。房地产行业过多运用了金融市场的资金，这也是由房地产行业自身的特点所决定的：资产价值高，能在未来产生现金流。房地产行业通常用银行贷款购得土地，再用土地作为抵押（或作为未来预期的对象）募集更多的资金进行项目开发，最后在实现销售以后，归还银行贷款以及为投资者分配收益，整个开发过程结束。房地产开发从土地购置、项目开发到投入建设，通常需要三轮融资。

（一）债务融资

房地产的资金来源主要是债务融资，其中银行贷款是主要方式。在实务操作中，房地产行业通常通过抵押房地产的价值和由此产生的预期现金流作为融资的基础。债务对企业而言是一项显性成本，是在合同中明确规定的。房地产比较适合进行大额债务融资，因为它们是实际存在的、可见的实体且不可移动，容易被作为抵押品使用。它们的价值可以精确地计量，是优质抵押品的代表。房地产的破产成本比制造业或服务业低，因为房地产价值不容易受到所有者是否持续经营的影响，也不会面临因技术变动而贬值的风险，且房地产的价值主要是地产及其附着物，不易损坏。但由于房地产资金量大，融资技术和融资工具对房地产的发展至

关重要。传统抵押贷款把借方与银行绑定，由于抵押担保使风险可控，一直被视为银行的优质资产，抵押贷款也长期占据主导地位。随着金融创新，在债务融资工具上有所拓展，比如现在越来越多地使用项目融资。项目融资主要是基于项目本身未来的现金流和收益，如大型基础设施建设中的 BOT 融资，就是一种常见的项目融资模式。它与抵押贷款的区别是：抵押贷款的偿付在很多情况下取决于资产的价值和登记的抵押；而项目融资安排的回报与项目所生成的现金流对投资者进行偿付的能力相关联。在项目融资中，银行的地位有所改变，银行不再是仅仅收取利息的第三方，而是站在与权益投资者相同的地位上对单个交易进行评估，项目本身成为关注的重点。

在资金的筹措上，传统模式主要包括"德国模式"和"法国模式"[①]。德国模式的特点是筹资活动与借贷活动紧密相关。资金可以根据需要随时筹集，筹集的资金被称作资产担保债券，也称为潘德布雷夫债券，在德国已有一百多年的历史。这种债券也被引入其他国家，如英国、荷兰和意大利等多个国家。最初，每笔债券的发行都是基于真实的合约协议。法国模式的特点是筹资活动与借贷活动相分离。银行通常在同业拆借市场上筹措资金，买进资金的成本取决于市场对借款行的风险的认知。因此，评级较高的银行相对于评级较低的银行能给客户提供更优惠的条件，从而筹集到较低成本的资金。在实际运用中，德国模式的资产担保债券是一种金融创新，可以保证资本的盈利和利息，因为银行会专门划出一部分资产用于此类融资工具的报酬支付和清偿。无论出现什么情况，发行银行都将对此类融资工具进行担保。与下面要介绍的证券化不同，资产担保债券不能把交易从银行的资产负债表中移出，这意味着银行将继续承担信贷风险，且必须在会计报表中进行相应的资本配置，这是巴塞尔协议所要求的。它对融资工具应收账款的隔离保证了应收账款及其产生的现金流，专用于资产担保债券的持有人。此外，由于发行银行用它的资产进

---

① 贾科莫·莫里，安东尼奥·马扎. 房地产金融[M]. 吴琦，葛斐，译. 北京：中信出版社，2016：17.

行担保,在发行机构违约的情况下,此金融工具的偿付承诺不受影响。因此,资产担保债券安全性、流动性和评级都比较高,但收益低。

对于大型投资,一般是银团贷款。如果借款行没有能力或不愿意认购全部贷款,或者如果它必须降低其在某些客户或某些行业上的信贷风险,则需要引入其他银行,这就是银团贷款。它的操作方式是与银团贷款签署贷款协议,可以在签订协议之前或之后进行。如果是前者,银行与其他行在资金池内共同完成交易(也叫作俱乐部联贷)。这样一来,无论是协议的订立还是给所有银行提供同级担保,都不会出现任何问题。常规的做法是签署银行间协定,明确银行间的关系,比如确定哪家银行出任代理行。代理行的任务是协调各个银行与借方,在谈判过程中与参与者互动。在贷款发放后,对贷款进行管理和监控。在有些情况下,俱乐部联贷的成立需要较长时间,银行一般通过"过桥贷款"进行融资,也即短期或中期贷款。在过桥贷款到期前,银行将和其他银行联系以便为中长期贷款的抵押做好准备,以偿还现有贷款。但这里也存在风险,因为提供过桥贷款的银行不一定会签署全额长期贷款,如果借款行不能在过桥贷款到期之前安排好俱乐部联贷,就有可能出现交易违约风险。

通过贷款的证券化筹资是重要且涉及面较广的融资方式,包括资产证券化和融资证券化两部分。资产证券化是将缺乏流动性但预期能够在未来产生稳定现金流的资产,转化为能够在金融市场上可以转让和流通的证券。传统的贷款方式是发放的贷款额度依赖于银行的资产,银行资产必须对发放贷款的相关信贷风险进行担保。而在证券化模式下,银行通常将贷款转让给第三方。第三方可以是银行,也可以是其他金融机构。第三方在市场上以项目的收益为依据发行证券,这意味着借款行不需要在资金的筹措上花费精力,也不需要与借款方保持长期关系。也即说,借款方的违约行为不会影响到初始的借款行,而是影响到证券化过程中在市场上购进证券的持有人。对银行而言,转移了风险。证券化的起点是资产的销售,在金融市场上发行证券标志着证券化的完成。贷款、抵押和其他资产(如不动产)产生的现金流不仅是发行证券的担保,也是确保证券偿还的工具。具体而言,发行的资产从发起人转移到受让人,他们需要支付转让费用。通过证券的发行,在市场交易中获得了融资,而发行的证券将投放到散户市场或机构投资者手中。从本质上看,证券化为银行提供了一种筹集资金的方式,通过把贷款转让给投资者,筹到资本用于发放新的贷款。资产证券化是在已有的信用关系上发展起来的,其意义在于增强二级市场的流动性,并没有增加信用总量。融资证券化是指筹资者采取发行证券的方式在金融市场上向资金供应者直接融通资金,而不是通过银行获取资金,也叫直接融资。融资证券化增加了信用总量,产生了新的信用关系。

(二)权益融资

除了债务融资,还有权益融资。它包括股东所提供的一切形式的资本和所有与之相关的货币。除了实收资本或投入资本之外,还包括留存收益。权益融资的成本主要是隐性的机会成本,它不属于负债,其规模大小取决于实际的经济绩效。由于权益融资不属于负债,所以没有偿还日期以及其他形式的偿还义务。预期的报酬主要取决于对风险的认知和管控,包括经营风险、财务风险和市场风险。对于股份制公司而言,权益融资的主要形式有发行股票,通过 IPO 在股票市场上公开募集社会资本。对于已经上市的公司,可以通过在资本市场上发行证券进行再融资。可以向原股东配售股份(即"配股"),也可以向不特定对象公开募集股份(简称"增发")。对于没有条件上市的公司,如果要募集社会资本,可以通过"买壳上市"或"借壳上市"。即通过收购或控股一家业绩较差、筹资能力较弱的上市公司(即"壳公司")实现间接上市。然而,无论是 IPO、再融资还是借壳上市,其操作都要经过复杂的程序,需要很长时间,还会涉及很多法律问题。

当前一个较为流行且能调动广大投资者积极性的权益融资方式是房地产投资信托基金(REITs)。REITs 起源于荷兰和英国,20 世纪 60 年代美国开始实行,后传到世界上其他国家。房地产投资信托基金是一种资产证券化,是指采取公司、信托或社团的组织形式,以发行受益凭证的方式汇集特定多数投资人的资金,由专门的投资机构进行房地产的经营管理,通过收购并持有收益类房地产或者为房地产项目进行融资,将投资综合受益按比例分配给投资人,使投资人分享房地产收益,并享受税收优惠的产业投资基金。[①] 它实际上是一种金融产品,与前面几种融资方式不同,它是由专业的金融机构来打理。对投资者而言,购买其发行的有价证券就可以分享投资房地产的收益,从而避免了繁琐的管理、经营程序。有价证券可以在金融市场上自由流通,变现性强,风险小。REITs之所以具有权益融资的意义,在于法律规定该类证券只能用于房地产项目。房地产本身不能流动,但所有权形式可以流动。房地产投资信托还可以实现双重避税,可以进入大型资本市场而不用担心税负问题,大大增强了流动性。

REITs能够有效聚集社会游资,满足小额投资者投资房地产的需求,通过组合投资和专家理财实现了大众化投资。REITs的运作类似于一个产业公司,通过对房地产的拥有和经营获取收益,在不改变产权的情况下提高了不动产的流动性和变现能力,相当于一种证券化的产业投资基金。信托、证券、银行和保险构成了金融体系的四大支柱,REITs作为连接实体和虚拟的通道,将中低收入群体拉入金融体系中,也反映了金融运作在社会群体中的渗透能力以及房地产的影响范围。这些投资的实现最终要依靠房地产的运营收益,通过这种方式,房地产的发展状况与社会大众的联系更加紧密了。

三、个人金融:房地产市场的购买方式

房地产公司从开发到运营,每一步都离不开金融的支持。在最终的销售阶段,同样需要金融的帮助。房地产不同于一般耐用消费品,它属于大规模投资。对于个人而言,即使是一套住房,也需要多年的资金积累。对于从起步就有大量金融资金介入的房地产,若要像其他商品一样顺利

---

① 姚延中. 房地产投资信托基金研究[M]. 杭州:浙江大学出版社,2016:1.

销售出去,收回成本实现收益,必须在消费端使用金融的杠杆性力量。也即用金融工具支持消费者(购房者)的购买行为,最常见的就是个人住房抵押贷款。它的含义是指银行对不能或不愿一次性支付购买房款的购买者进行贷款,但在贷款到期前,要将房子抵押给银行。在这期间,房屋的所有权虽然仍属购房人所有,但不能随意处置房权。个人住房抵押贷款在我国一般称为"按揭",即根据合同要求,在规定的时间内每月偿还一定的本息。个人住房抵押贷款是世界上购房者的常用购买方式,对于银行而言,住房抵押贷款能够产生稳定的现金流,因此普遍热衷于这一业务。尤其在我国,由于文化传统和社会习惯,个人住房贷款的违约风险很小,一直受到银行青睐。

从实务来看,房地产买卖不同于一般商品——基于需求与供给的结合,而是多种因素共同作用的结果,其中金融机构的资金供给能力居于重要地位。因此,在需求者(购房者)与供给者(房产商)之间隔着一个第三方(银行)。银行对于供求双方都起着重要作用,购房者能以超过自己资金实力的能力买到房子,房产商能迅速收到购房款。如果没有银行体系的参与,房地产行业的发展将会是异常缓慢的。从操作流程上来看,主要分为以下几个步骤。

(1)开发商与银行签订《合作协议》。约定开发商的物业、银行向购房人提供按揭贷款,并约定开发商在购房人取得房屋产权证办理抵押登记之前,为其贷款提供不可撤销的保证,开发商与银行形成合作法律关系。

(2)开发商与购房人签订《商品房买卖合同》。约定购房人支付房屋价款的方式为首付款加银行贷款,开发商与购房人之间形成商品房买卖合同上的法律关系。

(3)购房人与银行签订《个人住房借款合同》。购房人从银行取得借款,同时以所购房屋的所有权证向银行提供抵押担保,购房人与银行之间形成抵押借款法律关系。

(4)为保证银行权益,购房人需购买强制的房屋保险。我国《个人住房贷款管理办法》第 25 条规定:"以房产作为抵押的,借款人需在合同签订前办理房屋保险或委托贷款人代办有关手续,抵押期内,保险单由贷款人保管。"通常是贷款人和借款人在贷款合同中约定:借款人购买按揭贷款保险,保险人由贷款人指定,保险期间不短于贷款期间,受益人为贷款人。

以上简单地分析了开发商、银行与购房者之间的关系,其中还加进了保险公司。由此可以看出,房地产具有牵涉面广的特点。一个原本简单的、涉及买卖双方的交易关系,被扩大到银行、信托、证券和保险等行业(之后还会扩大到影子银行体系)。此外,政府部门也是一个不可或缺的重要角色。事实上,世界各国政府对于房地产的买卖都是支持的。如美国成立专门的储贷银行,并以免税的形式支持房地产开发;德国则以提供奖金的形式,支持个人购买住房。在我国主要采用住房公积金制度支持个人购房。我国的住房公积金主要体现了互助性,即通过这种制度,聚集社会成员的一部分闲置和暂时闲置的资源,有条件地配置到需要某种帮助的社会成员中去。住房公积金具有强制缴存、限定用途、低存低贷、免征税收的特点。通过强制储蓄的模式,聚集了广大职工的一部分不用或暂时不用的资金,通过优惠性贷款的方式支持符合条件的中低收入者购房。与此类似的,还有新加坡的中央公积金制度,都属于这种政府主导、互助型的金融支持制度。从一定程度上也可以认为是国家借助于金融工具支持居民购房,因此没有国家的支持就没有繁荣的房地产业。

第三节 证券化:房地产从"不动产"到"动产"的跨越

房地产业在当今各个国家的经济发展中都占有举足轻重的地位,市场的繁荣程度远超制造业、服务业等其他行业。对社会而言,房地产并没有提高社会技术和生产力水平,缘何成为影响经济繁荣的重要因素? 这是因为房地产业不只是一项普通的固定资产投资,而是被设计转化为金融产品。正是从固定投资到金融衍生产品的演变所制造的流动性,推动了房地产及其相关产业的繁荣。房地产本属于资本密集型的实体性投资,是典型的"不动产",但在金融工具的操作下,这一巨大投资品被碎片化,转变成一种普通商品被各种投资者所购买。具有代表性的就是资产证券化,将房地产完成了从有形到无形、从具体到抽象、从实物到精神的转化。

一、"不流动"到"流动":住房抵押贷款证券化的实质内涵

抵押贷款无法流动,会存在资金的需求与供给不匹配的情况。这种不匹配主要表现为两种形式:一是地区性的不匹配。一个地区的存款数量会高于贷款数量,资金处于闲置状态;而另一个地区可能是贷款数量大于存款数量,资金供不应求。但由于地区间的阻隔,使资金不能自由流动。二是机构之间的资金供求不匹配。银行、储贷机构等传统性的放贷机构由于贷款业务(特别是中长期贷款)占用资金,通常处于资金缺乏状态。而其他金融机构,如人寿保险公司,由于保费收入稳定,而赔付又属于偶然事件,因此资金处于盈余状态而希望有投资的渠道,以实现更多的收益。二级抵押贷款市场正是在这种背景下推出的。二级抵押贷款市场是可以买卖抵押贷款的市场,是相对于原始抵押贷款债权的一级市场而言的。二级市场主要是抵押权的转让,并不发放贷款。金融机构或其他公司在二级市场中购买抵押权,并以此为担保发行债券和其他债务工具。由于所发行的证券是以抵押贷款为担保的,所以被称为抵押贷款相关证券。这样,银行的长期债权就可以实现流动了。抵押贷款支持证券大体可分为四种类型:抵押贷款传递证券(mortgage pass-through securities)、抵押贷款支持债券(mortgage-backed bonds)、抵押贷款传递债券(mortgage pay-through bonds)和被担保的抵押贷款债券(collateralized mortgage obligations)。

在上一节讲到,房地产资本的来源主要是债务性融资,其中银行、储贷机构的借款是其主要构成部分。由于政府的支持和人们购房需求动机的增强,银行对房地产行业的贷款数量急剧增长,形成了大量的应收账款。由于房地产的投资回收期较长,使大量银行资产无法流动,这促进了

资产证券化在房地产行业中的应用。从发展过程来看,证券化出现在20世纪70年代。它是通过将负债工具聚合在资金池中,然后发行由资金池支持的新证券来分散风险的过程。[①] 只要相应的债务在未来有现金流,就可以用这种方式实现债务的流动。证券化的操作过程大致是,以银行、信用卡公司或其他信贷提供者的贷款凭证、应收账款为基础的债券或票据,经过"信用增级"以后,将这些资产再包装为一定面额(如1 000美元)、一定期限(如5年、10年等)的证券,通过经纪公司将这些证券销售给投资者。贷款人将这些证券卖出去以后,就获得了流动性,可以重新进行贷款。此外,这些证券化产品可以吸引更多的投资者参与,金融产品作为一种无形产品不受地理范围的限制。由于有价证券实际上只是一份关于数字的合同,因此传播范围之广、速度之快是一般商品所不具备的。从1980年到2008年,美国被证券化的住房贷款在抵押放贷中的份额从11%上升到60%[②],为数百万人获得抵押贷款提供了支持。随着信息技术的应用,大大提高了抵押贷款发行方收集和处理信息的能力,更容易获得有关信贷质量和抵押品价值的相关信息,提高了抵押贷款行业的效率。此外,还可以信息共享,贷款人、监管局、评估师、保险公司和其他相关机构都可以分享信息。这些都促进了证券化的发展和兴盛。

1970年,吉利美(Ginnie Mae)首次发行了抵押转手证券,即给予投资者在抵押贷款池内的利率,通过对本金和利息的支付,定期提供固定收益。FNMA(联邦国民抵押贷款协会)和FHLMC(联邦住宅贷款抵押公司)也分别推出了各自的抵押贷款证券,分别是抵押贷款支持证券(MBS)和参与股份证券(PC)。这些证券是由通过选择型和强制性承诺直接收购计划购买到的抵押贷款组合支持的。FNMA和FHLMC还提供及时偿还本金和利息的担保。到了20世纪80年代,房地美(Freddie Mac)引

---

① 约翰·道恩斯,等.金融与投资辞典[M].于研,等,译.上海:上海财经大学出版社,2008:797.
② 富兰克林·艾伦,格伦.雅戈.金融创新力[M].牛红军,译.北京:中国人民大学出版社,2015:91.

进了抵押担保证券(CMO),它的创新之处在于把一系列集中的抵押贷款的支付与不同期限的贷款和信用风险支付区别开来,这些可以出售给那些需要特定的时间跨度投资和不同风险偏好的机构投资者。对于企业而言,它依据不同类型的风险划分不同等级的投资工具,如划分为:优先股部分、债券部分和股权部分,每一部分都有相应的信用评级。各部分的风险也不相同,股权部分有较大的违约风险,因此有更高的回报率。1981年,房地美又推行了"交换计划",使抵押贷款证券化的程序有所改变。不久,房利美也采用了与之相类似的计划。该交换计划允许用具有相同利率的抵押贷款与"两房"担保的具有相同息票利率的证券相交换。发行人可根据市场利率的水平,将抵押贷款证券的全部或部分以折价或溢价的方式出售。该证券的优点是,发放人在决定是否持有证券以及何时出售证券以筹集资金方面,具有较大的弹性。

抵押贷款证券是一个统称,在程序上并非全部相同,特定证券的市场价值取决于基础组合中抵押贷款的特征、借款人对利率变化的反应以及借款人的行为等因素。在实务中,抵押贷款证券的发行是很复杂的,要考虑到各种风险(如利率风险、违约风险、拖延偿付本息的风险、提前还款风险等)、到期日的计算(到期日有组合规定的到期日、组合的加权平均到期日等),还要考虑提前还款对证券价格、预期收益的影响,以及市场利率对抵押贷款证券的价格影响等(因为利率上升与利率下跌对组合资产的影响是不同的。通常对利率下降的的敏感程度不如对利率上升时的敏感程度高,因为贷款的偿还速度倾向于在利率下降时加快而在利率上升时减慢。这种不对称性会影响投资的存续期及其凸性[①])。产品的开发、设计、定价及其完成后的保险都需要经过精确的计算,因此,这已经不是企业一般的"投入—产出"理论所能解释的。这种复杂的运算已经超出了一般的房地产行业和金融从业者的认知水平,是金融工程学的领域。

抵押贷款证券化的积极意义是化解了银行风险,提高了市场流动性,

---

① 凸性,是指存续期对利率变化的敏感性。

促进了房地产业的繁荣。主要通过两种方式：一是银行对房地产的占款减少了。通过证券化的方式，银行将贷款打包出售给二级市场，提前回笼了资金，可以再次向房地产发放贷款。实际上，这增加了银行对房地产的注资频率，提高了资金的流通速度。二是证券化产品可以分享房地产业的收益，而不用参与繁琐的管理、经营以及相关的法律问题，因而是一种较好的投资方式，受到广大投资者的青睐。再加上证券化投资的便利性，较高的流动性以及转化为现金的便捷性，吸引了众多投资者。这两种方式从资金供给层面，增加了房地产资本的来源。同时也丰富了资本市场的投资品种，拓宽了人们的投资渠道，为剩余资本找到了可利用的空间。理论上，抵押贷款证券化分散了借贷市场的风险，缓解了资金压力。但金融创新在解决问题的同时又不断制造新的问题。金融创新的推动力往往是追逐较高的收益率，在抵押贷款证券中，利率的变动会对抵押贷款证券的价格带来影响。由于利率升降会产生不同的影响，随着利率的下降和提前还款的加速，投资者收到的全部现金流量就必须以较低的利率用于重新投资，这是抵押贷款证券所重点关注的。也是因为这一原因，促进了又一次金融创新，抵押担保证券和其他衍生证券被开发出来了。随着金融产品开发链条的延长，距离最初的基础产品——房地产——越来越远了。

二、从"具体"到"抽象"的转换：以 CMO 及其衍生产品为例

在抵押贷款证券中，以担保抵押贷款债券（collateralized mortgage obligations，简称 CMO）及其衍生产品，来说明金融创新是如何将房地产这么一个庞大的实体性投资转化为纸面财产的。抵押贷款支持证券面临的风险主要是违约风险和提前偿付风险。违约风险是指借款人不履行对债务本息的偿付，使投资者不能收到每期的现金流来偿还住房贷款，也叫信用风险。但在证券化过程中，金融机构所做的贷款担保和信用增级，使得信用风险并不太高。因此，最大的风险是提前偿付风险。金融产品的定价核心是时间价值，建立在对未来有较为可靠的时间预期之上，因为这

是预测现金流的基础。提前偿付风险相当于给了抵押人一个看涨期权，当抵押利率下降时，证券价格会上涨，但价格上涨的幅度低于不含期权的债券的价格，因为利率降低增强了借款者在较低利率下提前偿付贷款的动力，导致债券收益的提高被阻断。而当利率升高时，借款者则会延长支付。总体而言，提前偿付风险使投资者面临收益损失。CMO 就是以规避提前偿付风险而设计出来的创新产品，通过将与抵押有关的产品的现金流量重新分配为不同档的债券而得到缓解，即创造与基础抵押产品不同的提前偿付风险的风险/收益模式证券。

CMO 并没有消除提前偿付风险，只是将风险的不同层次转移给不同类别的债券持有者。CMO 结构中有多类债券，一般称为 A 类、B 类、C 类一直到 Z 类。越靠前的债券可以从担保品中获得定期的利息支付，靠后的债券如 Z 类债券是一种应计利息累积债券，它在其他各类债券的利息被偿付之前不能定期获得利息。CMO 实际上是依据债券风险程度，将不同程度的风险资产销售给相应级别的风险承担者。它的操作程序是：现金流先被用来偿付 A 类债券，当全部 A 类偿清以后再偿还 B 类，以此类推。CMO 的创新还体现在浮动利率档和按计划摊销档债券，这是在固定利率 CMO 基础上的创新。浮动利率 CMO 是由投资银行雷曼兄弟开发出来的，旨在保证担保品足以满足所发行的这类债券的全部偿付要求，这是可以用于支付浮动利率类债券的最大利率的上限。为了进一步降低提前偿付风险，不断对 CMO 进行再开发。比如 M. D. C 抵押融资公司 O 系列 CMO 中有一类被称为"稳定的抵押减少条件债券"（SMRT 债券），P 系列中有"按计划摊销类债券"（PAC 债券）。牛津第三票据承兑公司 C 系列有"按计划赎回义务债券"（PRO 债券）。[①] 这些债券的特点是如果提前偿付率在规定的范围内，现金流量是可预知的。这些债券现在统称为 PAC 债券。在 CMO 发行中，PAC 债券的持有者在从基础担保品获得偿付时比所有其他类别享有优先权。CMO 改变了风险结构，将风险转移给

---

① 施方. 住房抵押贷款证券化[M]. 上海：上海财经大学出版社，2005：32.

愿意承担风险的投资者。比如,PAC 债券可靠的现金流是以非 PAC 债券为代价得到的,正是这些债券吸纳了提前偿付的风险。

在 CMO 基础上还开发出衍生产品,如剥离式抵押支持证券(stripped mortgage-backed securities,简称 SMBS)。SMBS 是由政府国民抵押贷款协会于 1986 年创立的,它的操作方式是将抵押贷款组合中的利息和本金按一定比例重新分配,形成两个或多个剥离式抵押支持证券。对 CMO 资产的剥离是担保抵押债券发行中包含的一档债券类型,这种债券只能收到本金偿付或是一种具有合成高息票率的债券。它的操作思路是:在发行 CMO 时,将其中的一个常规档设计为剥离债券的形式,只获得本金的债券或获得大比例利息的债券。这样设计的目的是符合房地产抵押投资渠道(REMIC)中有关税后优惠的需要。因为根据美国 1986 年的《税收改革法案》符合其规定条款的实体是免税实体。大部分 CMO 为了获得免税待遇,其发行机构都是以 REMIC 的形式创立的。因此,真正只获得利息担保的抵押债券是不存在的,但有 99.5% 的息票率和 0.5% 的本金这样的安排。

SMBS 还有其他两种形式。合成息票过手证券(synthetic-coupon pass through securities)是最初的剥离式抵押支持证券,是由 FNMA1986 年创立的。它的 B 类剥离式抵押支持证券由 FNMA 的息票率为 9% 的过手证券担保,来自基础抵押贷款组合的资本偿付被分配给 B-1 类和 B-2 类。这两类证券获得同样金额的本金,但 B-1 类获得 1/3 的利息,而 B-2 类获得 2/3 的利息偿付。随后,FNMA 设计出两种 SMBS:一种是得到较少的利息、较多的本金,被称为合成折价类;另一种是得到较多的利息和较少的本金,被称为合成溢价类。还有一种较为普遍的 SMBS,由两种剥离式抵押支持证券构成。一种是只获得利息的证券(interest only securities,简称 IO);另一种是只获得本金(principal only securities,简称 PO)。SMBS 对市场现行抵押利率和提前偿付率的敏感性很高。如当抵押利率降到息票利率以下时,预期提前偿付会加速,这样会加速对 PO 证券持有者的偿付。PO 证券的现金流就会加快。PO 证券的价格是面值折价后的价格。投资者能实现的收益率取决于提前偿付的速度。提前偿付的速度越快,投资者的收益率就越高。IO证券则正好相反,投资者希望慢些还款,因为它只获得利息,期限越长,利息所得越多。

综上所述,SMBS将风险分门别类,可以应付不同情况下的风险,由此做到了风险的分散。在这一过程中,风险并没有消除,只是进行了一定的排列组合,交给不同类别的投资者去承担。从技术上而言,金融衍生产品考虑了各种可能出现的风险,运用定价技术将风险量化,由此将风险控制在可预测的范围内。从个体而言,风险降低了,同时也引发金融机构的过度自信,相信理性能够控制市场中的风险。但从整体而言,风险都聚集在金融市场中,增加了系统性风险。金融机构的过度自信与系统性风险的增加,说明"理性的悖论"是导致金融市场激进化的精神因素。

三、房地产投资信托基金(REITs)

在第一节已提到过房地产投资信托基金,虽然其资金用途主要是房地产,但它实际上是证券化的金融产品,是在权益基础上衍生出来的。它也是金融创新的结果,是在房地产空前发展的背景下出现的。从当时的情况来看,REITs类似于现在的众筹。由于房地产单笔投资额度巨大,远远超过了很多个人投资者的承受能力。此外,房地产属于中长期投资,流动性差,也阻碍了投资需求。为了刺激房地产业,满足中小投资人的的房地产投资需求,美国国会认为唯一的途径是聚少成多,以聚池管理(Pooling Managemengt)的形式成立房地产信托投资基金,专门从事可以带来收益的商业地产和房地产证券投资。[1] REITs的操作也很复杂,分类众多。从组织形式上可分为公司型REITs和契约型REITs;从资产权益的比重来看,可分为权益型REITs、抵押型REITs和混合型REITs;从募集资金的来源来看,可分为私募REITs和公募REITs;从管理的方式来看,可分为封闭式REITs和开放式REITs;从有无到期日,可分为有限期REITs和无限期REITs;从能否上市流通,可分为上市型REITs和非上

---

[1] 姚延中.房地产投资信托基金研究[M].杭州:浙江大学出版社,2016:14.

市型REITs,等等。不同的类型具有不同的特点,因此,在实务中,房地产信托投资基金是金融专业所研究的领域,它虽然为房地产市场提供资金,但其运作遵循的是金融逻辑。

REITs缘何成为一种金融创新产品呢?这是由于广大投资者的投资(投机)需求。20世纪60年代以后,在政府的推动下,商业地产迅速繁荣起来,商业银行、投资银行、保险公司和各种基金都从中获取了很高的收益,个人参与地产收益的动机也日渐强烈。对住房的需求也不仅限于满足居住需求,而是通过住房获得收益。他们需要一种可作为家庭投资的金融工具,从而能够以较小的资金规模分享金融市场的收益。REITs作为一种有价证券投资,其对资产的碎片化分割满足了投资者的这一需求。因此,它是一种可以满足不同群体的投资需求的工具。通过开发不同风险收益的房地产投资组合产品,将中小投资人难以涉足的大额房地产转化为小额金融工具,将众多的中小投资者吸引到房地产金融市场,从而提高了金融市场的广度和深度。在实际运营中,房地产信托投资基金还需要运用其他金融工具,比如商业抵押贷款支持证券(CMBS)和中期票据(MTN)就经常应用到REITs中,用于回笼资金或者进行融资。银行贷款也是REITs的重要资金来源渠道,且REITs的产品都与市场利率有着紧密的联系。因此,REITs的出现加强了金融机构之间的联系,增加了金融市场的复杂性。

REITs以发行受益凭证或信托合约的方式筹集资金,类似于股票和债券,它是对商业银行和储贷机构的一种补充。它对于社会发展具有重要意义,使经济社会的金融化程度越来越高,但人们追求高收益的动机能够导致金融的激进式发展。REITs使拥有小额货币量的人也能够有机会通过持有信托受益凭证而投资于房地产,从而有效地动员了社会储蓄资金,使零散资金转化为大规模的房地产投资资金。此外,REITs的组合投资能够提供具有不同风险收益的房地产项目,使投资人可以根据自身对风险的偏好程度和风险承受能力做出自由选择,满足不同类型的投资者的需求。这些都促进了REITs的飞速发展。

REITs 提高了社会的金融化程度和经济的杠杆率水平。在美国,根据法律规定,REITs 收入的 95% 以上要以股息的形式分配给股东,因而它们用未分配利润或现金流去进行下一轮投资的机会是有限的,因为它没有足够的闲置资金。因此,REITs 的资金来源渠道主要通过发行股份和利用财务杠杆。REITs 可以发行股票,通常以保留发行额外股份的权利用于未来的扩展计划,通过发行股票的方法筹集更多的股本金,用于下一轮的投资开发。当然发行股份也会带来一定的问题,因为新增股权会"稀释"未来收益,从而对 REITs 的股票价格带来影响,这也是企业和投资者需要考虑的问题。另一方式是对现存资产或即将开发的资产进行抵押贷款融资,通过利用财务杠杆增加资金。如果是短期融资,也可以利用银行的信贷额度或其他债务融资手段解决临时性资金不足。由此可以看出,从整个经济体系来看,提高了全社会的经济杠杆。前面曾经分析过信贷扩张对经济的影响,房地产整个行业的存在就是建立在杠杆性的基础上的。因此,REITs 实际上是金融市场的一部分,它并不能离开金融市场单独运作。

REITs 一方面动员社会储蓄,为房地产业的发展提供了足够多的资金,使房产商开发地产的动力更为巨大;另一方面将越来越多的人们卷入房地产业和金融业当中,但金融创新又使投资者与真实的投资隔离开来,人们看到的只是受益凭证上的收益,而不会考虑收益背后的投资如何。因此,容易使投资者的思考和行为方式陷入狭隘的境地,不能全面考虑经济之间的联系。比如,投资者将自己的资金投资到 REITs 证券中,希望获得较高的收益,但这种收益的前提是房地产业繁荣,而房地产业繁荣与房价上涨有直接的关系。那么对于中小投资者而言,虽然其资金获得了一定的收益,但是居住的成本却越来越高了,与之相伴随的往往还有高物价,通货膨胀的上升。在 REITs 中,实际上是证券化这种金融创新将房地产的真实投资转化为一种纸面受益凭证,使房地产实现了从"不动产"到"动产"的转变。REITs 为投资者提供了稳定的分红收益,将家庭和居民个人吸引进来。从实体到合约的转变使投资者沉浸于资产的增殖性收益,脱离了实体的物质性约束,极易导致理性在财富追逐中的迷失。

第四节　从物质到精神的裂变:对房地产金融化的批判

房地产在经济体系中占有重要地位。从功能上讲,它是人们的居住场所,关系到安居乐业;从经济上讲,它是构成社会固定资产总投资的一部分。但近些年来,无论是国内还是国外,房地产业的发展都经历了非理性繁荣,房价异常上涨,更有投机者大肆炒房,中介机构跟风炒作,共同"谱写"了房地产市场"只涨不跌"的神话。由于地产具有稀缺性,用金融手段运作房地产,必将导致人们对"快钱"的迷思,最终演变成为一种精神游戏,从实物资产到金融资产的转变体现了从物质到精神的裂变。

一、房地产市场的金融化:信贷扩张+金融市场+金融衍生产品

上一章分析了金融市场非理性的内在机理是信贷扩张创造了大量货币,资本过剩催生了金融市场的非理性繁荣。信贷扩张打造了宽裕的资金环境和金融市场的繁荣,共同推动了金融衍生产品的发展。然而,虚拟经济必须有现实的基础,完全脱离实体的虚拟经济是空中楼阁。金融投资需要满足两个要件:第一,资产价值大;第二,未来具有稳定的现金流。对于一般的商业投资而言,资产价值大多表现为厂房、机器设备等固定资产,而这些资产的用途通常比较有限,比如生产工业品的机器对生产农产品的企业而言就是无效的。因此,其价值衡量因其使用用途有限而难以变现。房地产则具有较强的通用性,是金融投资的理想选择。首先,土地自古以来都是重要的资产。如杜阁所说:"土地永远是一切财富首要的、唯一的来源。"[①]这代表了农业经济时期的财富本源思想,主要是关于农业生产的。然而,工业革命以来,土地被注入了更多的现代性内容,它主要体现为空间意义,比如生产需要厂房,工业化带来的城市化造成人口集

---

① 杜阁. 关于财富的形成和分配的考察[M]. 南开大学经济系,经济学说史教研组,译. 北京:商务印书馆,2009:50.

聚,加大了对城市住房的需求。其次,资产价值量高增加了在此基础上建构起来的虚拟经济的真实性,使金融的功能性与虚拟性取得最佳联动。在金融的技术工具下将"不动产"转变为"动产",增加了市场流动性。最后,房地产能够在未来产生稳定的现金流,使得在其基础上产生的债务和资产能够用未来的现金流偿还。

由此可以看出,以房地产的实体性为基础,信贷扩张、金融市场与金融衍生产品之间可以形成一个"自给自足"的资金循环体系。在这个体系中,信贷扩张向房地产和购房者提供资金,形成银行的资产。但随着银行所贷资产的增多和大量不符合贷款条件的客户(如次级贷款者)入场,银行的违约风险也在加大。为了转移风险,将资产打包出售到金融市场。投资银行在购买到这些资产以后对其进行加工,在原生资产的基础上开发出新的产品,即金融衍生产品。大体上包括结构性衍生产品和信用衍生产品,为转移这些产品的风险还可以购买信用违约互换(CDS),将风险转移给保险公司。商业银行在提前得到资金偿还以后,由于资金较为充足可以进行下一轮放贷,贷款增加导致风险增加再重复以上环节。以房地产为标的物,资金的需求与供给在这里实现了均衡。虚拟经济借助于房地产这块踏脚石,实现了资本的自我循环和自我创造。因此,房地产集合了"信贷扩张+金融市场+金融衍生产品"的三重功能,在这种运行模式下,房地产市场走向激进化是有其必然原因的。但在整个操作中却积累了越来越多的风险,这是因为金融创新可以转移风险,但不会消灭风险。金融机构将风险转移到金融市场由大众承担,虽减少了个体的风险,却增加了系统性风险。

房地产属于实体投资,但金融化运作使其发生了从物质生产到精神创造的裂变。房地产从投资到销售,金融工具贯穿始终。当金融衍生产品的开发从价格发现和套期保值的初衷,演变为数学家和物理学家的精美模型,其实质已经发生了改变——它已经不再是简单的金融工具,而是演变成为一种精神化产品。这是由数学的学科性质决定的,它原本就是超脱现实的思想中的世界,人们用这些思想中的理论去研究具有相对稳定规律的自然现象是有重要意义的。然而,金融是关于人类生存的,它是基于关系的,又是多样的、现实的、多变的。金融衍生产品的设计大量借用数学甚至物理学的思想,会将这一内核带入产品开发中,使得产品脱离实践,成为精神中的游戏。衍生产品不断延展的链条即对这一现象的反映。在开发上,金融衍生产品通常以某些资产为基点进行设计,层层开发产业链条,所衍生出来的产品与原生资产的关联度逐步减弱,这为精神的自由创造开拓了空间。从而导致资产规模呈几何级数增长,而基点却相对越来越小,促使商业银行开发越来越多的客户为金融市场提供原生资产。随着风险越来越高,又不断开发风险转移和风险管理的工具,最后将越来越多的机构和人口都卷入进来。

当经济发展到一定程度,人口数量将成为资本扩张的边界,这是自商业经济以来的永恒法则。随着商业银行的优质客户被开发殆尽,自然会将目光转向次一级的客户。但商业银行有着严格的监管,风险资产的权重被限定在一定的范围内。为绕开这一管制而成立的影子银行成为商业银行的避风港,商业银行的客户范围扩大了,原本不具有贷款条件的客户也能得到融资。因此,在为金融市场增加原生资产的同时,也积累了风险。商业银行将自身的风险通过影子银行转移到金融市场上,会导致原生资产质量下降,市场风险增加。但在资金充足的环境中,风险和资产质量是次要的,原生金融资产的规模和数量才是最主要的。这是因为衍生金融产品能够将这些不良资产遮蔽掉,通过信用增级提高这些资产的信用,再加上几乎无人看得懂的投资条款,这些衍生产品能够被投资者顺利认购。在 2008 年的金融危机中,以"两房"债券为基础的金融产品被世界很多国家的投资者所购买就反映了这一点。

总体而言,房地产市场"信贷扩张+金融市场+衍生金融产品"的发展模式,综合了不同类别的金融市场、金融工具和金融产品的特点。信贷扩张制造了大量廉价货币,资本过剩和资本需求同时上升促进了衍生产品的开发。衍生产品的交易需要繁荣的金融市场,三者之间的正反馈机制相互促进,形塑了一个复杂的经济体系和经济关系。

二、从物质生产到精神创造:金融创新失控的哲学反思

很多经济学家将 2008 年金融危机的根源归结为金融创新过度。从实践来看,21 世纪初的前几年,各种金融创新产品如雨后春笋般被开发出来。CDO、CBO、CLO、SIV、CDS 和 CMBS 等金融术语铺天盖地卷来,这些由金融精英开发出来的产品,并不为大众所透彻地知晓,但仍被大众所追捧。事实上,房地产市场上的金融创新势在必然。从美国的发展历程看,房地产是政府支持下的产业,为促进居民购买住房,鼓励金融机构放贷。但在当时的情况下,储贷机构和商业银行并没有足够的资金用于放贷。随着城市化和人口的迅速增长,这一问题愈显严重。从 19 世纪末到 20 世纪 30 年代,由于无法对冲风险和资金配置上的期限错配(如借短放长),不断发生小型储贷机构和商业银行由于房地产贷款而倒闭。到罗斯福总统全面干预房地产市场以后,金融创新与社会政策的目的趋于一致。1970 年,吉利美首次发行抵押转手证券,拉开了房地产金融创新的序幕,也掀开了房地产市场从物质生产到精神创造的运动。对这些证券的追逐遂变得一发不可收拾,抵押贷款市场流动性很快泛滥。资金追逐高利润的动机,促进了金融进一步开发各种衍生产品。

信贷这种智能设计本是人类的创造,承载着人的主观意图。马克思曾用"拜物教"来说明资本和货币所具有的神秘性力量。在他看来,作为物的商品中附着有某种超感官的、灵性的东西,即物神。金融创新是人性的反映,房地产二级市场是一级市场的物质映像,它激发了人们的精神性力量,将人性中对财富的贪欲和冲动召唤到这一市场上来。从现实来看,城市化和人口增长使住房成为稀缺产品,如果住房只是满足居住需求,不会出现房地产市场的激进化。由于住房还具有投机(或投资)功能,这使得很多人的购房动机并不是住房的居住功能,而是用于获利,正是这一动机促进了房地产市场的非理性繁荣。在将房地产抽象为无形产品的过程中,商品的实体性被代之以一份份虚拟合同、商品的利润率被代之以纸面的收益率、市场的未来发展前景被代之以主观预期。金融机构将在一级

市场上的各种需求翻转为二级市场上的抽象数字符号——收益率,从而遮蔽了真实的经济状况和人们对经济运行的认识。商品的物神现在变成了精神的魔咒,随着房地产市场的火热,人们渴望获得较高的收益;另一方面是在实体市场上,为得到更多的资产抵押贷款,金融机构加大杠杆向更多的人群放贷。为了追逐整个行业的超常发展,一级市场和二级市场的投资者处于一种狂躁的投资状态,从而导致信用不佳的有价证券也成为投资者追捧的对象,整个行业的投资行为变得疯狂甚至歇斯底里。

政府的信用背书激励了金融机构的金融创新,充足的流动性使房地产成为最"安全"、高收益的投资品。从追求房屋的使用价值到追求房屋的交换价值、从追逐实物的价值到追逐合约的高收益率,商品的物质性生产逐渐过渡到精神的创造,对房地产的各种投机作为精神的活动而展开。马克思说过,资本主义经济正是被物神所支撑着,是依靠物神的活动而形成的世界。商品拜物教、资本拜物教等观点都意在阐明对物质的追求所形成的精神(欲望)形式带来改变世界的力量。因此,资本具有精神的维度。对财富的欲望通常被认为是现代性兴起的根源,而欲望从本质而言是一种迫切获得某种权利的精神。金融是人类的智能设计,虚拟经济是人性在经济生活中的具象化。由于杠杆性的存在,它放大了人性中的弱点,造成了人们对自信、畏惧、乐观等情绪的过度反映。金融危机往往会在人们的极度兴奋转向极度沮丧时爆发,为了避免风险,"从众心理"是大众的投资哲学,这在无形中将风险装在一个篮子里。虽然将金融危机归结为情绪波动的产品有些局限,但人们的盲目跟风行为却是繁荣与萧条的重要因素。

房地产从物质性生产到精神的创造,为精神开辟了自由活动的空间,在这个市场中没有生产限制、没有合作互利、没有社会道德和公平正义,人们可以抛弃世俗社会中的一切伦理牵绊,专心于投资(投机)。也就是说,在衍生金融市场体系中,精神找到它的最佳表现形式,狂喜、沮丧、疯狂和贪婪等行为在这个市场中可以恣意展现,被数字所抽象的财富欲望由此获得了主体性地位。精神这种没有实物的表达形式,在账面资产的数字上涨中得以高度张扬。至于现实的经济活动与账面资产之间的关系、以及获取这种收益将会使社会付出怎样的代价,并不是考虑的重点。在这个脱离实践基础的虚拟空间中,所有的行为只有一个——账面资产的数字上涨。精神的空间是无限的,只要具备未来现金流,能让人们产生收益预期,就可以被开发成金融产品。因此,只要能得到人们的认同,金融产品就能够销售出去。房地产作为高收益性、高现金流产品在这里成为一种概念化的意识形态,从而能够以房地产为基础进行产品创造。由金融工程所开发出来的金融产品计算复杂,并不能为大众所理解。在这个虚拟的世界中,信用很重要,而提升信用的一个重要工具就是有足够的抵押物,这正是房地产投资所具备的。房产在这里只是一个形式化的存在,其背后的真实意义被模糊了,因为房产虽然代表真实的资产,但并不能及时转化为资本,在此基础上开发的金融衍生产品遮蔽了这一点。

三、房地产市场的合作博弈

房地产市场不同于一般商品市场的地方在于,它能让众多的利益主体在这个空间场域中都受益。即使它的高房价让很多购房者望而却步,但金融化却弱化了这一问题。房地产市场上的利益主体有政府、房产商、金融机构、购房者和投资者,这五类主体分别形成了一级市场和二级市场。资金的流通需要一个健全的循环体系,"有出必有进,有进必有出"(用会计记账原理类比),由此才能让资金流动起来。在一般的商品市场中,商品按照市场供需原则,从生产者到消费者手中就完成了商品的流通。因而,只有实物商品买卖的一级市场。如果是二级市场,要么是与商品的销售时间有关(如商业票据),要么跟商品毫无关系(如流通中的股票)。也即说,对于大多数商品市场而言,一级市场与二级市场是相分离的。但房地产市场却将一级市场与二级市场连接起来,形成了一个"真实+虚拟"的混合市场模式。西方左翼学者在批判金融化时,曾将房地产市场看成是泛金融行业是有道理的。在房地产市场中,政府、房产商、购房者和金融机构组成了一级市场的利益主体,金融机构和投资者构成了二级市场的利益主体。其中金融机构是沟通两个市场的桥梁,是一级市场与二级市场资金流通的渠道。因此,在资金需求与供给循环中,房地产业形成了一个高度自洽的体系。在这个体系中,五个利益主体之间是一种合作博弈,有着共同利益,这也是房地产在国民经济中的地位比较重要的原因所在。

政府是房地产市场重要的推动者。政府对房地产的支持主要是出于社会利益,房地产关系着人们的安居乐业,满足人们的居住需求是政府的职责所在。就美国来看,拥有住房与资本民主化、经济及社会流动性的观念融合在一起,构成了"美国梦"的一部分。1862 年,林肯总统签署了《宅地法》(the Homestead Act),该法律规定,任何美国公民或打算成为美国公民的人,凡身为家长且年满 21 岁,都可以获得 160 英亩的土地,经营 5 年后可以获得对其土地的拥有权并能免费注册。渴望获得住房就成为移民工人阶级的美国梦。随着工业的发展和金融业的发展,房地产业得到了迅速发展,这与政府的推动有着密切的关系。对房地产的专业金融支持源于 19 世纪早期的制度创新:互助储蓄银行与建房和贷款协会。之所以说是专业的金融支持,是因为这些金融机构的运作是专门针对房地产的。比如互助储蓄银行由储户而不是股东所拥有;任何收益都属于储户。建房和储贷协会是由会员作为股东投入资本,这些资本用来为住房建设提供贷款。1932 年,胡佛总统批准的"联邦银行住宅银行贷款"成立,是基于联邦储备系统建立的一个储备信用模式。到罗斯福总统当政期间,政府对房地产的干预是全面的。虽然联邦政府不直接从事长期抵押贷款业务,但是为之创建了专门的机构来发挥这一功能。一直到 2008 年金融危机之前,政府对房地产的发展都是鼓励的。

到 20 世纪,拥有住房成为中产阶级身份的标志之一,也成为低收入者为之奋斗的目标。作为房地产市场的商品需求者,购房者也是行业的直接受益者。但购房者也是房价上升的受害者,金融机构的大力支持使他们日益被金融权力所统摄。首先,购房者可以享受到政府的税收优惠。如在罗斯福总统全面干预房地产时,联邦所得税法规定,允许房主上税时扣除抵押贷款利息和财产税。这一举措导致有房者数量激增,从1930年到1970年之间,房屋所有者数量从48%上涨至63%。[1] 其次,是从资金来源上进行间接支持。主要是通过设立金融机构,用金融杠杆为购房者进行融资。美国政府从19世纪开始,就不断成立专业的金融机构对购房者进行支持。此后还扩大到商业银行,商业银行也开始对购房者进行贷款。之后的金融创新所开辟出来的二级市场,为一级市场提供了充足的资金来源,从而使越来越多的人都可以购买自己的住房,包括那些实际上没有购房能力的人也被允许到金融市场进行融资。为这些人所专门开发出来的金融业务就是次级抵押贷款,从另一个角度说明了越来越多的购房者受惠于地产繁荣,但后果是被金融权力所支配。

金融机构是房地产市场的重要博弈者,也是连接一级市场与二级市场的桥梁。金融机构在金融危机之前是政府推动房地产行业发展的最大受益者。从一级市场来看,房地产业是大规模、资本密集型投资,未来有可预期到的现金流。抵押贷款融资的特点是期限长、分期偿还贷款且贷款相对比较有保证,如储贷团体和互助储蓄银行的资金主要是用来资助会员买房的。因而对于银行来讲,抵押贷款的资产质量相对较好。除此之外,还可以享受到政府明里暗里的支持,可以降低信用风险。对于房地产的贷款可以享受税收优惠,比如房地产投资信托在开始成立时规定,只要信托的收入是用来分配给各个受益人的,那么该信托就不必纳税。政府所成立的联邦存款保险公司(FDIC)降低了银行所面临的风险,使银行在发放贷款方面更为激进。政府的支持也是促进房地产二级市场繁荣的直接推动力。随着城市化进程和人口规模的激增(如美国的"婴儿潮"),对住房的金融要求很快超过了存款机构和政府的能力。为了解决这一问题,推动了金融创新,通过在二级市场上转让证券,不仅扩大了资金来源,而且大大提高了金融机构的盈利能力。在金融危机前的2002年到2006年,金融机构的利润率都在20%以上,这也是西方左翼学者批判金融行

---

[1] Congressional Budget Office,"The Housing Finance System and Federal Policy:Recent Changes and Options for the Future"(October 1983):ix.

业收益率畸高的重要原因之一。

　　投资者(投机者)是房地产市场的又一重要参加者。投资者主要在二级市场,按资金规模可分为大投资者和中小投资者。大投资者主要包括国际和国内的机构性投资者,如投资银行、保险公司、商业银行和各种基金。以美国房地产市场为例,20世纪80～90年代一直到次贷危机爆发前,房地产行业基本都处于繁荣期。除了政府支持外,还有一个重要的原因是美国当时由互联网所兴起的"新经济"[①]。互联网泡沫在20世纪90年代破灭,为了缓解经济衰退,美联储大幅降低市场利率,实行宽松的货币政策。与此同时,全球化的影响使很多实行市场经济的国家赚取了大量外汇,美国经济的繁荣使大量美元资金回流,除了用于购买美国国债,还大量购买证券化产品,而抵押贷款被认为是具有更高收益率的"安全"金融工具。但作为收益性产品,房地产业只有保持繁荣,有更多的人买才能实现稳定的收益。对于个人或家庭这样的中小投资者而言,房地产市场的虚拟化——从实物抽象为有价证券——使他们能在资金规模较小的情况下投资房地产,从而分享到房地产市场的繁荣,也使二级市场更加具有流动性。

　　从以上分析可以看出,房地产业是一个涉及利益主体众多而又合作性最佳的市场。这些不同的利益主体之间的相互合作,使资金流较为充足,一级市场上的需求与供给能够迅速完成,从而促进了房地产业的迅速发展。从爆发次贷危机的美国来看,在2004年,美国的住房拥有率已经达到了69.2%。房地产价格也随之上升,在全国各地所公布的收益中,以两位数疯狂增长的市场大为增加,如拉斯维加斯、洛杉矶、凤凰城和迈阿密。[②] 房地产一度成为安全性高、收益率高的代表,被各路资金所追捧,包括国内和国外,也是美国次贷危机爆发后很快波及其他国家的重要原因之一。实际上,金融机构以房地产为纽带已经紧紧地联系在一起,呈

[①] 美国的"新经济"也直接受惠于金融支持。
[②] 富兰克林·艾伦,格伦·雅戈.金融创新力[M].牛红军,译.北京:中国人民大学出版社,2015:93.

现一种"一荣俱荣，一损俱损"的格局。在房地产市场上，各方利益博弈的一致性导致实体和虚拟两个市场的激进式发展。

对任何经济物品而言，市场繁荣的首要受益者是产品的供给方。作为房地产市场的商品供给者，房地产商也不例外，它们是行业繁荣的直接受益者，在此无需详细介绍。

四、合作博弈之间的内在不稳定性

房地产市场的各博弈主体虽然属于合作博弈，但由于各自目的不同，因而具有内在不稳定性。房地产市场的一级市场与二级市场是同时运作的，资金在虚拟与实体之间循环流动，投资者是促进这一体系顺利循环的推动者，投资者的热情是实现这一循环的精神性力量和内在驱动力。然而，投资者的热情又是造成房地产泡沫的主要原因。各博弈方是一种既存在合作而合作又极易产生悖论的关系。总体而言，在政府与金融机构、投资者与购房者、金融机构与购房者、政府与投资者之间存在不稳定的合作关系。这决定了这场博弈不会无限合作下去，当悖论超过了合作能允许的限度，必然导致合作难以维持下去。

政府与金融机构之间存在一种"委托—代理"关系。政府为实现资本民主化和人们购买住房的社会目标而借用金融的杠杆性力量，在不违背市场经济规律的前提下实施政府干预。政府不以盈利为目标，其目的是实现政治稳定和人们的安居乐业。但金融机构是营利性组织，其目的是最大化的盈利，因此不会关注较多的社会目标。由于根本目的不同，使得政府与金融机构之间的"委托—代理"关系缺乏信任基础，极易诱发"道德风险"。政府为推进房地产市场的发展，通常会通过优惠措施鼓励金融机构放贷。金融机构在享受这一优惠的同时，往往会更加激进。因为房地产市场实际上是以政府的信用为背书的，在没有充足的资金进行放贷时，金融机构会通过金融创新进行融资，二级抵押贷款市场就是在这种背景下产生的。同时，政府也支持金融机构进行金融创新，比如在美国，对房地产抵押贷款证券化的是有政府背景的吉利美。二级抵押贷款市场盘活了不可流动的长期资产,理论上有利于资金使用效率的提高。但资金流的巨大流动往往会激发人性中的贪欲,二级抵押市场的高收益促使金融机构在市场开发方面更加偏重于数量而不是质量。为规避风险,在将银行资产从表内转到表外的过程中,出现了大量影子银行,成倍地放大了系统风险。

投资者与购房者之间的关系类似于借贷关系,投资者为购房者提供资金,购房者为投资者提供增殖性收入,二者本是简单的投资与被投资关系。但是金融机构模糊了这一关系,投资者与被投资者并不直接发生联系,而是以金融机构为中介。双方所处环境的割裂造成了严重的信息不对称和错误信息,投资者购买了房地产的证券化产品,是希望获取合约上所规定的收益,而收益的来源是购房者的还款本息。但这一关系并不为所有投资者所知晓,而误认为其收益来源于金融机构。事实上,金融机构只发挥中介的作用,本身不会产生收益,真实的收益只能来源于一级市场上的最终购买者。此外,证券化产品的高收益需要房地产的繁荣和房价上涨,而房价上涨必然加重购房者的还款负担,尤其是次级贷款者,违约的风险将大大增加。正常情况下,房价上涨一方面加大了违约风险,另一方面会降低购买需求。但由于政府干预,金融机构的金融创新需要将越来越多的人口纳入这个循环体系中,从而使市场无法发挥自动调节功能。大量不符合信贷条件的购房者的加入,削弱了这一复杂体系的存在根基,投资者面临的风险增加了。

此外,需要特别强调的还有投机者,它会产生"劣币驱逐良币"的效应,把真正的购房者挤出市场。这里的投机者主要是一级市场上购买多套房,待房价上升后再转手卖出的投机行为。大卫·哈维在谈到房屋的资本化时,曾经谈到在《大空头》一书中刘易斯所阐述的房产投机。一位保姆及其姐妹在纽约市皇后区拥有 6 套房子。她们买进第一套房子之后,房价大涨,放款机构建议她们做抵押再贷款,贷出 25 万美元现金,而她们用这笔钱买了第二套房子。第二套房子的市值也大涨,她们故技重施,继续买房。正是这种狂热的投机方式制造了楼市的泡沫,市场火热使更多的投资者(投机者)加入,楼价不断飙升,真正的购房者逐渐被排除出去。楼市成为投机者和金融机构之间的游戏场所,而住房只不过是这场游戏中的道具。随着虚拟资产的不断庞大,其支撑点越来越脆弱。因为投机房地产的资金来自于银行信贷,对于个人而言,购房数量与杠杆性是呈正比的。当具有真实购房需求的人所占比例越来越少时,投机者实际上放大了房地产市场的杠杆性,这也就意味着风险成倍放大了。在上述的案例中,2008年金融危机发生时,市场价格持续下跌,她们手上有5套房子,但完全没有能力偿还贷款,资产与货币的不相对应就产生了。也就是资产不能及时转化为货币而产生的流动性不足是产生金融危机的直接原因。

在这一市场中,目的一致的只有政府和用于满足居住需求的购房者。实现人们的基本居住需求是政府所追求的社会目标,但在资本主义制度条件下,政府不可能直接资助居民购房,利用金融机构来实现这一目的实际上是利用市场手段实现社会目标。在政府—金融机构—购房者之间的传递链条中,利益主体的目的不同导致这一传导机制无法有效实行。金融机构不会鉴别购房者是出于自主需求还是投机需求——事实上金融机构是鼓励投机的——导致政府信息不对称,也反映了市场手段在公共领域中的失灵。

第三部分

资本金融化的中国论域

第七章　在世界历史进程中认识资本金融化对中国的意义

在对资本金融化的理论逻辑与实践逻辑进行分析与批判的基础上，可以看出资本金融化是历史发展到一定阶段的结果，资本超越原有限制在更高的阶段上扩张，是资本发展到更高阶段的标志。但它在推动资本社会化的同时，也带来了新的问题——产业资本被金融权力所主导，导致金融的激进和经济的虚拟化。资本的金融化也在这样的时代背景下产生的我国应该如何应对由资本金融化所重塑的经济秩序？我国于1978年实施改革开放，此时的资本主义国家已步入资本金融化时期。也就是说，我们打开国门所深入实践的是金融化的资本，已不再是马克思所说的以机器大工业为基础的产业资本。这种历史时间的变化是理论研究所不可忽视的。从经济发展进程的历史时间来看，我国既没有主动参与到马克思时代以产业资本为主导的世界经济体系中，也没有主动参与到以金融资本为主导的帝国主义体系中，而是被动地卷入，处于被剥削、被压迫的地位。但在资本的金融化时期，我国不仅要主动参与，而且还要在这种资本形态下为国际经济秩序的正义贡献自己的力量。

就我国的金融发展而言，由于起步较晚，一方面苦于资本金融化所导致的泡沫化，诱发"脱实向虚"；另一方面又苦于金融的不发达，在推动生产力发展过程中的力量发挥不充分。因此，在由资本金融化所打造的世界秩序中，要对我国的金融发展状况有清晰的认识，需要我们在世界历史进程的框架中认识自身所处的历史坐标，科学辨别资本金融化对我国发展带来的挑战与机遇。

第一节　在世界历史坐标中认识中国所处的时代

"历史一旦进入世界历史,任何国家的发展都要受到国际大背景、大环境和大市场的制约。"①世界历史是人类的文明程度和生产力发展到一定高度的表征。尽管各民族与国家的发展程度不同,但在世界历史这个特定的空间中都表现出一种"规律—趋势"性。正如马克思在《资本论》序言中所说的:"问题在于这些规律本身,在于这些以铁的必然性发生作用并且正在实现的趋势。工业较发达的国家向工业较不发达国家所显示的,只是后者未来的景象。"②对于中国而言,实现中华民族伟大复兴,构建全人类的命运共同体的宏伟目标要放在世界历史的空间坐标中,才有实质意义。

当代中国一定是世界历史进程中的中国。因此,我们要在世界历史坐标中观察中国,在世界历史的时代背景中审视资本金融化对我国的启示和意义。资本在创造世界历史的过程中是逐步走向社会化的,大致经历了一个从单纯扩大商品销售市场到把更多的地点创造为以资本为基础的生产的地点,把资本主义生产方式推广开来的过程。

一、商品输出:仅出于扩大商品销售市场的需要阶段

资本的生产条件是要有不断扩大的市场范围,从而为资本的增殖目的提供更为高效的流通空间。因此,创造越来越多的交换地点作为不断增大的生产的补充是资本扩大再生产的核心要义,"创造世界市场的趋势已经直接包含在资本的概念本身中。"③首先是出于流通的需要。流通是生产的要素。资本的生产要经历从货币资本到生产资本再到商品资本的

---

① 张雄. 创新:在历史与未来之间[M]. 北京:商务印书馆,2010:26.
② 马克思. 资本论[M]. 北京:人民出版社,2004:8.
③ 马克思恩格斯全集[M]. 中共中央马克思 恩格斯 列宁 斯大林著作编译局,编译. 北京:人民出版社,1995:388.

过程，其中商品资本承载着价值和新增的价值部分，商品资本要重新转换为货币资本才能完成一个资本循环，开始下一轮再生产。由此可见，资本的生产和资本的价值增殖是一个与各自所需要的条件相互联结在一起的过程，而不是直接统一在一起的。因此，"资本创造绝对剩余价值——更多的对象化劳动——要有一个条件，即流通范围要扩大，而且要不断扩大。"①创造不断扩大的流通范围，其意义在于在一个地点创造出的剩余价值在另一个地方存在可以与之交换的剩余价值，那么流通才能顺利进行。但在形式上，这主要表现为把商品销售出去。如果流通不畅，商品卖不出去，造成产品大量积压，其随之而来的后果就是经济危机。然而，劳动的二重性决定了资本在价值实现阶段必然会遇上麻烦——购买力不足。这是由作为矛盾的资本所决定的，劳动者所得到的收入与自己所生产的产品价值量之间的差距是越来越大的。本地购买力不足，必然刺激资本向外寻求市场空间。在自由资本主义阶段，资本的目的较为单一，只是为商品寻找销售市场，把外在的客观条件作为自己的前提，对当地的生产方式并未产生根本性影响。

事实上，新航路的开辟，美洲的发现，已经打开了世界市场，为新兴的资产阶级战胜封建主义，登上历史舞台发挥了重要作用。世界之间的经济联系起初主要是剩余产品的贸易，不触及生产方式。先是东方的土耳其、中国、印度等古老的大国，由于物产丰富，长期为西方的贵族和商人所瞩目，东西方贸易也较为频繁，比如我国古代的陆上丝绸之路与海上丝绸之路。但东西方的贸易是不平衡的，主要体现为东方的物品向西方输出，如我国的生丝、茶叶、瓷器等，印度的香料、烟草等，而西方很少有东方所需要的物品。然而，工业革命以后，东西方的生产能力发生了明显的转换。西方在生产方式上发生了革命性颠覆，机器大工业带领资本主义生产方式进入工业化阶段。工业化打造了高效的生产组织方式，大大提高了劳动生产率；产业资本登上历史舞台，将商业资本从属于自己，形成了

---

① 马克思恩格斯全集[M]. 中共中央马克思 恩格斯 列宁 斯大林著作编译局，译. 北京：人民出版社，1995：387.

以资本为基础的生产方式,将科学技术的研发应用纳入资本的内涵中来(如抵制平均利润率下降)。而东方依然处于农业社会的生产方式中,生产不以交换为目的,劳动生产率较低,商品数量有限且价格昂贵。但东方有辽阔的国土和稠密的人口,吸引西方企图将东方作为销售市场。然而,此时的东方如中国、日本都实行闭关锁国的政策,中西贸易被东方国家的制度政策扼制了。在这样的背景下,西方发达国家将战争作为打开东方国家大门的手段。西方列强用大炮将东方国家挟持到现代世界历史进程中来,本质上都出于资本主义商品输出的需要。

商品输出只是在流通领域扩大了商品市场,并没有触动当地自给自足的自然经济的根基,那么资本的社会化也是有限的。从统计资料来看,鸦片战争后到19世纪60年代,英货输入总值在1842年为426万元,1843年为640万元,1865年为1 053万元。这期间虽然有了一个大幅度增长,但随之就停滞不前。从1846年起,英国对华商品量开始减少,1846~1855年的十年间,除了1851、1852年两年以外,始终没有达到1845年的水平。[①] 美国的对华出口业也是类似的情况。在中国进口的物品中,主要是鸦片、棉纺织品、日用品、毛织品、玩具和五金器材等消费资料,而生产资料很少。中国出口的商品仍然以茶叶、生丝、瓷器等传统产品为主,说明中国的生产方式并没有发生实质性的改变。这充分反映了资本主义的商品输出对中国生产方式的影响是微乎其微的,中国只是作为西方发达资本主义国家商品的销售市场。那么,同样对资本而言,中国广阔的地理空间和庞大的人口规模并没有为西方资本主义国家的资本扩张提供不竭的动力,这是因为中国封建的生产方式以及自给自足的自然经济起到了抵制作用。在自然经济的生产方式条件下,劳动是自由全面发展但却没有价格的,因而其所生产的产品都只是为了使用价值。也就是说,这个庞大的市场空间并没有被纳入资本主义生产方式的循环体系中,世界市场只具有销售商品的初级意义,不具备更为高级的资本流通意义。

---

① 赵德馨.中国近现代经济史[M].福州:厦门大学出版社,2017:90.

二、资本输出：资本家同盟瓜分世界时期的世界市场

在资本主义自由竞争阶段，由于资本主义率先进入更高阶段的生产方式，较高的生产力生产出大量低价的物质商品，因而在世界经济交往中主要体现为资本主义国家向生产落后的国家进行商品输出。随着资本主义自身的不断发展壮大，信用制度的发展推动了银行资本向工业资本和商业资本渗透。其结果一方面提高了这些资本的力量；另一方面银行资本成为主导，将工业资本和商业资本合并进来形成一种新的资本形态——金融资本。银行支配着资本家和小业主的货币资本，掌握着他们的命脉。银行资本的介入赋予少数大企业以压倒性优势，生产愈来愈向大企业集中，逐步形成了垄断。在19世纪末20世纪初，资本主义从自由竞争发展到垄断阶段。从本质上讲，是资本的一种进步。列宁对此曾经说过："竞争转化为垄断，意味着生产的社会化有了巨大进展。就连技术发明和技术改进的过程也社会化了。"[①]垄断是对自由竞争时期那种分散的、彼此毫无了解的生产状况的扬弃，而大资本家的联盟使信息流通更加充分，避免了盲目生产。他们根据市场容量估计生产规模，并根据协议瓜分世界市场，也就是说在一定程度上从生产到流通都扬弃了原来自由竞争时期的那种不确定性。因此，垄断资本主义的社会化大生产打造了新的社会秩序，使生产力大大提高。

虽然资本趋向于社会化，但生产资料仍然是私有的，更加倾向于少数集体性私有，即更加集中于少数大资本家的联合，这也使少数垄断者与大多数居民的矛盾更加尖锐。国内的购买力远不能满足更为发达的生产力水平，这一阶段过剩的不是商品，而是资本和生产力。随着资本主义工业化进程的完成，国内投资的回报率是下降的。而在世界其他尚未完成工业化的国家，则由于生产力水平不同而存在利润率差异，资本向国外扩张是历史的必然。因此，对于垄断占统治地位的最新资本主义来说，典型的

---

① 列宁. 帝国主义是资本主义的最高阶段[M]. 北京：人民出版社，2014：21-22.

则是资本输出。① 经过早期的商品输出阶段,许多落后的国家已经被卷入世界资本主义的流转中来,商品经济逐渐在这些地方生根发芽。在基础设施方面,主要铁路线已经建成,电信设施也开始兴建。但在帝国主义阶段,世界市场并不是基于合作共赢的互利互惠,相反充满了帝国主义之间尖锐的矛盾和激烈的竞争。

金融资本是同世界殖民政策紧密相连的,世界市场实际上体现为殖民地和宗主国之间不平衡的经济往来。宗主国的市场范围是以殖民地势力范围为表现的,争夺殖民地就是争夺市场范围,因而加剧了帝国主义之间争夺殖民地的斗争,最后导致的结果是大国瓜分世界。金融资本争夺势力范围的目的是抢占资源,因为资源是工业化的基础,"不仅已经发现的原料产地,而且可能有原料的地方,都是有意义的,因为当代技术发展异常迅速,今天无用的土地,要是明天找到新的方法(为了这个目的,大银行可以配备工程师和农艺师等去进行专门的考察),要是投入大量资本,就会变成有用的土地。矿藏的勘探、加工和利用各种原料的新方法等,也是如此。因此,金融资本必然力图扩大经济领土,甚至一般领土"②。总体而言,这一阶段的世界经济关系主要表现为斗争。

帝国主义所打造的这种世界经济关系具有两重特征:在帝国主义大国之间是对立的,甚至是敌对的。列宁说,到19世纪末,世界已被资本主义大国瓜分完毕。当然完毕并不意味着终结,还可能会出现重新瓜分,后起的帝国主义与老牌帝国主义之间的冲突日渐加剧,并引发了第一次世界大战。在帝国主义与殖民地之间是一种掠夺与被掠夺的关系,虽然客观上加速了落后经济的瓦解,但也带来了残酷的剥削和压榨,激起了当地人民的反抗。总之,资本输出仍然带有浓厚的剥削和压迫性。帝国主义的资本现在主要是金融资本,资本输出带有很大的欺骗性,列宁对此做了深度揭露:"金融资本并不关心什么资产阶级的说教,它要从一头牛身上剥下两张皮来:第一张皮是从贷款取得的利润,第二张皮是在同一笔贷款

---

① ② 列宁.帝国主义是资本主义的最高阶段[M].北京:人民出版社,2014:59.

被用来购买克虏伯的产品或钢铁辛迪加的铁路材料等时取得的利润。"[1] 然而,帝国主义的资本输出把本国过剩的资本和生产力输出到这些地方,客观上触动了这些落后地区的生产方式,使自给自足的自然经济根基逐步瓦解,开始向工业化时代迈进。这些落后国家与地区被外部裹挟着进入世界历史的文明进程中。然而,帝国主义的目的并不是帮助落后地区实现工业化,尽管客观上达到了这样一个后果,它的本意只是转移过剩资本和过剩的生产力,但对于世界历史进程而言是一种"无目的的合目的性"。

三、全球化:多边贸易谈判机制下的世界市场

第一次世界大战后,由于帝国主义国家内部发展不平衡所引起的在划分势力范围上的矛盾并未得到根本解决。后起的德国和日本迅速完成了工业化并走上了强国之路,要求重新划分势力范围,与以英国为首的老牌资本主义国家的矛盾日渐加深,引发了第二次世界大战。这次战争横扫欧洲、亚洲,从大西洋到太平洋,将 61 个国家和地区卷入进来,规模之大,影响之广,是空前的。这次战争相比较传统战争,更加注重科学技术在武器中的运用,客观上促进了科学技术的迅速发展,如核能的发现,飞机、坦克、大型船舰制造技术,电子通信技术等。然而,其破坏性和人员伤亡也是历史上最大的。第二次世界大战以后,美国代替英国成为资本主义世界的领导者,开始按照新的规则重组世界秩序。这次战争也促成了世界各国在维护世界和平、促进世界经济发展上达成了协议和共识,并以此为基础确立了维护战后世界秩序的国际制度,如联合国的成立,用对话协商机制解决国家间的争端。还有在国际经济体系中发挥秩序的国际经济组织,如国际货币基金组织(IMF)、世界银行(IBRD)、关税及贸易组织(GATT,后发展为世界贸易组织 WTO)等。国际组织的成立对于世界的和平具有重要意义,这意味着用协商谈判的对话机制代替战争来解决国

---

[1] 列宁. 帝国主义是资本主义的最高阶段[M]. 北京:人民出版社,2014:81.

家间的冲突将成为主要方式。

　　战后,世界各国集中于经济建设,发展经济成为各国的首要大事。同时,国际经济政治新秩序的成立促进了战后资本主义经济的腾飞。在美国"马歇尔计划"的支持下,欧洲经济很快得以恢复,并成立欧共体,打造了区域经济组织;20世纪60年代,日本GDP达到了10%以上的经济增长,1968年已跃居世界第二。发展中国家也开始着力恢复本国的经济建设,经济的迅速发展促进了世界各国的经济交往。在东南亚,自给自足的自然经济已然解体,纷纷确立了以资本为基础的生产方式,它们以发达资本主义国家为参照物考量本国的发展问题,这从制度上敞开了资本配置社会资源的大门。到20世纪90年代中期,泰国、马来西亚、新加坡、中国台湾和中国香港迎来了经济的腾飞,分别被冠以"亚洲四小龙""亚洲四小虎"的称呼。这促使坚持社会主义制度的中国审时度势,站在世界历史的高度,自觉把握世界历史进程,把发展经济作为第一要务,将改革开放作为国家的基本国策,建立了社会主义市场经济体制,主动融入世界经济的大循环。中国利用后发优势,抓住了发达资本主义国家产业转移的机遇,大力发挥我国劳动力资源丰富的优势,在科学技术和经济发展上实现了赶超。世界各国通过经济交往紧密联系在一起,多边合作机制成为主流。

　　在技术保障上,科学技术突飞猛进,尤其是交通运输工具的发达以及信息通讯技术的突破,产生了时空压缩效应。信息化时代让世界不同位置的群体互联互通,地球被压缩成了"地球村",人类进入全球化时代。社会分工和资源配置开始跨越国家的范围而基于全世界。总体来看,世界经济形成了三个层次的分工。发达国家专注于高级研发设计和金融业,中端国家专注于先进工业,低端国家专注于加工制造业。世界生产以产业链为纽带,将不同层次的国家联结在一起。以苹果公司iphone的生产为例,其零部件供应商多达两百多个,涉及全球四十多个国家和地区。以产业链为纽带,将世界上的国家和地区卷入资本运行机制中来。因此,相比较商品输出和资本输出阶段,资本在全球化时代较为成功地"按照自己的面貌创造世界",在落后国家和地区确立了以资本为基础的生产方式,构建了适合自身特点的需要体系,将这些地区的生产和流通都纳入资本运行体系中来。和平与发展是当今时代的主题。总体来看,资本不再表现为商品输出和资本输出阶段所呈现出的那种单方面的强取豪夺,而是会考虑到当地的经济发展对这种模式的长期支持作用。利用多边贸易谈判解决国际贸易中的纠纷,而不是像帝国主义时代直接借助于军事。这从本质而言,是资本不断调整自身,超越自身限制的结果。它试图用一种更加社会化的形式来满足各参与方的利益,在合作与共赢中扩大市场范围,从而将世界范围内的流通都变成生产的要素,最终将资本主义生产方式推广到世界各地,以实现地理空间范围内的最大扩张。这也在客观上促进了世界经济政治格局的相对稳定,体现了资本文明的一面。尽管帝国主义在世界上并没有消失,仍然存在霸权,但整体而言,合作与发展仍然是主流。

第二节 在改革开放进程中构建现代化的金融体系

经过短短四十多年的改革开放,我国的金融体系已经从一个农业经济时代以银行体系为主的简单融资体系,发展到现在融银行、保险、证券、基金与外汇于一体的现代化混业经营格局。这不是金融体系自发演化的结果,而是在政府的顶层设计下完成的。党和国家高度重视金融在实现我国经济发展目标中的重要作用,逐步构建了现代金融体系。

一、现代金融体系的基础架构:"大一统"金融体系的破冰(1978～1991)

1978年,中国共产党实行了改革开放的伟大战略。邓小平尤为注重发挥金融在经济转型中的先导作用,他说:"银行应该抓经济,现在只是算账,当会计,没有真正起到银行的作用。银行要成为发展经济、革新技术的杠杆,要把银行办成真正的银行。"①随后,时任中国人民银行行长的李葆华在《红旗文稿》发表了《充分发挥银行的经济杠杆作用》一文,阐述了通过银行促进国民经济调整的思想。②正是在邓小平的坚定支持下,中国的金融体制改革开始破冰,打下了现代金融体系的基础架构。

(一)建立中央银行制度

中央银行制度是现代金融体系的核心与压舱石。一般而言,中央银行是管理一国货币金融的最高政府组织机构,它不以利润最大化为目标,而是旨在追求整体经济的稳定发展,比如,作为"最后贷款人"防止商业银行大量倒闭;作为"发行的货币"投放基础货币;作为"政府的银行",帮助国家管理外汇。但现代中央银行还有一个稳定经济的作用,即制定宏观经济政策防止经济陷入萧条,这是自凯恩斯主义兴起以来现代国家对中央银行的又一功能定位。中央银行制度是人类在历史上遭受了无数次货币泡沫、政府赤字泛滥、经济危机的重创之后逐步探索出来的制度文明,象征着人们管理复杂经济活动事务的智慧。它是在经济社会秩序中演化而来的。关于中央银行制度的建立,世界各国因历史境遇而存在不同。我国的中国人民银行最初是出于统一发行货币的需要。1948年,随着解放战争的胜利,解放区的金融工作产生了从分散到统一的需求。随后,在华北银行、北海银行、西北农民银行的基础上合并成立了中国人民银行,确立了人民币的本币地位,并于12月1日发行了第一套人民币。中国人民银行的建立标志着新中国集中、统一的金融体系形成的开端。②但此时的中国人民银行还没有真正发挥中央银行的作用。

新中国成立后,中国人民银行在帮助构建新中国金融体系方面发挥了重要作用,比如接管官僚资本银行,在全国建立中国人民银行的各级分支机构。总体而言,从新中国成立到改革开放前,中国人民银行并不是完

---

①② 尚明,陈立,王成铭. 中华人民共和国金融大事记[M]. 北京:中国金融出版社,1993:311.

② 中国人民银行. 中国共产党领导下的金融发展简史[M]. 北京:中国金融出版社,2012:97.

全意义上的中央银行,它一方面作为政府的出纳,统一管理全国资金预算和外汇,另一方面又直接从事工商信贷业务。在组织地位上,也不是独立的,而是归属财政部。到1978年1月,才与财政部正式分开。1983年9月17日,国务院发布了《关于中国人民银行专门行使中央银行职能的决定》,正式宣布确立中央银行制度。至此,中国人民银行不再办理企业和个人的信贷业务。在组织定位上,是做好全国金融宏观决策,保持货币稳定,并规定了10项职责[①]。

从实践来看,改革开放初期,随着经济的松绑,货币投放量增多,出现了通货膨胀,中国人民银行以超脱的地位行使中央银行职能,对于治理通货膨胀发挥了重要作用。

(二)改革银行体制,构建多层次的银行体系

为充分发挥银行在经济建设中的作用,"把银行办成真正的银行",对银行体制的改革力度是最大的。首先是恢复和重建了中国农业银行、中国银行、中国人民建设银行和中国工商银行四大国有专业银行,对口支持不同领域的需求。我国经济体制改革的破冰之旅是从农村开始的,农业的发展凸显了农村信贷事业的重要性。1979年2月,国务院印发了《关于恢复中国农业银行的通知》,规定农业银行专业行使涉农业务,其主要任务是统一管理支农资金,集中办理农村信贷,领导农村信用合作社,发展农村金融事业。1979年3月,经国务院批准,中国银行从中国人民银行中分设出来。在中国人民银行专司中央银行职务后,中国银行的定位是国家外汇外贸专业银行,承办外汇信贷业务,办理国际结算业务,经营各类外汇、人民币存款、信贷、投资、租赁、信托及咨询等业务。中国人民建设银行于1954年就已经成立,但归属财政部,当时主要是办理基本建

---

① 研究和拟定金融工作的方针、政策、法令和基本制度,经批准后组织执行;掌管货币发行,调节市场货币流通;统一管理人民币存贷利率和汇价;编制国家信贷计划,集中管理信贷资本;管理国外外汇、金银和国家外汇储备、黄金储备;代理国家财政金库;审批金融机构的设置或撤并;协调和稽核各金融机构的业务工作;管理金融市场;代表我国政府从事有关的国际金融活动。

设投资拨款的专业银行。1979年8月,中国人民建设银行正式从财政部分离出来,成为一家直属于国务院的独立银行,专司发放和管理基本建设贷款。从1985年开始,中国人民建设银行的信贷计划纳入中国人民银行的信贷体系,在信贷业务上受中国人民银行的领导和监督。[①] 1983年,中国人民银行专司中央银行职能后,原本承担的工商信贷和储蓄业务分离出来,成立了专门的中国工商银行,主要办理工商企业、国营工商企业和城镇集体企业的存贷款业务。

除了四大国有商业银行,还重建或新建了股份制商业银行。构建多层次的银行体系,目的在于引入竞争机制,打破国有银行的垄断,搞活金融业务,为银行的商业化摸索经验。1986年7月,国务院发布了《有关重新组建交通银行的通知》,股份制商业银行的建立与发展拉开了序幕。[②] 交通银行是第一家试水股份制的国有银行,由中国人民银行代表国务院控股,其余由地方政府、部门、企业及个人入股。随后股份制银行迅速发展起来。在深圳,由于经济特区的发展需要,成立了招商银行,也是第一家由企业法人持股的股份制商业银行。1987年,中国人民银行批准中信公司所属的银行部成为独立的中信实业银行。1987年,深圳发展银行成立。1988年,福建省成立了福建兴业银行,面向社会公众公开招股。1988年,广东省成立广东发展银行。1992年,中国光大银行成立;同年成立华夏银行。股份制银行的成立对于发展地方经济、配合国家政策活跃全国经济发挥了重要作用。

在农村,农村信用社是长期驻扎在农村的唯一正规金融机构。文革期间,对农村信用社的管理权曾经下放给了公社。1984年,国务院批转了《中国农业银行关于农村信用社管理体制改革的通知》,决定把农村信用社办成自主经营、自负盈亏的群众性合作金融组织,在中国农业银行的

[①] 中国人民银行. 中国共产党领导下的金融发展简史[M]. 北京:中国金融出版社,2012:206.

[②] 中国人民银行. 中国共产党领导下的金融发展简史[M]. 北京:中国金融出版社,2012:217.

领导下开展业务。随着经济发展和对金融服务的需求不断增长,非银行金融机构也迅速发展起来。1979年,中国国际信托投资公司成立。同时,国务院也鼓励各银行办理信托业务,以融通资金。此外,金融租赁公司、企业集团的财务公司、典当业、邮政储蓄及保险业等也得到了恢复和重建,提供了不同层次不同需求的服务。由于我国的金融业长期不发达,短时间内大量金融机构兴起,也带来了很多问题,但对于经济社会转型起到了不可忽视的推动作用,为我国的金融化转型积累了宝贵经验。

(三)建立和培育金融市场

金融市场是现代经济快速发展的助推器。从历史上看,推动经济出现跨越式发展的大额融资就是在金融市场上完成的,因为大额融资的复杂性超出了单个银行的能力,需要在公开的金融市场广泛吸纳社会资本。由于历史原因,我国长期以来没有自发形成自己的金融市场。在党和国家的制度改革下,我国逐步建立了货币市场和资本市场。

1. 货币市场

货币市场通常是期限在一年以内的金融资产进行交易的市场,主要满足借款者的短期资金需求。该市场的资产交易流动性较强,随时都可以转换为货币。金融资产主要有国库券、商业票据、可转让定期存单、银行承兑汇票与回购协议等。我国在1984年建立同业拆借市场,用于调剂银行间的资金余缺。到1987年6月,除西藏外,全国各省、自治区、直辖市都成立了不同形式的同业拆借市场。1990年,中国人民银行出台了《同业拆借管理试行办法》,以促进同业拆借市场的规范发展。[①]

其次是票据市场。票据市场的发展是随着经济的活跃而自然产生的。1979年,中国人民银行开始筹划商业承兑票据业务。1981年,中国人民银行上海市分行开始试点。1984年,中国人民银行制定了《商业汇票承兑、贴现业务暂行办法》,并于1985年在全国推行该项业务。还于

---

① 中国人民银行. 中国共产党领导下的金融发展简史[M]. 北京:中国金融出版社,2012:231.

1986 年发布了《中国人民银行再贴现试行办法》,用于银行与中央银行之间的票据再贴现。

2. 资本市场

资本市场通常是为一年以上的资金借贷融资的市场,是与货币市场相对的一个概念。该市场的特点是资金期限较长、风险大,但收益较高,类似于投资,因而叫资本市场。资本市场常见的有债券市场和股票市场,前者属于长期借贷,到期以后还本付息;后者属于权益性资产,不能收回本金,但可以分红或在股票市场上转让获得资本利得收益,因而股票市场的繁荣对于股票的收益具有重要意义。

对于债券市场而言,国债市场得到了恢复,企业债券市场也雏形初现。长期以来,我国对债的认识存在误解,认为债是负担,是应该竭力避免的,推崇"既无内债也无外债"。然而,在现代经济运转体系中,债发挥着重要的调节作用,也是聚集社会闲散资本和投放货币的重要渠道。在前面的章节中已做过相关分析,此处不再赘述。随着改革的推进,我国经济建设需要筹集更多资金,债券市场得到了迅速发展。1981 年,国家恢复了国债的发行。1984 年国库券得以在银行贴现和抵押。1987 年,中国人民银行上海市分行公布《证券柜台交易暂行规定》,开创了债券流通的先河。[①] 到 1988 年,全国 61 个大中城市都建立了国债流通转让市场。1991 年,财政部组织了国债的承购包销,在国债一级市场引入市场机制。与此同时,企业债券市场也发展起来了。在 1981 年,企业债券就已经出现了。但总体而言,范围有限,主要是面对企业内部的职工。尤其是 1984 年以后,随着企业改革拉开序幕,不少企业开始向内部职工借款,形成了企业内部债券。1987 年,国家开始规范企业债券的发行,发布了《企业债券管理暂行条例》,要求实行"规模控制、集中管理、分级审批"的管理体制。此后,企业债券主要由金融机构包销,开始走向规范化。金融机构为支持项目建设投资也开始发行债券。

---

① 中国人民银行. 中国共产党领导下的金融发展简史[M]. 北京:中国金融出版社,2012:233.

在股票市场上,虽然当时刚从计划经济体制转型,但随着股份制的出现,1985年,在深圳经济特区已有证券公司成立。随后在北京、上海、深圳出现了大批证券公司,到1990年末已发展到44家。随着改革的推进,农村开始探索所有制改革,一种融社会主义特色和资本主义特色的新型所有制形式——股份合作制出现了,对全社会的企业所有制改革起到了示范作用。城市的集体企业和国营企业也开始股份制改革,向社会公众公开发行股票。然而,虽然股份制企业已成立,股票也已发行,但缺乏集中的证券交易市场,一级发行市场和二级流通市场都不完善。因此,作为配套的制度改革,这段时期的一个重要成果是证券交易所的成立。这是顶层设计的结果。邓小平曾说:"证券、股市这些东西究竟好不好,有没有危险,是不是资本主义独有的东西,社会主义能不能用? 允许看,但要坚决地试。"[1]在邓小平的坚持下,上海证券交易所和深圳证券交易所相继成立,并于1991年正式投入运营。证券集中交易市场的建立,对于推进经济体制改革发挥了重要作用。期货、基金等也相继设立。现代资本市场结构的基本架构形成了,这对于中国经济的发展具有重要的历史转折作用。

3.外汇市场

1979年3月,国务院成立了国家外汇管理总局管理全国外汇,后改称为国家外汇管理局,由中国人民银行管理。在外汇管制政策上,由于特殊的国际国内环境,我国对外汇实行严格的管制政策,由中央财政经济委员会统一掌握和分配使用。改革开放后,随着经济的快速发展,外汇管理政策开始适应经济形势进行改革,允许创汇的地方和企业保留一定的比例,实行外汇留成制度。同时逐步放宽对个人用汇的限制,允许将外汇保留在自己的外币存款账户中。对于有外汇存款的个人和企业起初不允许私自买卖,后来逐步放宽了限制,允许个人持有的外汇进行外汇调剂,由此推动了外汇调剂市场的形成。1988年,上海开办了外汇调剂公开市

---

[1] 邓小平文选[M].北京:人民出版社,2001:373.

场,实行公开竞价和集中清算制度,并实行市场化汇率。

(四)构建开放金融体系的尝试

金融体系从改革伊始就基于开放的国际视野。金融机构呈现出"引进来,走出去,广交流"的发展特点,在对外交流与合作上取得了重大进展。首先,"引进来",引进外资金融机构。1980年,日本输出入银行在北京设立代表处;1981年,南阳商业银行在深圳设立分行。从1979～1981年,允许31家外国金融机构在中国设立代表处。在制度调整上,1983年颁布了《中国人民银行关于侨资、外资金融机构在中国设立常驻代表机构的管理办法》,1985年颁布了《中华人民共和国经济特区外资银行、中外合资银行管理条例》,1990年颁布了《上海外资金融机构、中外合资金融机构管理办法》等规章制度,为外资金融机构、中外合资金融机构的设立提供了制度保障。第二,中国的金融企业开始"走出去"。最早是中国人民保险公司、中国保险公司、民安保险公司和天平洋保险公司等在香港开展再保险业务,中国人寿保险公司在香港设立分公司开展寿险业务。随后中国银行业在香港、澳门等地区开展业务。第三,"广交流",积极参与国际性金融合作与发展。1980年,国际货币组织、世界银行、复兴开发银行、国际开发协会和国际金融公司等世界性国际组织先后恢复了中华人民共和国的合法席位。与此同时,还积极加入亚洲开发银行、非洲开发银行等区域性国际金融组织。

二、市场化改革:构建社会主义市场经济体制下的金融体系(1992～2001)

经过改革开放初期的金融体制改革,基本形成了现代金融体系的架构与格局。1992年,我国确立了社会主义市场经济体制,金融改革主要适应这一新形势,以市场化作为发展方向。国务院于1993年颁布的《国务院关于金融体制改革的决定》,确立了金融体制改革的四大领域:完善中央银行制度,设立政策性银行,国家专业银行商业化以及建立统一开放、有序竞争、严格管理的金融市场体系。

(一)中央银行制度进一步完善

现代金融体系下的中央银行主要履行稳定经济,实现宏观经济调控,监管社会资金,是超脱于具体金融业务的。在《国务院关于金融体制改革的决定》中,"确立强有力的中央银行宏观调控体系"是改革之首,明确指出中国人民银行的主要职能是:制定和实施货币政策,保持货币的稳定;对金融机构实行严格的监管,保证金融体系安全、有效地运行。即主要承担宏观调控和金融监管为主要职能。改革后的中国人民银行还切断了与财政部的联系,不再为财政部透支和借款;同时不再为固定资产投资安排贷款。这些都意在强化中国人民银行作为中央银行的独立性和监管调控者的角色。同时调整与分支行之间的关系,将货币发行权、信贷总量调控权、基础货币管理权、基准利率调节权等权力,上收集中于中国人民银行总行,各分支机构作为派遣机构的职责主要是:金融监督管理、调查统计分析、横向头寸调剂、经理国库、发行基金调拨、外汇管理和联行清算。

在内部管理体系上,为有效实施货币政策,加强对金融业的监督管理,保证党对金融工作的集中统一领导,中央银行在分支体系上做了重大改革,实行跨行政区设立分行。即撤销原来的省级分行,设立跨省(自治区、直辖市)分行。经过这次改革,中国人民银行新的管理体制框架基本确立:总行下设9个分行(包括20个金融监管办事处)和2个营业管理部、326个中心支行、1 827个县(市)支行。[①] 管理体制的改革和地位的独立使得中国人民银行能够使用调控经济的"三大法宝":存款准备金制度、再贴现、公开市场业务加强宏观调控,促进经济平稳发展。

(二)政策性银行的设立

为适应社会主义市场经济体制的发展需要,银行商业化改革是必然趋势。但由于我国的社会主义制度特色,银行承担了过多政策性任务,背上了沉重的历史包袱,政策性银行的设立初衷就是为商业银行减负。按

---

① 中国人民银行. 中国共产党领导下的金融发展简史[M]. 北京:中国金融出版社,2012:248—249.

照《国务院关于金融体制改革的决定》建立政策性银行的目的是实现政策性金融和商业性金融分离,以解决国有专业银行身兼二任的问题;隔断政策性贷款与基础货币的直接联系,确保人民银行调控基础货币的主动权。在经营管理原则上,政策性银行自担风险、保本经营,不与商业性金融机构竞争,在业务上受中国人民银行监督。

根据我国当时的经济发展需要设立了关涉三个领域的三家政策性银行:一是国家开发银行,主要办理政策性国家重点建设(包括基本建设和技术改造)贷款及贴息业务,确保重点建设项目的资金能够及时落实到位。二是中国农业发展银行,主要承担国家粮棉油储备和农副产品合同收购、农业开发等业务中的政策性贷款,代理财政支农资金的拨付及监督使用,切实加强对粮食收购、调销、储备资金的全过程监管。三是中国进出口银行,主要业务是为大型机电成套设备进出口提供买方信贷和卖方信贷,为中国银行的成套机电产品出口信贷办理贴息及出口信用担保,不办理商业银行业务。

基础建设、粮棉油储备和农副产品收购、进出口是改革开放后,我国在经济建设发展过程中的三大重要领域。这些领域的经济往来关系国计民生,不完全适合市场化,专门设立相应领域的支持银行对于经济市场化改革具有重要意义。

(三)国家专业银行的商业化改革

《国务院关于金融体制改革的决定》提出,要把国家专业银行办成真正的国有商业银行。具体而言,中国工商银行、中国农业银行、中国银行和中国人民建设银行都要尽快转变为国有商业银行,按现代商业银行的经营机制运行,各行要贯彻执行自主经营、自担风险、自负盈亏和自我约束的经营原则。在公司治理上,实行一级法人体制,建立健全的内控制度和风险管理制度。

为助推国有专业银行的商业化改革,国家实行了以下政策。

补充国有商业银行资本金。根据商业银行的《巴塞尔资本协议》,商业银行的资本充足率不得低于8%,否则无法抵抗系统性风险。各大行由于历史包袱,资本金普遍不足。财政部发行了2 700亿元的特别国债,将所筹资金用于补充四大行的资本金。

剥离国有独资商业银行的不良资产。由于历史原因,四大行不良资产比例较高。尤其是当年爆发了东南亚金融危机,有不少不良贷款和应收未收利息都形成了呆账、坏账,为国有银行的商业化带来了严峻挑战。在这样的背景下,我国政府决定大规模处置不良贷款。为此,成立了四家金融资产管理公司:中国信达资产管理公司、东方资产管理公司、长城资产管理公司和华融资产管理公司,分别对口接受中国建设银行、中国银行、中国农业银行和中国工商银行的不良资产。

(四)股份制银行蓬勃发展

在从计划经济向市场经济转轨的过程中,股份制更加适应这种机制。除了先前成立的一批股份制银行,又有一批新的股份制银行挂牌成立,分别有:上海浦东发展银行、中国民生银行、海南发展银行(后因资不抵债关闭)。股份制银行没有历史包袱,在成立之初就是按照现代企业制度设立的,因而产权结构清晰,有比较完善的法人治理结构。随着经济的繁荣,股份制银行有着较为明确的市场定位,在感知客户需求方面有较强的敏感性,不断开辟新的业务,满足经济发展需要。各银行之间是竞争的,为在市场竞争中胜出,各股份制银行不断探索自己的特色。如交通银行大力发展批发业务,坚持金融创新;华夏银行注重基础产业,以服务大中型企业为主。

(五)信用社改革与非银行金融机构

按照1996年国务院颁布的《国务院关于农村金融体制改革的决定》,农村金融体制改革的重点是农村信用社的管理体制改革。核心是把农村信用社逐步改为由农民入股、社员民主管理、主要为入股社员服务的合作性金融组织。具体步骤是:农村信用社与中国农业银行脱离行政隶属关系,对其业务管理和金融监管分别由农村信用社县联社和中国人民银行承担,然后按合作制原则加以规范。确立了农村信用社按照合作制规范经营。

在城市中,将原来的城市信用社发展为城市合作银行。主要任务是为中小企业发展地区经济服务。在1993年,《国务院关于金融体制改革的决定》中,曾提出在城市信用社的基础上试办城市合作银行,按《商业银行法》进行管理。到1997年末,全国已有70多家城市合作银行开业。1998年,城市合作银行全部改名为城市商业银行。[1]

经济的繁荣促进了保险业务的需求。国家对保险公司的体制进行了改革,以适应社会主义市场经济体制的发展。在业务上实行财险寿险分业经营。中国人民保险公司起初改组为中国人民保险(集团)公司,下设中保财产保险有限公司、中保人寿保险有限公司和中保再保险有限公司三个子公司。后撤销了中国人民保险(集团)公司,将三个子公司提升为一级法人。中国太平洋保险公司和平安保险也完成了分账核算,各自独立经营。此外,还新设立了华泰、永安、华安和泰康等保险公司。外资保险公司也开始进入我国。基本形成了多层次的保险体系。

(六)加快推进金融市场的规范化发展

随着市场的放开,金融市场出现了一些冒进,在市场化过程中逐步走向规范化发展是这一时期的主要特点。

1.货币市场的规范化发展

货币市场的交易更加规范,交易量较之上一阶段大幅提升。积极引入先进的电子化信息技术,建设更为便捷高效的现代化支付体系。在这一时期形成了全国统一的同业拆借市场网络,中国人民银行于1996年放开了同业拆借利率的上限管制,由市场的资金供求状况决定拆借利率,如全国银行间同业拆借市场利率(CHIBOR)。在再贴现方面,颁布了《中华人民共和国票据法》,从法律上予以规范票据贴现。同时,加快推动票据市场的建设和发展,在金融机构集中、金融发达、辐射力强的中心城市发

---

[1] 中国人民银行.中国共产党领导下的金融发展简史[M].北京:中国金融出版社,2012:263.

展票据市场,促进区域性票据市场的逐步形成。

2. 资本市场的规范化发展

资本市场在这一阶段的特征是在市场化过程中摸索规范发展。上海证券交易所和深圳证券交易所建立后,统一的证券交易市场形成了。除了在中国境内上市,以人民币认购的 A 股外,还有在中国境内上市,以人民币标明面值以外币认购和买卖的人民币特种股票 B 股,这是一种在国内上市交易的外资股,公司的注册地和上市地都在国内。1992 年,上海电真空 B 股在上海证券交易所挂牌上市;同年深南玻 B 股在深圳证券交易所挂牌上市。还有 H 股,指在内地注册在香港上市的中资企业股票。1993 年,青岛啤酒股份有限公司是首家在香港上市的中国内地企业。随着股份制的发展,1992 年和 1993 年,中国证券市场研究中心和中国证券交易系统有限公司在北京先后开办了"全国证券交易自动报价系统"(STAQ)和"全国电子交易系统"(NET)两个全国性证券交易网络,用于法人股的交易。总体而言,在交易的品种上存在 A 股、B 股、H 股;在交易方式上,存在全国统一性集中交易市场与局部交易市场。虽然在格局上貌似混乱,但由于历史原因,我国在股权性质上同时存在国家股、法人股和个人股等,国家股和法人股不能上市流通,这种看似混乱的格局是为适应当时复杂经济状况的需要而产生的。

为促进股票市场规范有序发展,对证券、债券、期货和基金等进行了立法规制。1993 年 5 月,国务院颁布了《股票发行与交易管理暂行条例》。1993 年 8 月出台《企业债券管理条例》主要是规范企业债券发行,对债券发行的规模实施了控制,实行审批制。1996 年,中国国债市场的发展全面走向市场化,国债发行方式实现了由承购包销向公开招标过渡,初步建立了"基数承购、差额招标、竞争定价、余额分销"的市场化模式。[①]为防止期货市场的盲目跟风,国务院在 1993 年,颁布了《关于坚决抵制期货市场盲目发展的通知》。1997 年,为规范基金发展,颁布了《证券投资

---

① 中国人民银行. 中国共产党领导下的金融发展简史[M]. 北京:中国金融出版社,2012: 271—272.

基金管理暂行办法》。1998年成立了专门的证券监督管理委员会,专门行使对证券业的监管。为规范市场,证监会对41家场外"非法"股票交易和证券交易中心进行清理和关闭。1999年,STAQ与NET停止交易,使资本市场更加统一与规范。

(七)统一监管向分业监管的转型

改革开放以来,中国人民银行承担了所有的金融监管工作。1997年东南亚金融危机以后,为防止金融的系统性风险,我国借鉴发达国家经验,实行了分业经营,分业监管。各监管机构作为金融监管组织体系的构成部分,既分工负责,又相互协调。早在1992年,就成立了国务院证券委员会和中国证券监督管理委员会(简称"中国证监会"),确立了基本的监管体制。从1992年到1998年,中国证监会在国务院证券委的领导下开展监督管理工作。1997年,国务院对证监会的管理体制进行了梳理,将上海、深圳证券交易所统一划归中国证监会监管。中国证监会对各地方证券监管部门实行垂直领导,并将原中国人民银行监管的证券经营机构划归中国证监会统一监管。通过权力赋予和与地方管理体制的理顺,证监会作为监管机构的地位和权力提高了,到1998年4月,国务院证券委与中国证监会合并成国务院直属的正部级事业单位,进一步强化了中国证监会的监管权力,也意味着全国集中统一的监管体制的架构基本完成。

1998年11月。根据《中共中央、国务院关于深化金融改革,整顿金融秩序,防范金融风险的通知》和《国务院关于成立中国保险监督管理委员会的通知》(简称"保监会"),批准设立中国保险监督管理委员会,来统一监督管理全国保险市场,维护保险业的合法、稳健运行。

2003年,根据《国务院机构改革方案》设立中国银行业监督管理委员会(简称"银监会")承担关于银行业的监管任务。

(八)以更加积极的姿态加入世界

在外资金融机构进入国内方面,继第一批允许设立外资金融机构的城市,又新增了 11 个中心城市①,允许外资银行设立营业性分支机构。到 1999 年,取消了外资金融机构设立分支机构的地域限制。此外,摩根斯坦利参股了中国国际金融公司,成为首家中外合资的投资银行。在逐步放开外资金融机构经营人民币业务上,先是 1996 年在上海试点,1998 年批准外资银行可以进入全国同业拆借市场,1998 年 8 月,批准深圳 5 家外资银行经营人民币业务。

在国际交流与合作上。加入国际清算银行。参加东南亚－新西兰－澳大利亚中央银行组织(SEANZA),东亚及太平洋地区中央银行行长会议组织。加入由中国、美国、日本、澳大利亚、新加披和中国香港的中央银行或货币当局的"六方市场会议"。加入东南非贸易与开发银行,加入加勒比开发银行。参加东亚国家和地区间的多边金融合作。积极在国际金融发展中发挥作用,在亚洲金融危机中,中国人民银行向世界承诺人民币不贬值,对于阻止这场危机的蔓延起到了坚定的支持作用。

三、迈向国际化:蓬勃发展的中国金融业(2002～2012 年)

我国于 2001 年 12 月 11 日正式加入世界贸易组织(WTO)。加入 WTO 意味着我国将在具有法律效力的由国际多边谈判而形成的《服务贸易总协定》的框架下展开活动。在这样的背景下,我国金融业以国际化为导向,深化改革,完善治理体系,以应对金融业对外开放的格局。此外,国内的市场化改革也发展到了一个新阶段,金融作为资源配置的核心性力量日益凸显。国际化与市场化相互促进,共同发展。

(一)推进更加具有超脱性的中央银行制度

随着社会主义市场经济体制改革的深入,将金融作为调控宏观经济的重要杠杆,发挥金融在市场配置中的核心力量,是经济发展的必然要求。此外,金融安全已成为国家经济安全的核心。在这样的背景下,对中国人民银行进行了深化改革。首先是把原先承担的金融监管任务分离出

---

① 分别是北京、沈阳、石家庄、西安、成都、重庆、武汉、合肥、苏州、杭州和昆明。

去,由专业成立的中国银监会行使对银行业的全方位监管。其次,以立法的形式规定中国人民银行行使中央银行的职能。在2003年12月,第十届全国人民代表大会常务委员会第六次会议通过了《中华人民共和国中国人民银行法》。该项法律的目的是明确中国人民银行的地位和职责,目的是保证国家货币政策的正确制定和执行,建立和完善中央银行宏观调控体系,维护金融稳定。该法明确规定中国人民银行是中华人民共和国的中央银行,在国务院领导下,制定和执行货币政策,防范和化解金融风险,维护金融稳定。货币政策的目标是保持货币币值稳定,并以此促进经济增长。中国人民银行将集中于制定和执行货币政策以进行宏观经济调控、维护金融稳定和金融安全。到2008年,中国人民银行在此基础上进行了职责调整,更加注重货币政策体系的健全和金融监管的协调。

(二)国有商业银行股份制改革

由于历史原因,我国的商业银行,尤其是银行体系的支柱——国有商业银行,普遍存在竞争力差、不良资产率高和资本充足率不足等问题。解决这些历史遗留问题,尽快将国有商业银行推上市场化道路,才能迎接来自外资银行的竞争。2003年10月,《中共中央关于完善社会主义市场经济体制若干问题的决定》提出,"要进一步深化金融企业改革,商业银行要成为资本充足、内控严密、运营安全、服务和效益良好的现代金融企业。"同时决定要对国有商业银行做出突破性改革,"选择有条件的国有商业银行实行股份制改造,加快处置不良资产,充实资本金,创造条件上市。"国家对国有商业银行的股份制改革具有重要意义,从原来的国有独资到国有控股,它用实践诠释了"什么是社会主义,怎样建设社会主义"的命题,也是对社会主义制度与市场经济体制有效融合的诠释,为"以公有制为主体,多种所有制经济共同发展"的基本经济制度在实践中的运用提供了可参照的模板。

国有商业银行的股份制改造体现了我国的制度创新。具体实施办法是:国有商业银行的产权改革,国有资本将以股权的形式体现在银行中,"国有"将实现从政治符号向经济符号的转变,即不是通过行政命令而是通过出资额行使权力。改革的基本思路是：国家委托相关机构作为自己的代表向银行出资，参加股东大会，经股东大会选举进入董事会，从而实现所有权与经营权的分离。在实践中，专门代表国家执行这个功能的机构是成立于2003年12月的中央汇金投资有限责任公司。"汇金公司的成立，标志着我国政府开始采用投资公司的形式建立国有金融资本出资人的模式。该公司负责向实施股份制改造试点的银行注资，并作为出资人，督促商业银行落实各项改革措施，完善公司治理结构，力争股权资产获得有竞争力的投资回报和分红收益。"[①]在汇金的支持下，四大国有商业银行中的三家：中国建设银行、中国银行和中国工商银行先后完成了股份制改造，引进战略投资者，完成了上市。交通银行也于2005年在香港上市。

（三）中小商业银行的股份制改造

国有商业银行的股份制改革所带来的示范效应以及改革开放的不断深入，推动了中小商业银行的股份制改造。一批中小商业银行开始按照现代企业制度，借鉴国外先进商业银行的惯例和经验，规范公司治理结构，设立了股东大会、理事会、监事会和高级管理层。按照现代银行业的流程进行组织架构改革。在内部管理制度上，从原来以经验为主的粗放型向注重量化模型的精准型转变。在业务拓展上，逐步形成了自己的特色并突破地域的限制，向全国市场进军。为适应跨地区经营的趋势，各商业银行纷纷利用信息化技术，推动了联网管理，诸如ATM机的普及与相互间的联系（如跨行存取款业务）、网络银行、电话银行和手机银行等现代信息技术被迅速采用到银行体系中。

随着中小商业银行公司治理结构的完成，这一时期出现了重组和上市潮。比较有代表性的有徽商银行，由6家城市商业银行和7家城市信用社重组而成，后引入战略投资者万科置业（香港）完成了上市（2013年）；江苏银行，由10家城市商业银行重组而成（2016年也完成了上市）。

---

① 李志辉. 中国银行业的发展与变迁[M]. 上海：上海人民出版社，2008：23.

这段时期,先后完成上市的企业有宁波银行、南京银行、北京银行、民生银行、招商银行、华夏银行、上海浦东发展银行、中信银行以及光大银行等多家商业银行。股权结构的多样化,使得这些中小商业银行能够以市场为导向,以客户为中心,不断提高服务市场需求的能力,多方位多层次地发挥金融在经济中的核心作用。

(四)农村金融机构的多层次发展

这一时期,农村金融结构改革尤为瞩目。首先是农村信用社改革。2003年3月,国务院下发了《关于印发深化农村信用社改革试点方案的通知》,提出要按照"明确产权关系、强化约束机制、增强服务功能、国家适当支持、地方政府负责"的总体要求,加快农村信用社管理体制和产权制度改革,把农村信用社逐步办成由农民、农村工商户和各类经济组织入股,为"三农"经济发展服务的社区性地方金融机构。[①] 先在8个省试点。2004年8月,国务院又印发了《关于进一步深化农村信用社改革试点的意见》,将深化改革的试点扩大到21个省。到2006年,在全国30个省(自治区、直辖市)推广开来。改革后的农村信用社将管理权限下移至地方政府。在产权上有合作制、股份制和股份合作制。有条件的地方可改制组建农村商业银行。

为进一步支持农村经济的发展,除了对农村信用社做出较大幅度的改革,还设立了其他金融机构。2006年12月,中国银监会印发了《关于调整放宽农村地区银行业金融机构准入政策 更好支持社会主义新农村建设的若干意见》,按照"低门槛、严监管"的原则,调整放宽农村地区银行业金融机构准入政策,鼓励各类投资者到农村地区投资,设立村镇银行、贷款公司和农村资金互助社等新型农村金融机构。

2007年,中国邮政储蓄银行正式挂牌成立。邮政在全国网点众多,且70%分布在县及县以下地区,对"三农"的覆盖面较高。邮政储蓄银行

---

① 中国人民银行.中国共产党领导下的金融发展简史[M].北京:中国金融出版社,2012:307.

的成立,在理论上大大提高了农村金融服务的力量。但从实践来看,由于我国的二元经济结构和二元金融服务特色,以及邮政储蓄银行的内部治理缺乏现代金融机构的专业性,其服务"三农"的力度是有限的。

(五)金融市场的规范化改革

1. 资本市场改革

这一阶段,资本市场改革取得了瞩目成就。2004 年,国务院发布《国务院关于推进资本市场改革开放和稳定发展的若干意见》,把大力发展资本市场上升为战略任务。由于历史原因,我国的资本市场存在很多体制遗留问题。比如,股票的种类。改革开放之初,考虑到生产资料所有制的性质问题,我国有国家股、法人股和个人股。其中国家股和法人股不能上市流通,被称为非流通股;个人股可以上市流通,被称为流通股。因此,股权是被分置的,导致"同股不同价,同股不同权,同权不同利"的局面,难以发挥资本市场价格发现以及大众监督的功能。为解决这一问题,这一段时期实施了股权分置改革,打造全流通市场,推动资本市场实现规范式发展。2005 年,中国证监会发布了《关于上市公司股权分置改革试点有关问题的通知》,决定实施股权分置改革试点。截至 2006 年底,股权分置改革任务基本完成。[①]

改革股票发行体制。2001 年,我国在新股发行上从审批制改为核准制,确立了以强制性信息披露为核心的事前问责、依法披露和事后追究的责任机制,初步建立起证券发行监管的法规体系。2010 年 10 月,中国证监会正式发布《关于深化新股发行体制改革的指导意见》,就询价过程中的报价和配售约束,询价对象范围、单个机构获配股份数量、充实网下机构投资者,增强定价信息透明度等做出了规定。在这一时期,还启动了融资融券试点业务,以增加证券市场的流动性,促进市场价格发现功能。在资本市场层次上,为满足中小企业的融资需求,除了沪深主板市场,还于 2004 年推出了中小企业板;2009 年推出了创业板。同时,场外市场也稳

---

① http://www.gov.cn/ztzl/gclszfgzbg/conten(中华人民共和国中央人民政府网站).

步发展起来,期货市场在经历了 90 年代的野蛮无序生长之后也走向了规范。

2. 货币市场

货币市场在这一时期的发展也走向了规范化道路。在市场秩序上,银行间债券市场已发展为以做市商、结算代理人为核心、金融机构为主体,其他机构投资者共同参与的多层次债券市场体系。银行间市场交易商协会成立,行业自律组织不断加强。成立了中债信用增信投资股份有限公司和中债资信评估有限责任公司,为投资人进行信用评级服务。在信息披露上,建立银行间市场债券发行系统和信息披露与报价交易系统,推出了交易结算的券款对付(DVP)和直通式处理(STP)。2009 年,上海清算所成立,有利于场外市场集中清算的形成。在债券发行上,逐步实行了核准制、备案制、注册制,代替以前的核准制。市场交易主体不断丰富,创新品种和交易工具更加多样化。货币市场的参与机构几乎涵盖了国内的一切金融机构类型,发行主体从政府、金融机构、中外企业到国际开发机构等,投资主体也几乎涵盖从金融机构到企业的各类法人机构,还扩大到境外机构投资者。

3. 外汇市场和黄金市场

随着我国对外贸易的逐步扩大,2005 年实行了人民币汇率形成机制改革,推动外汇市场建设。允许银行办理远期结售汇业务,放开交易期限,允许银行自主定价,增加掉期业务。2006 年,在银行间即期市场引入询价(OTC),还引入了做市商制度。2011 年,还在银行柜台和银行间市场推出了人民币外汇期权业务。

2001 年,中国人民银行取消了黄金"统购统配"的计划管理体制,黄金开始步入市场化。2002 年,黄金价格放开与国际金价接轨,成立上海黄金交易所。2003 年,中国人民银行不再对黄金实行行政审批,让我国黄金市场与国际黄金市场进一步接轨,黄金的交易量迅速增加。

四、融入世界金融秩序，继续扩大开放的中国金融业（2012年以来）

经过前期的金融制度改革，我国基本形成了适合现代经济发展需要的基本金融结构，现代金融体系已经形成。自2012年以来，我国的金融业融入世界金融秩序，不断为开放世界经济中的大国发展提供金融支持。整体来看，2012年以来，我国金融业发展的最大特点是，继续对外开放，融入世界金融秩序。

2016年，国际货币组织（IMF）宣布将人民币纳入特别提款权（SDR）的货币篮子，人民币作为储备货币在国家金融交易、投融资中的作用将会提升，逐步向金融交易货币发展。2018年，习近平主席在博鳌亚洲论坛年会开幕式上的主旨演讲中，也提到中国将进一步放宽外资金融机构设立限制，扩大外资金融机构在华业务范围，拓宽中外金融市场合作领域。[1] 2019年，中国推出12条金融开放举措，包括对来华设立外资法人银行、入股信托公司、经营保险经纪公司等外资金融机构取消对其资产总额的准入要求；放宽中外资投资设立消费金融公司准入政策；取消外资银行开办人民币业务审批等。[2] 在市场环境上，由于大幅放宽外资金融机构准入，为稳步推进金融市场开放，放了企业征信评级、信用评级、支付清算等领域的准入限制。总体而言，中国金融业在坚持对外开放方面是坚定的。2020年，美国运通公司（American Express）获得银行卡清算业务许可证，标志着我国的银行卡产业和银行卡清算组织更加市场化和国际化。据统计，2018年以来，在国务院金融委员会的统筹协调下，人民银行、银保监会等部门先后宣布并推动实施了50余条具体开放措施，我国金融业对外开放步伐明显加快。[3]

在积极参与国际金融秩序的同时，也在打造适合自身发展特点的新

---

[1] 出自 www.gov.cn/xin wen/2018-04/10/content
[2] 踩着自己的节奏 中国扩大金融开放[N]. 人民日报：2019-5-3.
[3] 金融业开放步伐明显加快(扩大开放・不断向前)[NOL]. 人民网，2020-8-28.

金融秩序,反映了我国在国际经济发展中利用金融力量构建经济合作秩序的自觉。为满足新兴国家的经济发展需要,我国于2014年倡议建立亚洲基础设施投资银行(Asian Infrastructure Investment Bank,简称亚投行AIIB),并于2015年正式成立。亚投行是一个政府间的区域性多边开发机构,在亚洲区域内,重点支持基础设施建设,推动亚洲经济一体化。利用金融协调经济关系的功能,可实现国家间的比较优势,推动亚洲经济的互联互通和共同发展。亚洲国家普遍存在基础设施建设落后的情况,而我国在基础设施装备制造方面已形成完整的产业链,工程建造能力已居世界前列。在我国经济进入新常态的背景下,将我国先进的基础设施建造能力向周边国家转移对促进亚洲经济共同繁荣具有重要意义。更为重要的是,以产业为基础,会带动与资本的良性循环。配合以"一带一路"战略,将有利于区域内的清算支付系统的构建,推动人民币的国际化。

第三节 在世界历史坐标中审视资本金融化对中国的意义

马克思曾经说过:"各个相互影响的活动范围在这个发展进程中越是扩大,各民族的原始封闭状态由于日益完善的生产方式、交往以及因交往而自然形成的不同民族之间的分工消灭得越是彻底,历史也就越是成为世界历史。"[1]因此,考量资本金融化对中国的意义离不开世界历史这个空间坐标,它反映的是隐藏在外部多样化表象下的发展一致性,代表着生产方式的调整。20世纪70年代以后,资本主义世界逐步呈现出资本金融化态势。意味着我国参与世界经济大循环的运行规则是由金融化的资本所决定的,它在运行机制方面,与产业资本和金融资本有很大的不同。如果用产业资本或金融资本所揭示的经济关系,去看待资本金融化作用下的经济关系是不合时宜的。因此,我国更加应该认识资本金融化的原理和运行机制,并基于资本金融化的运行机理来调整我国的经济政策,认

---

[1] 马克思恩格斯全集[M]. 北京:人民出版社,1979,46:48.

识世界经济的规律与发展趋势。

一、社会资本对生产资料绝对私有制的消解及对我国的启示

生产力越发达,越具有社会化大生产的趋势,生产资料私有制阻碍了这一趋势。因此,生产资料私有制与社会化大生产之间的矛盾是资本主义的基本矛盾。在产业资本为主导的时期,两者之间的冲突形塑了极为紧张的社会关系和尖锐的阶级矛盾。资本为了实现最大化的积累,对工人的剥削和压榨是赤裸裸的。延长工作时间,提高劳动强度的"血汗工厂",将工人置于贫困的境地,激起了他们强烈的反抗精神以及联合起来推翻资本主义社会的革命意志。总体而言,在以产业资本为主导的时期,资本的投入与使用主要是纯粹的私人资本,因而生产资料所有制是绝对私有的。然而,在资本金融化时期,企业更多地利用社会资本,生产资料仍然是私有的,资本却日益变为具有公共性的社会资本,生产资料更加倾向于集体性特征,先前那种绝对生产资料私有制的运行机制也出现了消解。

在现代企业制度条件下,公司在组织形式上主要是股份有限公司和有限责任公司。虽然这两种组织形式早在17世纪的荷兰就已经产生,但它发展为普遍形式却是在当代。按照《公司法》的规定,股份有限公司股东人数在2人以下,有限责任公司为2～50人。股东对公司补偿完债务以后的剩余财产具有索取权,也就是说,公司的所有权并不是单个人的。尤其是向市场公开募集股份成立的股份有限公司,其所有权的社会性就更加浓厚。对于在股票交易市场上市成立的公司而言,公司的重大年度财务状况、公司管理层的人事变动、关于投资的重大信息及股权转让等都要向社会公开披露。因此,这样的公司已经不属于纯粹的私人企业,而是具有一定集体性质的集体企业。公司组织形式的金融化使得企业突破了"内部人"所有的纯粹私人性,成为"外部人"共同参与的半公共性。在内部组织架构上,股东大会是最高权力机关,通常按照所持股份的数额决定投票权。但股东大会只有在重大事情上才会召开,公司的经营活动通常

由董事会负责指挥与管理,并向公司股东会或股东大会负责并报告工作。董事会下面设总经理负责具体的日常经营活动,执行董事会的决议。总经理通常是从外部聘请的职业经理人,也就是说,在公司的具体经营活动中是"外部人"控制的,"外部人"受"内部人"委托管理企业。同时企业吸收了社会的人力资源,成为开放型的企业。

在由"内部人"与"外部人"共同治理的企业中,两者有着不同的期望效用函数,利益并不总是一致的。简单来说,"内部人"追求股东利益最大化或利润最大化,"外部人"追求自身价值最大化。然而,企业的日常经营由经理层负责,那么经理层在信息上拥有优势,而董事会和股东则处于信息劣势。如何防止代理人利用信息优势获取利益?在实践中,常见的是委托人设计契约来约束代理人的行为选择。同时运用薪酬激励机制诱导代理人与委托人的期望保持一致。但事实上,这些并不能完全约束代理人。更为重要的是,作为股东与经理人中间层的董事会,并不总是代表股东的利益,在业务经营中可能存在与经理层的合谋行为。因此,在委托—代理之间还需要嵌入一个公正的监督者。对于依靠外源性资金成立的公司而言,股东是分散众多的,将公司业绩纳入金融市场的公共监督之中更加具有可行性。金融市场上的投资者出于自身利益的最大化,能够较为客观地审视企业的管理和政策。迈克尔·詹森曾提出一个"积极投资者"的概念,指那些同时持有大量公司债券和(或)股票,并积极参与制定公司战略方向的个人或机构。[1] 他们能够充当监督人的角色,广泛收集与公司有关的信息,通过专业的推理判断,以股价波动的形式,反映公司管理层的实际经营状况。

资本金融化背景下的公司治理对我国国有企业改革具有重要的借鉴意义。我国在社会制度上选择的是社会主义制度,用生产资料公有制的社会制度来保障人民切实当家作主。表现在经济实体上,国有企业是社会主义公有制的实现形式。那么,国家实际上就是委托人,但"国家"作为

---

[1] 迈克尔·詹森.企业理论[M].童英,译.上海:上海财经大学出版社,2008:51.

一个政治概念,并不是一个经济实体。它只能安排相关组织机构代表国家来行使权利,比如国有资产管理委员会(简称"国资委"),作为政府的国家的派出机构与国家的利益是一致的。那么国有企业的经理层就是代理人,国资委就是委托人,两者之间就是委托—代理关系。在实践中,由于委托人职权不明以及委托—代理之间的不完全市场化,传统的国有企业在经营管理上基本上是封闭的内部人管理。同时,由于国有企业在国民经济中的巨大体量,对国家举足轻重。但缺乏有效的薪酬激励机制和有力的监督机制,使得管理层在委托—代理关系上存在大量机会主义倾向。如内部人控制,国有资产流失,利益输送等问题;由于专业限制,党组织的责任监督有限,责任落实不到位等。随着市场经济的逐步发展完善,国有企业在经营管理上,也尝试从原来"内部人"的封闭式经营走向"外部人"的开放式经营。十六大报告指出:"要深化国有企业改革,进一步探索公有制特别是国有制的多种有效形式,大力推进企业的体制、技术和管理创新。除少数必须由国家独资经营的企业外,积极推行股份制,发展混合所有制经济。实行投资主体多元化……放宽民间资本的市场准入领域,在投融资、税收、土地使用和对外贸易等方面采取措施,实现公平竞争。"虽然国家已有相关政策,也做了尝试,比如国有企业的混合制改革,但开放程度是有限的。

  资本金融化运行规则下对委托—代理机制的监督是引入了投资人这个社会性力量。多元主体的参与使原本单一的内部关系复杂化,在委托人、代理人之间,又增加了投资人,三方的利益和目的是不同的,在追求利益均衡的过程中提高了公司治理水平。詹森认为:"企业并不是一个人。它是一个法律虚构,目标各异的人们(一些人还可能代表其他的组织)在这个虚体中的契约关系框架下经过复杂的过程达到平衡。从这个意义上来讲,企业的'行为'就像市场的行为:是一个复杂的均衡过程。"[1]让企业的相关利益主体在对市场行为的选择中趋向均衡,也就是说企业的日常

---

[1] 迈克尔·詹森. 企业理论[M]. 童英,译. 上海:上海财经大学出版社,2008:86.

经营管理过程本身就是一个市场的过程,倒逼在制度上强行设立公开的市场环境,充分的信息流通,从而使金融市场成为更加有效的市场。首先,信息披露制度是证券交易所对每一家上市公司的外部硬约束;其次,在经济活动中人的逻辑预设是利益最大化,每个人出于资金安全的需要会更加关注企业的投融资状况、内部管理状况、发展前景预测等,从而通过证券价格反作用于企业。因此,在资本金融化时代,社会资本对企业经营的管理对于解决我国国有企业的委托—代理关系,提高国有企业内部治理,具有重要的借鉴意义。

二、生产力进步的引擎:创新的金融化

创新是现代经济增长的源泉。我国非常重视创新,十八大提出了创新驱动发展战略,十九大把创新作为五大新发展理念之首,二十大提出加快实施创新驱动发展战略。创新具有投资大,风险高的特点。从国际经验上看,金融在推动创新从孵化到转化方面发挥了重要作用。美国硅谷作为科技创新的摇篮,背后离不开金融力量的支持。

创新,innovation,来源于拉丁语"innovare",意思是"创造新的东西"。"innovation"有两层意思:一是观念、方法、发明本身;二是新观念、新方法、新发明的"导入"①,即在实践中的转化。创新通常与市场中的生产或产品有关,如克里斯汀·格林哈尔希等认为,创新可以是新的产品、生产模式或者是企业经营过程中可以创造"价值"的活动,主要包括产品创新和方法创新②。创新理论的代表人物之一,管理学家彼得·德鲁克,基于管理已成为社会的整合器官的管理学视阈,指出创新和企业家精神应该成为社会、经济和组织维持生命活力的主要活动。德鲁克认为创新就是改变产品和服务,为客户提供价值和满意度。并认为创新是企业家特有的工具,他们必须有目的地寻找创新的来源,寻找预示成功创新机会的变

---

① 吴金希."创新"概念内涵的再思考及其其实[J]. 学习与探索,2015(5).
② 克里斯汀·格林哈尔希,等. 创新、知识产权与经济增长[M]. 刘劭君,李维光,译. 北京:知识产权出版社,2017:4.

化和征兆。企业家的本质就是有目的、有组织地创新,他们应该了解成功创新的原理,并加以应用。① 在创新方面,马克思很早就指出技术创新对资本家在市场竞争中保持有利地位的重要意义,它也是推动生产力进步的引擎。

在创新理论方面最具有代表性的经济学家是熊彼特,他受马克思的启发从经济内部寻找经济发展的动因,"根据马克思理论,有一种内部的经济发展,而不只是经济生活要与变化着的情况相适应"②。这种内部的动因就是技术变革和生产组织变革,是创新("创造性破坏")。他认为创新主要发端于生产方,生产手段的新组合推动了发展。他从市场的运行原理切入,认为信贷在实现新组合过程中具有不可或缺的作用。但了解熊彼特的创新理论首先需要澄清他的相关概念:一是什么是企业家;二是区分了"企业家"与"资本家"。创新包含发明和将发明成果引入商业应用领域并形成生产能力两个过程,其中企业家是创新的实施者。这里的"企业家"并非指拥有企业的人,而是指能改变现状的人,"把职能是实现新组合的人们称为'企业家'"③。企业家不是一种职业,也不是一种持久的状况,只有在实现新组合时才是企业家。他们的特质在于存在一种寻找私人王国的梦想,是智慧和意志的巨人。企业家的使命是改变现有规则,创造新组合,以"创新"作为它特有的目的。④ 大卫·哈维将企业家理解为英雄人物,准备把技术创新和社会创新推向极致的"杰出的"创造性的破坏者,具有创造性的英雄主义情怀。总之,企业家就是通过生产要素的新组合颠覆旧生产模式的人。

资本家是指货币所有人或拥有货币请求权的所有人,包括普通股股东。资本家的意义在于承担创新过程中的风险,"风险显然总是落在生产手段所有人或为偿付生产手段而给予的货币资本所有人的头上,因此,绝

---

① 彼得·德鲁克.创新与企业家精神[M].蔡文燕,译.北京:机械工业出版社,2009:17.
② 约瑟夫·熊彼特.经济发展理论[M].何畏,等,译.北京:商务印书馆,2017:70.
③ 约瑟夫·熊彼特.经济发展理论[M].何畏,等,译.北京:商务印书馆,2017:85.
④ 约瑟夫·熊彼特.经济发展理论[M].何畏,等,译.北京:商务印书馆,2017:93.

不会落在企业家这种人的头上"①。由此可以看出,熊彼特关于创新与资本之间的关系是在一个相对成熟的金融环境背景下,企业家与资本家之间的职能分工更为细化,两者不再是一个合二为一的整体了。企业家与资本家的结合是市场中的自然行为,因为新组合本身是从现有循环流转的生产手段中产生出来的,并不是使用闲置生产手段生产出来的,那么就不能用以前生产的所得收益为新组合提供资金,因为以前的收益要供应既有的生产。在没有资金的情况下,只能求助于资本家的信用。熊彼特以信贷为代表阐述了对于创新的意义,其重要作用在于为新组合的实现创造购买力,这是唯一只能用信用支付手段而不能用金属货币的地方②。这种购买力不是现有生产能力的转移,而是从"无有之乡"创造出来的。借助于信用支付手段,企业家才可以获得生产手段的现有存量。信用的这种为创新目的而创造支付手段与已经在循环流转中的货币或其他支付手段是有本质区别的,后者是对已经实现了的增量社会产品的证明单,后者则是对未来的请求权,只有新组合真实地在经济中实现了,那么才能真正成为已经实现了的社会产品。至于金融票据等其他金融产品,虽然不是为了给新的组合提供资金的产物,但在很大程度上往往起着同样的作用。③

熊彼特认为信用对于资本主义创新具有重要意义,"资本主义信用制度在所有各国都是从为新的组合提供资金而产生并从而繁荣起来的,尽管在每一个国家都采用不同的方式。"④从历史发展实践来看,生产力的发展与创新是相互强化的。人类学家阿尔文·托夫勒曾将人类文明的发展总结为三次浪潮。第一次浪潮是农业文明,以自然经济为主,持续了一万多年;第二次浪潮是工业文明,以科学技术和市场经济为特征,持续了两三百年;第三次浪潮是信息文明,以计算机互联网的信息革命为核心,

---

① 约瑟夫·熊彼特. 经济发展理论[M]. 何畏,等,译. 北京:商务印书馆,2017:86.
② 约瑟夫·熊彼特. 经济发展理论[M]. 何畏,等,译. 北京:商务印书馆,2017:122.
③ 约瑟夫·熊彼特. 经济发展理论[M]. 何畏,等,译. 北京:商务印书馆,2017:115.
④ 约瑟夫·熊彼特. 经济发展理论[M]. 何畏,等,译. 北京:商务印书馆,2017:81.

始于20世纪60年代。自人类进入信息化时代，创新的速度明显加快了，其原因在于熊彼特意义上的"企业家"与作为出资人的"资本家"（金融机构）之间的合作。或者更为准确地说，是金融创新的结果。丹·席勒在《信息资本主义的兴起与扩张》中曾经提到过风险投资在美国信息传播业中的作用，信息传播原本是军事机构出于大规模战争的需要而研发的，商业机构将这种信息处理的创新推向了牟利的政治经济领域，但这项创新的成果转化以及民用化的普及与再创新则得益于风险投资。"第二次世界大战以后，风险投资也变得制度化：'一些私人公司、上市公司和投资银行已经开始从富人、公司、养老基金和捐赠基金等渠道募集资金，以便投资创办于军方密切相关的科技公司。'计算机信息处理的利润潜力产生了迭代性的影响：1968年至1975年期间，在硅谷设立了不少于30家风险投资公司，而美国传统的金融中心纽约和波士顿则被代替了。"[1]

硅谷在20世纪70年代以后掀起的信息化浪潮与风险投资的推动是紧密关联的。

风险资本对技术创新的资本化主要通过三个途径：一是提供资本支持，宽容失败，激发企业家精神。初创企业往往资金缺乏，它们的核心价值在于企业家的才智和精神。风险资本所要挖掘的是这种具有特殊心智、意志和才能的人的潜力。因而能够以他们为核心，具有较高的失败容忍度。这也是对企业家的最大激励，美国加州大学伯克利分校教授古斯塔沃·曼索通过实证研究，发现短期内对失败的容忍能够有效激励企业创新。正是这种激励机制激发了创新精神。二是为初创企业提供内部管理经验、参与公司运营、帮助完善公司治理，推动企业快速成长。同时，积极利用自身的社会资源和信用，帮助企业迅速在行业内立足。在实践中，受到风险资本资助的企业往往会得到较高的社会认可。三是风险资本的专业化风险管理手段。技术创新具有长期和不确定性，风险资本能够将面临的不确定性转化为风险，再运用专业化的风险管理手段估计风险承

---

[1] 丹·席勒. 信息资本主义的兴起与扩张[M]. 翟秀凤，译. 北京：北京大学出版社，2018：61.

受力,从而构建了长期回报与短期容忍失败相结合的激励手段,建立更为可行的效率与成本的核算机制,使创新的经济成本在可控范围之内。

三、经济泡沫与财富幻象:认识资本金融化的内在否定性

资本金融化是历史的产物,我们不能忽视它的存在及其所打造的社会关系,但同时也要看到它的暂时性,以及它走向被扬弃的必然性。从本质而言,资本的金融化是资本对自身矛盾的克服与超越,在这过程中推动了生产力的进步,打造了适合自身发展的生产关系,因而是历史的。它对于历史发展有进步意义,资本金融化对社会资本的运用,消解了生产资料绝对私有制背景下那种尖锐的阶级对抗,缓解了与社会化大生产之间的矛盾,超越了资本在产业资本和金融资本为主导时期所形塑的那种狭隘的生产关系,塑造了以和平与发展成为时代主题的全球化,在相互合作的商业交往中,将资本扩张到全世界。然而,"资本就是一个活生生的矛盾",它试图通过发展生产力超越先前的矛盾,但在更高的阶段上又产生了新的矛盾。对于资本金融化的发展而言,主要表现为金融作用下经济的虚拟化和泡沫化。

在虚拟的金融空间中,不经过生产过程的资本积累速度是以几何级数增长的,远远超过了实体经济中真实财富的创造速度。这种繁荣的假象会产生两个效应:一是虚假繁荣诱发投资过剩。无论是传统的信贷扩张和股票市场的膨胀,还是作为金融创新产物的风险投资,在需求没有实质性扩张的条件下,货币的"充裕"与易得会刺激企业家把创造出来的购买力用于投资周期较长的项目或是投机性项目。对于投资周期较长的项目而言,由于所投资的货币并非来源于社会真实的储蓄的增加,投资与储蓄的失衡会在这种货币充裕的假象下进一步加剧。靠注入货币刺激投资的做法并不能长久,终究会以经济衰退的方式进行纠正。这些过剩的货币还会导致投机性项目增多,如对房地产的刺激。2008年的金融危机的直接原因就在于美联储长达十年的货币宽松政策,导致货币价格低廉,刺激房地产投机。没有真实经济支撑的融资终将沦为庞氏融资,诱发经济

危机。二是股票市场的赌博效应。金融市场的资本增殖路径是从 $G-G'$，没有生产过程，遵循的是不同于真实商品世界的资本运行规律。依靠货币的所有权就能增殖，吸引了包括机构投资者和社会众多分散的中小投资者进场，促进了专门从事金融投资业务阶层的壮大。

金融市场中的财富是一种幻象，因为它大部分纯粹是虚拟的，这些财富大多体现为账面上的数字，遵循完全不同的资本运行规律。按照马克思对虚拟资本的看法，这种资本是幻想出来的，证券的资本价值也是虚幻的。这种货币资本的积累大部分是对生产索取权的积累，因而这种资本价值的积累也是一种幻象。例如，债券和股票在一级市场募集的资金是代表真实的社会资本，债券和股票作为一种收益凭证代表对企业（或国家）在未来有按照票面价值获取收益的请求权，从而赋予这些凭证一定的内在价值，可以在二级市场进行流通交易。然而，事实上，这些凭证背后所代表的真实货币量已经被用掉了，它之所以有价值是因为拥有未来的货币请求权，实际上并不代表相应的真实资本。但在金融市场中所流通的却是它们的票面价值。因此，马克思说："随着生息资本和信用制度的发展，一切资本好像都会增加一倍，有时甚至增加两倍，因为有各种方式使同一资本，甚至同一债权在各种不同的人手里以各种不同的形式出现。这种'货币资本'的最大部分纯粹是虚拟的。"[1]恩格斯进一步补充："在最近几年，资本这种增加一倍和两倍的现象，例如，已由金融信托公司大大发展了。"[2]这些还都是 19 世纪下半叶的现状。可想而知，在金融工具发达的当代，对虚拟资本的派生将会更加巨大。

金融主导公司、机构、政府和社会的经济决策会产生新的分配不公。这在前面的章节中已详细论述过。托马斯·皮凯蒂认为 21 世纪经济增长与收入不平等之间的关系，取决于资本收益在财富和收入不平等的决定机制中发挥了关键性作用，资本收益率大于经济增长率是导致财富产生两极分化的根本性力量。但这背后实际上是资本运行机制的改变。现

---

[1][2] 马克思. 资本论[M]. 北京：人民出版社，2004.3:533.

代经济已被金融所统摄,掌管货币资本的金融机构在生产中越来越具有重要作用,使传统以劳动和生产为基础的分配模式逐步让位于按货币分配。这又会产生货币所有者、劳动者、企业主之间不同程度的对立。尤其是在金融市场,虚拟资本的积累速度和规模远超实体经济中的真实资本,它并不产生剩余价值,但拥有通兑实体经济创造财富的能力,因而产生了金融阶层与劳动阶层之间贫富差距的拉大。此外,这种不公平还表现在通货膨胀与金融危机后果的共担方面。我国在历史上就注重分配的公平性,如"不患寡而患不均"。在当代,我国的社会主义制度,更加注重分配上的公平性。然而,资本金融化背景下的分配具有知识门槛,社会对金融偏离正常轨道所引发的分配不公认识不够,从而使分配不均问题被财富幻象制造出来的繁荣所遮蔽。

我国于2020年完成了扶贫攻坚战,消灭了绝对贫困,全面建成小康社会。但还应该看到,时代不同,贫困的衡量标准也是不同的。由于对金融化的认识需要一定的知识门槛,由其所带来的收入差距往往被遮蔽在经济的虚拟化和泡沫化中。因此,要特别注意在金融化条件下所产生的隐性相对贫困。

第八章 深化金融体制改革,加快建设金融强国

金融是现代经济的核心,是国家核心竞争力的重要组成部分。建设强大的国家,离不开强大的金融,即金融强国是现代化强国的必要条件。我国金融体系目前"大而不强",加快金融强国建设,需要不断深化金融体制改革。二十届三中全会《中共中央关于进一步全面深化改革 推进中国式现代化的决定》(以下简称《决定》)中特别提到了深化金融体制改革。主要包括:"加快完善中央银行制度,畅通货币政策传导机制。积极发展科技金融、绿色金融、普惠金融、养老金融、数字金融,加强对战略、重点领域、薄弱环节的优质金融服务。完善金融机构定位和治理,健全服务实体经济的激励约束机制。发展多元股权融资,加快多层次债券市场发展,提高直接融资比重。优化国有金融资本管理体制。"[1]《决定》对我国金融体系运行的机制、重点发展的领域、金融机构的激励约束机制和融资方式等做了明确的方向指引。本章主要从体制的角度探讨构建金融良好发展的环境,具体而言,将深化金融体制落到实处,首先需要思考金融的存在基础;处理好金融微观治理中政府与市场的关系,这关涉金融的具体运行;统筹金融开放与安全,这关涉我国金融发展的国际化。

第一节 构建高水平社会主义市场经济体制:夯实金融发展的基础

高水平社会主义市场经济体制的建立首先需要理性精神,马克

---

[1] https://www.gov.cn/zhengce/.

斯·韦伯在《新教伦理与资本主义精神》中从精神的角度详细剖析了资本主义产生的原因,对我们认识市场经济具有重要的启发意义。其次是制度上的定型,理性精神形成的认识最终需要上升到制度才能真正全面推广开来。

一、培育健全的市场精神

从金融的本质来看,金融的发展建基于经济基础之上,现代金融的基础是市场经济。市场经济在社会关系上突破了熟人的圈子,实行陌生人之间的合作。支配这种合作的轴心是理性的自利,在自利的目的理性中实现利他。正如黑格尔所言:"利己的目的,就在它受普遍性制约的实现中建立起在一切方面相互依赖的制度。个人的生活和福利以及他的权利的定在,都同众人的生活、福利和权利交织在一起,它们只能建立在这种制度的基础上,同时也只有在这种联系中才是现实的和可靠的。"①市场精神内含的理性精神和法的精神,有利于降低制度成本和信用风险,构建良好的"银－企"关系、"投融资"关系,真正将金融活动社会化。

理性精神是市场经济的灵魂。从抽象意义来看,市场经济是一个以可计算性为特征的数字化系统,人是组成这一系统的因子,交换行为将这些因子聚集在一起。这样的系统何以形成有效的秩序? 其根源在于理性。按照马克斯·韦伯的观点,理性是西方能够产生资本主义的根源所在:"产生资本主义的因素,乃是理性的持久性企业、理性的簿记、理性的技术及理性的法律。"②市场经济下的理性精神主要表现在对财富的态度和获取手段方面,注重经营的合理性和长期性,使"合理而最大化地赚钱"的观念成为人们的潜意识。它决定了各参与者的社会品格,以及对他人、社会和国家的理智态度,是市场经济背景下社会价值观的灵魂。理性精神促使人们辩证地看待各种社会关系,在以分工和交换为特征的经济形

---

① 黑格尔. 法哲学原理[M]. 范扬、张企泰,译. 北京:商务印书馆,2014:198.
② 马克斯·韦伯. 经济与历史 支配的类型[M]. 康乐,吴乃德,简惠美. 等,译. 柳州:广西师范大学出版社,2004:181.

态中,每个人所生产的东西不是为了各自所需,个人的满足需要他人给予;个人的劳动价值需要通过他人来实现,这决定了个人与他人之间的相互依存关系。只有认识到这种依存关系,才能真正领会到"互利互惠"的商业精神。理性精神能够让"合理而最大化地赚钱"的理念成为良性社会价值观的经济基础,这是金融活动得以顺利开展,防止利用信息优势投机的认识保障。

法的精神是制度上对市场秩序的理性保障。马克斯·韦伯通过比较中西方文化传统,曾经说过:"法律和行政机关的理性结构具有毋庸置疑的重要性。因为现代理性的资本主义需要的不仅仅是生产的技术手段,同时还需要一个可靠的法律体系和依照规章制度办事的行政机关。倘若没有这些结构部分,冒险和投机的商业资本主义、各种形式的政治资本主义都有可能出现,而由个人创办的拥有固定资产和确切预期的理性企业则不可能兴起。"[①]市场经济是动态的,面临较高的风险,需要一些不变的规则应对市场变化中的风险,法作为衡量行为对错的尺度在一定时间内是不变的,能够便于对未来做出合理的预期,这正是法的精神的重要意义所在。它能够增强经济生活的可衡量性,使理智的利益考量成为指导人们行为的法则,这也是维护法律权威的意义所在。法作为处理社会关系的规则,需要体现社会成员的集体意志,才能实现社会意愿的融合,有在心理层面使人们服从对自己所规定的法律,才能真正实现行为自觉。因此,需要首先具备"法的精神",让人们产生法的思维,才能从"法律"过渡到"法治"。

分配正义隐含在市场的合法秩序要求中。分配过程是一个社会的政治经济思想在物质领域的映像,是人们思想意识的外化,反映了社会的整体价值取向。何种分配方式将会产生何种价值观,如威廉·汤普逊所说:"正是在这些物质资料的使用和分配过程当中,他们的优劣品质,他们的美德或恶行才得到了主要的发展。技巧和坚忍耐劳是生产财富,也就是

---

① 马克斯·韦伯.新教伦理与资本主义精神[M].马奇炎,陈婧,译.北京:北京大学出版社,2019:15.

生活享受资料所必需的条件。守信或虚伪能够帮助人们通过交换或其他方式取得财富。诚实表现在对他人所有物的尊敬上,强暴与残忍则通过掠夺生产者的所有物表现出来;谨慎和有节制表现为如此支配所有物……我们最重要的善行和恶德都是这样不可分割地和财富分配问题联系在一起。"[1]汤普逊的观点是在资本逻辑主导下,道德意识与财富分配之间关系的真实洞见。财富的分配方式和过程决定了价值观的形成,这种认识是内在的,也是道德说教和法律约束的外部力量所难以真正触及的。让每一个合法参与社会劳动的人都能得到属于自己的报酬,是对劳动者最大的激励,也是社会和谐和社会美德产生的物质基础。

二、构建高水平市场经济体制的制度环境

高水平市场经济体制的制度保障主要有以下两个方面。

一是坚持和落实"两个毫不动摇"。毫不动摇巩固和发展公有制经济,毫不动摇鼓励、支持、引导非公有制经济发展。市场经济是理顺不同所有制和不同资本形态之间关系的平台,坚持和落实"两个毫不动摇"才能充分发挥资本逻辑的文明性在推动中国式现代化发展中的积极作用。由于我国存在公有制经济、非公有制经济和混合所有制经济,资本形态大致也可分为公有资本、非公有资本、混合资本。其中公有资本是代表全民或集体所有,由国有企业或集体企业作为运营主体;非公有资本包括民营资本、个体资本、外资资本等;混合资本是公有资本、非公有资本交叉持股的资本。市场经济为这些不同形态的资本在竞争和合作过程中构建经济关系提供了可实现的平台。从实践来看,为我国探索公有制的多种实现形式,发挥了重要作用。改革开放之初,最先活跃起来的个体资本、民营资本和外资资本,补充了当时我国经济建设资本不足的状况,带动了经济的深层次发展。分工的深化推动了非公企业与国有企业的合作,如当时的"联营",推动了国有企业改革。在由资本所打造的竞争与合作秩序中,

---

[1] 威廉·汤普逊. 最能促进人类幸福的财富分配原理的研究[M]. 何慕李,译. 北京:商务印书馆,2010:21.

促进了国有企业的经营机制转型,为增强国有企业控制力提供了现实的经济环境。同时也为探索基本经济制度的实现形式提供了可操作的平台。

二是构建统一开放的全国大市场,取消地区阻隔,允许商品和生产要素以实现自身最大价值为导向自由流动。2022年3月,中共中央国务院发布了《关于加快建设全国统一大市场的意见》,具有重要意义。在过去的经济发展中,地方政府和资本的协调推动了经济的快速发展,但也形成了地方之间的竞争加剧。只顾地方利益,忽视全局,与新发展理念是不符的。市场包括产品市场和要素市场。在产品市场上构建开放的生产、流通、分配和消费体系,立足内需,进行供给侧改革,推动高质量发展。全国统一的产权保护制度与市场准入制度、公平竞争制度、社会信用制度的规则构建,有利于形成超大规模的国内市场,充分发挥市场在资源配置中的决定性作用,更好发挥政府作用。就要素市场而言,面临的区块化更为突出。目前我国在资本、土地、劳动力等要素方面尚未完全实现自由流动,难以充分发挥市场配置资源的作用。就资本而言,资本的流动还受到地区的限制,加快发展全国统一的资本市场,是推动国内市场由大到强的关键;土地要素则具有更高程度的复杂性,存在农村和城市以及住宅、商业、工业等用地之间的差别,因而纳入统一开放的全国大市场将显得必要又有难度;劳动力要素由于户籍制度的改革已实现了较大程度的自由流动,但由于我国地区发展不平衡,户籍仍然是不同地区决定居民权利的关键因素,仍在阻碍着劳动力的自由流动。

第二节 处理好金融微观治理中政府与市场的关系

对金融微观治理的完善主要体现在两个方面:一是金融微观治理的方式,二是金融微观治理的内部改革。

一、政府主导金融体制的变迁的优势与存在的问题

我国金融体制的变迁并非自然演进的结果,而是来自政府的顶层设计,这在很大程度上缩短了变迁时间,使我国从一个几乎没有金融传统的国家迅速建构了现代化金融体系和适合市场需要的金融结构。并与世界接轨,融入由发达国家先进金融制度所塑造的世界金融体系,有力推动了国内经济体制改革的进一步深化。这都是政府顶层设计的结果,归功于以共产党为基础的党中央审时度势,以高度的历史理性和发展自觉思考社会主义的建设问题。

政府有计划、有目的地指导发挥了重要作用。发展经济学比较重视政府在后发国家经济转轨过程中的作用。陆德明曾经提出"政府第一推动力假说",指后发国家在发展初期,由于市场缺失,企业家和民间力量薄弱,往往工业化启动乏力。为了克服起步阶段和初始障碍,充分利用后发优势和后发利益,通过实行后发国家政府对市场和企业家的替代,发挥第一推动力的作用,促进经济快速发展。[①] 美国学者罗伯特·韦德通过对东亚国家的分析得出,由于后进国家和地区的市场发育不健全,由政府模拟自由市场来完成,即通过一系列鼓励经济发展的政策来弥补市场发育落后的缺陷。[②] 他将政府的这种行为称为"驾驭市场",通过对市场的一系列干预,组织市场投资,参与国营企业直接经营,但不控制产品的构成和流向,而是控制投资结构、资本的组成和流向。我国的经济体制改革基本上遵循了后发国家发展的东亚模式。尤其是在金融体制改革方面,采取了便于政府控制的制度设计,通过渐进式改革,使金融体制平稳过渡了转轨期,并成功阻止了1997年的东南亚金融危机对我国的影响。

在政府理性设计下的金融体制改革对于短期内改变经济机制很高效,但也存在一些问题。从公司内部治理结构来看,虽然建立了符合国际惯例和现代市场经济规则的股东大会、董事会、监事会及经理层等内部架

[①②] 项飞. 发展经济学视野中政府角色的演变与启示[J]. 复旦大学学报,2001(2).

构,但在具体运行机制上,责任仍不明确,董事长与负责经营的经理层通常是内部人控制的,甚至是合二为一的,并没有真正实现所有权与经营权的分离。公司治理没有理顺,只具有现代公司治理的形式,缺乏实质内容上的真正变革。然而,公司治理对于现代化组织运营具有重要意义,它不同于公司管理。现代公司治理结构是在市场经济发展过程中逐步摸索出来的,是一种基于陌生人之间的利益协调机制。在市场经济发展过程中,企业筹资范围突破熟人的圈子向社会上大量的陌生人拓展,实际上是企业为适应社会化大生产而自发产生的合作制度。现代企业制度作为一种社会安排,通过明确的职能分工协调各种利益关系,打造企业的利益共同体。在实践中,出资人(股东、债权人)将资本交由经营者(企业家)来运营,从而实现所有权与经营权的分离。为保障股东利益和建立严格的风险控制制度,设立股东会、董事会、监事会和经理层等机构,就公司控制权和剩余索取权做出制度安排,这些决定了公司的目标(如利润最大化或股东利益最大化),控制企业的方式,风险和收益的分配等内容。由于不同部门代表不同群体的利益,制度安排的有效性就尤为重要,同时也引申出相对更加健全的内部风险控制制度。而我国的金融机构,由于最大的出资人是有国家背景的机构,而国家本身是信用和权威的象征,各相关利益主体难以在讨价还价中相互约束,实际上相关责任并未真正明确,那么就难以应对社会化大生产条件下的陌生人经济。

从金融体系的结构和层次来看,目前存在两对矛盾。一是融资体系上,资本市场直接融资与银行体系的间接融资之间的不对称。由于基于陌生人经济的信用环境在我国尚未完全建立,增加了经济运行的交易成本,导致权益融资市场不发达,我国的融资严重依赖银行体系,经济杠杆较高。二是银行业竞争不充分,难以发展普惠金融。我国的银行业本质上属于寡头垄断市场,但不是市场自发形成的,而是源于国家对金融的严格控制。在数量上,虽然全国银行数量众多,但基本上都是四大国有商业银行、股份制银行、城市商业银行(城市信用社)与农村商业银行(农村信用社)等的分支机构,其中四大国有商业银行按照行政区划设立分支机构,形成了遍布全国的网点,其他商业银行在设立分支点上则受到限制,因而在业务量、市场占有率、金融资源分配等方面占据绝对优势。由于竞争不充分,国家的保护降低了银行在开拓创新方面的动力,很难发展普惠金融。

二、完善金融微观治理方式的探索

对金融的微观治理需要在资本运行机制的框架内,依赖于机制自身的约束才能防止"一抓就死,一放就乱"的困境。通过制度机制中的"分""堵""放"等方式,实现资本在运行过程中的自我规范,促其健康发展。

一是"分",构建多层次的金融活动空间。由于我国在所有制结构上的多层次性和经济发展目的的人民共享性,决定了金融机构的多样性。我国在当前的任务既要担负发展生产力的重任,又要扎实推进共同富裕。目标的多层次性需要发挥不同种类的金融的作用。但金融自身不能独立运营,它本质是建立在不同资本形态的基础之上。我们的资本形态目前存在公有资本和非公有资本。非公有资本的目的是追求利润最大化的实现,只能在竞争性行业。因为只有在竞争过程中才能产生追逐个体私利的目的最终带来社会公共利益的结果,竞争能够使资本获取社会平均利润率,推动技术创新,带来社会发展的波浪式前进。服务于这类资本的金融要按照市场经济的原则运行。公有资本要实现国有资产的保值增殖,但并非以利润最大化为根本目的,而是在关系国计民生的重要领域,发挥稳定器的作用;还有非公资本不愿涉足的领域,还有政策性行业,这些行业是扶持性的,不完全遵循市场规律,比如对农产品的收购,需要公有资本来运营。对于服务于这些资本的金融,属于非竞争性金融,避免与竞争性金融的业务领域相交叉,防止因收益不同而出现"道德风险"。目前,银行体系有政策性银行和商业性银行两大类的划分,但随着市场经济深度的增强,需要更为细化的划分。

二是"堵",制定金融法,通过法律的硬性约束,强化对金融活动的监管。党的二十届三中全会的《决定》对制定金融法有详细论述,包括中央和地方的监管协同、建设高效的金融基础设施、健全金融消费者的保护和打击非法金融活动、推动金融高水平开放及推进数字化人民币研发和应用等。从整体而言,法的落实需要注意两点:(1)要以经济发展阶段为特征,比如在当下的数字经济时代,新业态、新模式塑造了新的盈利模式和定价机制,传统的法律规章并不一定适合这种新经济模式。(2)是如何做到有法必依,有了法律如何让金融主体遵守法律,这关涉法的精神是否深入人心,需要文化传统、社会习惯和教育的培养;执法必严和违法必究,要使资本确知违反法律法规应承担的后果,这关涉司法公正问题,属于政治体制的内容。因此,要实现法的有效性,需要多层次研究法治效力发挥的前提条件。

三是"放",完善准入前国民待遇加负面清单管理模式,支持符合条件的外资机构参与金融业务试点。党的二十届三中全会的《决定》提出了国际金融治理的方式,实行负面清单管理模式。我国从 2015 年开始尝试负面清单制度,从 2015 年到 2017 年是试点阶段,从 2018 年开始正式实行全国统一的市场准入负面清单制度。负面清单制度能够从反面理顺政府与市场的关系,既能激发企业以利润为导向进行创新的动力,也能在不影响资本积极性的前提下,更好地发挥政府作用。我国目前已成为世界经济发展体系中的重要力量,在对国外的资本"引进来"的同时,我国的资本也在"走出去",已深度融入世界经济活动中。这要求我国在金融服务上也要满足资本发展的这一趋势,金融运行体制中的负面清单制度,稳慎推动金融市场互联互通,优化合格境外投资者制度,推进自主可控的跨境支付体系,积极参与国际金融治理,是适应了我国经济发展程度的这种变化,有利于推动中国式现代化的进程。

第三节 统筹金融开放与安全

我国参与的当代世界经济已进入资本金融化时代,这是世界经济发展历程的时代方位。我国已坚持了四十多年的改革开放,早已与世界融合在一起。坚持独立自主的发展道路,但决不可能退回到闭关锁国的状态。"要着力推进金融高水平开放,确保国家金融和经济安全。"①在这样一个被资本金融化所统治的新型世界秩序中,要统筹金融开放与安全,在世界经济秩序中逐步发展壮大我国的金融体系,在与世界交往中提高金融安全。

一、在推动世界经济新秩序构建中走向成熟的金融体系

我国金融体制的改革基本是在政府理性的指导下在原来的旧秩序中嵌入否定因素,引起体制内部的新旧力量的斗争,进而借助外部时机的推动在否定中走向扬弃。现在世界正面临百年未有之大变局,世界新的金融秩序的构建也在酝酿当中。就国内金融机构的现状而言,经过改革开放四十年的实践,我国的金融机构在数量和规模上逐步实现了与国际接轨。然而,虽然我国金融机构已走向世界并深度参与世界,但自身实力并不强大,因而并未主导世界秩序。当下应抓住世界金融新秩序酝酿构建的契机,推动国内金融机构走向成熟的国际化。

现行的金融秩序是1944年成立的布雷顿森林体系的延伸。当时,美国凭借自身超强的经济、军事实力,构建了以美元为中心的国际货币体系,配合以货币基金组织、世界银行、国际清算银行等国际金融组织,共同维护国际汇率的稳定,确立了战后的国际金融秩序。然而,由于主权国家货币作为世界货币存在"特里芬难题",使得美国在稳定美元币值和维护世界汇率方面无法兼顾,最终导致布雷顿森林体系的瓦解,世界进入浮动汇率时代。1976年,国际货币基金组织成立专门委员会,研究国际货币制度改革问题。美国联合英国、德国、日本、法国、意大利和加拿大,在国际货币制度上达成了"牙买加协议",宣布黄金非货币化,形成以美元为主导的多元化国际储备体系。牙买加体系增加了其他国家在世界货币上的话语权,打破了美元的高度垄断,但仍然是以美国为中心的。进入21世

---

① 中共中央党史和文献研究院编.习近平关于金融工作论述摘编[M].北京:中央文献出版社,2024年:145.

纪以后,随着中国、印度等新兴市场的国家崛起,推动了经济、金融的多极化发展,新兴经济体在全球金融秩序中的作用不断提升,但在国际金融组织中仍然缺乏相应的话语权、投票权。这必然会抑制发展中国家在全球国际金融治理中的力量,不利于全球经济的共同治理和稳定发展,从而呼唤新的经济金融秩序。中国目前的经济体量和国家实力在全球不断上升,在这样的背景下,构建一种新的金融秩序正当逢时。

但要提及的是,构建一种新秩序并不意味着要以挑战现有秩序为目的,而是要立足于我国市场化改革的基础和需要,将构建国际新秩序作为契机,让国内金融机构在构建国际秩序的实践中提高自身实力,培养大量高素质专业人才,提高应对复杂经济金融活动的能力,最终服务于我国改革开放的最终目的。就目前来看,美国依然是国际经济金融秩序的主导者,它拥有成熟发达而又充满活力的金融市场。在国际支付和结算体系上,已经形成了以美元为中心的银行结算系统和支付系统。这种体系就实践而言,基本保障了国际经济金融活动中的汇率稳定,促进了世界经济的平稳发展。但这种体系对于局部性的区域经济组织之间的合作存在不便之处,这为新兴国家提供了组建国际支付结算体系的机会。中国目前在区域经济中具有发挥主导性的基础和契机,比如"一带一路"战略布局。自 2013 年,"一带一路"实施以来,沿线合作国家和合作规模都在不断增加。作为当代以国家政治、经济、军事实力为背景的信用货币,人民币作为金融市场上的计价货币、支付货币和储备货币的作用日益提升。但我国的人民币并未实现国际化,且由于长期的外汇管制,我国的金融机构也并未真正遭遇过来自国际资本的风浪,在业务能力和相关高素质人才方面都是欠缺的。此外,沿线国家由于经济发展落后于我国,在货币汇率上不稳定,会影响我国的贸易投资和金融稳定。在这种背景下,将人民币推向国际化必然会面临较高的金融风险,因而要采取渐进式放开。

可将"一带一路"的区域经济作为人民币国际化的试验田。有学者认为,作为资本项目从管制走向开放的过渡,可通过发展在岸人民币 NDF 市场,来解决国际化过程中的汇率问题,服务于我国金融体制改革开放的战略,推动人民币国际化进程。NDF 是"Non－deliverable Forwards"的简称,指无本金交割远期外汇交易。是外汇管制国家为了规避和管理风险而使用的一种货币工具,其操作原理是"事先确定银行为交易中介,基于买卖双方的预期汇率,来签订非交割远期交易合约。"[1]这种金融产品的显著特点是无本金交割,按照合约中的远期汇率,在合约到期日按照已经确定的远期汇率与实际汇率的差额进行交割,而不交割本金,从而不受有些国家的汇率管制的影响。目前,CNY(人民币)已成为世界 NDF 中交易量较大的货币,但主要是离岸 NDF。我国从 1995 年就在中国香港、新加坡设立了离岸人民币 NDF 市场。[2]我国也通过离岸人民币 NDF 市场判断人民币在海外市场的汇率波动预期。通常情况下,离岸市场是为非居民提供金融服务,不受市场所在国法律法规和政府政策的影响,本质上是一种只遵循金融交易法则的无国界金融活动。在岸市场与离岸市场相对,要受到市场所在国政府政策的影响。在岸人民币 NDF 市场就是以我国的外汇政策为原则,设立的本国居民或本国居民与非居民进行远期外汇交易的市场。即本国金融机构或个人、外国金融机构或个人都可以参与交易的市场。

借鉴发达国家的在岸 NDF 发展经验,有利于通过市场化而不是行政干预的方法来完善人民币与"一带一路"沿线各国主权货币汇率形成机制。"在岸 NDF 的实践通常是为了让本国的资本项目开放获得一个缓冲,避免资本项目瞬间实行自由兑换可能面临的汇率冲击。"通过设计适合我国金融发展现状的交易规则,运用市场化手段,在实践中逐步实现资本项目开放、人民币可自由兑换。在岸 NDF 市场的设立从本质来看是推动我国金融体制改革的外部契机,改革开放作为一种否定力量已经植入金融体制的内部,并不断成长。以外部机遇为契机助推市场化力量从否定走向扬弃,可以缩短组织自发演化的时间周期。具体而言,可将目前金

---

[1][2] 李富有,韦星."一带一路"下在岸人民币 NDF 市场的发展[J].甘肃社会科学:2021(1).

融机构在改革开放中已经生成的矛盾,在这个"池子"中寻找解决的市场化对策。这需要注意以下两点制度供给:首先,有条件地放开内部市场准入。长期以来,我国通过设置准入壁垒,对金融体系实行保护。这虽有利于控制风险,但也造成金融体系自身的弱化。逐步放开内部市场准入,让尽可能多的大投资者参与,一方面可以活跃市场,增加市场流动性,实现风险在不同投资者间的分摊。另一方面,市场交易规模增大,增加市场的投机性需求,锻炼金融机构应对风险的能力,提高从业人员的专业素养,进而推动国内金融市场的整体发育,为外部开放做好准备。其次,在政府干预与监督方式上的市场化。市场中存在自发调节机制,能够最大化地降低交易成本。政府对市场的干预应以更好地发挥市场的自发调节作用为目的,重在制度环境、平台打造等方面,而不宜直接干预金融机构的微观运行。

二、在世界经济交往中提高金融安全

资本的金融化从本质而言是资本主义发展的新阶段,它带来了经济的活力,也带来了资本的腐朽。但在世界资本金融化的背景下,我国已逐步参与到世界经济的大循环当中来,不仅已成为全球化的重要参与者,还将是未来全球秩序的共同打造者。王毅外长谈到中国与当代世界的关系时,曾经说过:"我们的国家从来没有像今天这样接近世界舞台的中央,从来没有像今天这样全面参与国际上的各种事务,也从来没有像今天这样承担着维护世界和平与发展的重要责任。"[1]不管世界形势如何变化,中国对外开放的决心是不会变的。然而,也应当看到,金融在当今世界经济发展中至关重要的作用。市场的开放必然伴随金融的开放,国际经济新秩序的构建必然有强大的金融实力做保障。因此,在参与世界经济金融秩序的开放与构建中,要更加注意金融安全。

习近平总书记曾强调:"金融安全是国家安全的重要组成部分,是经

---

[1] 王毅. 中国从没有像今天这样接近世界舞台的中央[NOL]. 中国社会科学网,2014-9-2.

济平稳健康发展的重要基础。维护金融安全,是关系我国经济社会发展全局的一件带有战略性、根本性的大事。金融活,经济活;金融稳,经济稳。必须充分认识金融在经济发展和社会生活中的重要地位和作用,切实把维护金融安全作为治国理政的一件大事,扎扎实实把金融工作做好。"[1]金融安全在当代尤为重要,因为世界已经走向资本金融化时代,而我国的金融业还相对比较落后。从历史上看,金融危机的蔓延会导致经济萧条。自 20 世纪以来,经济危机的发生领域已从商品转向了金融领域,这是因为金融像毛细血管一样渗透到经济生活中的方方面面,形塑了经济组织模式,日益与实体经济融合在一起。20 世纪 80 年代以来,发达国家在金融创新上层出不穷,利用金融工程开发出各种复杂的衍生证券,这些创新产品多出于绕开监管追求高利润的目的,为市场带来巨大的系统性风险。金融具有杠杆性,即使单个金融机构也能够利用金融工具做空一国经济。1998 年的东南亚危机就是国际金融玩家利用金融工具对新兴国家的财富洗劫,严重打击了这些国家的经济。改革开放以来,中国保持了较高的经济增长速度,在产品市场上世界瞩目,但在金融市场上发展比较滞后,与发达资本主义国家相比存在很大差距。开放是中国金融市场发展的必然趋势,在这一过程中要警惕国际炒家做空经济。

  注重金融安全首先要提高安全意识,从思想上筑牢金融安全的屏障。其次,要注重国家之间的合作。在全球化背景下,国际资本本质上是一种无国籍的力量,在世界上自由流动。因而,需要加强国家之间在金融监管上的合作。国家间的金融安全包括国际组织、区域性组织和国家之间的合作三个层次。就国际组织而言,比如国际货币组织在维护国际金融体系稳定、帮助成员国解决货币危机方面就发挥了积极作用。还有巴塞尔委员会在全球范围内就银行资本和风险监管标准制定的《巴塞尔协议》对于商业银行的资本充足率监管、最低风险资本和内部评估过程的市场监管等都制定了较为详细的要求,为银行体系的健康发展提供了有效的指

---

[1] 南方日报. 金融安全是国家安全的重要组成部分[NOL]. 人民网, http://theory.people.com.cn,2017-4-28.

导。积极参加国际金融组织机构的联盟,有利于信息分享和经验分析,从而提高金融安全。在区域组织层面上,由于具有相似的经济基础,更容易开展相互间的合作。比如东南亚金融危机后成立的以货币互换为内容的清迈倡议(我国于 2010 年加入)。2007 年,清迈倡议在多边化过程中加强了区域监督合作,2011 年,成立了东盟+3 宏观办公室(AMRO,ASEAN+3 Macroeconomic Research Office),在对东亚的经济进行监督与分析的基础上加强多边化的监督。2016 年,AMRO 升级为国际组织,为更好地监督本区域的经济发展状况,加强金融监管,发挥了重要作用。在国家之间也可开展具体的金融安全合作,在信息共享、跨国资本流动监管等方面展开合作。

在开放的经济条件下注重金融安全对监管水平和金融机构自身的实力具有更高的要求,要不断提升金融监管水平的专业化。在资本金融化时代,资本不再"稀缺",经常存在流动性过剩,这刺激了金融创新。金融产品的开发设计具有较强的专业性,要求监管部门必须及时跟踪创新产品的发展及影响。2008 年的次贷危机的直接原因是金融衍生产品的监管缺位引发的。更为重要的是,在当代,由于创新和科技的金融化,使得金融监管难度更大。比如金融科技,究竟属于金融还是科技?这在定位上就存在争议。2020 年,以金融科技定位的蚂蚁金服在上市前被叫停具有重要意义,显示了中国对金融安全的谨慎性。其中重要的原因之一就是蚂蚁借助于技术和大数据,通过助贷、联合贷款等方式向金融机构引流,自己不承担利率风险、流动性风险和信用风险,这些风险都转给了金融机构。同时借助于大数据平台所形成的风控能力、运营能力帮助金融机构解决风险,以收取技术服务费。因此,它不是靠利差获取收入,而是靠平台和技术获得收入,就这点而言它属于科技。然而,事实上,蚂蚁金服的杠杆很大,它只是将风险从表内转到表外。依靠平台优势将大量的贷款转移给金融机构,使他们暴露在巨大的风险敞口中,一旦出现信用危机,将会发生连锁反应。国家在蚂蚁金服上市前喊停,凸显了对金融安全的重视。

加强金融安全的基础在于经济。在资本金融化时代,实体经济与虚拟经济结合在一起,两者互相支持又此消彼长。这是一种历史经验。历史学家阿瑞基曾借助于布罗代尔的观点表达了这一看法,认为历史上的金融扩张是某种资本主义发展成熟的标志,"(每次)资本主义的这类发展,通过达到金融扩张阶段,在某种意义上好像宣告了它已经进入成熟期:这'是'秋天到来的一个迹象。"① 实体经济的发展受限必然会推动资本借助金融渠道进入虚拟领域寻找新的增殖方式。就我国而言,作为后发的新兴经济体,面临着较多的市场机会,要专注于发展好实体经济。在发展方式上,要着重打造符合自身的产业链,构建新型的国际贸易体系和金融秩序。目前,我国正在实施"一带一路"发展战略,与沿线国家发展成为互利共赢的贸易伙伴,促进双向投资与产业合作,打造新的产业链、供应链,融入全球贸易体系与分工体系,形成包容、联动、友好的经济格局,打造新的区域经济共同体。在区域合作中以亚投行为平台,逐步推进金融基础设施建设。以大宗商品为引领,将人民币作为结算货币,提高人民币的计价功能,推动人民币国际化,加强人民币在沿线国家投融资活动中的作用,推动"在岸—离岸"人民币回流机制的发展完善。

实体经济发展的动力在于创新。自进入知识经济的后工业社会以来,新型的生产性垄断是基于知识产权的技术创新。在这样的背景下,要大力加强自主创新,才能在产业链中居于主导地位。按照党的十九大关于创新驱动发展战略的规划,加强自主创新,突破核心技术,主要包括:一是基础技术、通用技术。二是非对称技术、"杀手锏"技术。三是前沿技术、颠覆性技术。② 党的十八大以来,我国提出全面实施创新驱动发展战略,这具有重要的战略意义。目前,新一轮科技革命正在形成。世界经济处于新旧动能转换的换挡期,以人工智能、3D打印机、大数据、量子信息

---

① 杰奥瓦尼·阿瑞基. 漫长的20世纪[M]. 姚乃强,严维明,韩振荣,译. 南京:江苏人民出版社,2011:6.
② 中共中央研究室. 习近平关于社会主义经济建设论述摘编[M]. 中央文献出版社,2017:131.

以及生物技术等为引领的科技革命,将会形成新产业、新业态和新模式,重塑世界经济结构。在前几次科技革命中,我国是后来加入者,只能服从已制定好的规则,没有主动权。在新一轮科技革命和产业变革的新赛场即将开启的重大机遇期,我国要在赛场建设之初就要加入其中,要有"一招鲜、几招鲜"才能具备主导新赛场建设的能力,我国能否在未来发展中后来居上,主要看我们能否在创新驱动发展上迈出实实在在的步伐。"[1]我国的经济体量巨大,在重大科技领域取得突破,将为整个世界的经济增长注入新的动力。只有生产力取得进步,大力发展新质生产力,资本能在产业发展中获得高的收益,才能从根本上引导资本"脱虚向实"。

---

[1] 中共中央研究室. 习近平关于社会主义经济建设论述摘编[M]. 中央文献出版社, 2017:134.

参考文献

著作类：

[1]马克思恩格斯全集[M]．北京：人民出版社，2003．

[2]马克思恩格斯全集[M]．北京：人民出版社，1974．

[3]马克思恩格斯全集[M]．北京：人民出版社，2001．

[4]马克思恩格斯全集[M]．北京：人民出版社，1995．

[5]马克思恩格斯全集[M]．北京：人民出版社，1979．

[6]丹尼尔·贝尔．后工业社会的来临[M]．高铦，王宏周，魏章玲，译．南昌：江西人民出版社，2018．

[7]崔顺伟．美国经济金融化的政治经济学分析[M]．北京：经济管理出版社，2019．

[8]中共中央研究室．习近平关于社会主义经济建设论述摘编[M]．北京：中央文献出版社，2017．

[9]大卫．哈维．资本的限度[M]．张寅，译．北京：中信出版社，2017：290．

[10]姚延中．房地产投资信托基金研究[M]．杭州：浙江大学出版社，2016．

[11]赫苏斯·韦尔塔·德索托．货币、银行信贷与经济周期[M]．秦传安，译．上海，上海财经大学出版社，2016．

[12]安东尼奥·内格里．超越帝国[M]．李琨，等，译．北京：北京：北京大学出版社，2016．

[13]亚当·斯密．国富论[M]．郭大力、王亚南，译．北京：商务印书馆，2016．

[14]大卫·哈维．新自由主义简史[M]．王钦，译．上海：上海译文出版社，2016．

[15]古斯塔夫·庞勒．乌合之众[M]．冯克利，译．北京：中央编译出版社，2016．

[16]让．鲍德里亚．消费社会[M]．刘成富，译．南京：南京大学出版社，2016．

[17]贾科莫·莫里,安东尼奥·马扎. 房地产金融[M]. 吴琦,葛斐,译.北京:中信出版社,2016.

[18]L.兰德尔·雷. 下一场全球金融危机的到来[M]. 北京:中信出版集团,2016.

[19]姚延中. 房地产投资信托基金研究[M]. 杭州:浙江大学出版社,2016.

[20]贾科莫·莫里,安东尼奥·马扎. 房地产金融[M]. 吴琦,葛斐,译.北京:中信出版社,2016.

[21]大卫·哈维. 新自由主义简史[M]. 王钦,译.上海:上海译文出版社,2016.

[22]鲁品越. 鲜活的资本论[M]. 上海:上海世纪出版集团,2015.

[23]富兰克林·艾伦,格伦·雅戈. 金融创新力[M]. 牛红军,译.北京:中国人民大学出版社,2015.

[24]当代资本主义经济新变化与结构性危机[M]. 北京:中央编译出版社,2015.

[25]刘元琪. 当代资本主义经济新变化与结构性危机[M]. 北京:中央编译出版社,2015.

[26]穆雷·N.罗斯巴德. 人、经济和国家[M]. 董子云,等,译.杭州:浙江大学出版社,2015.

[27]海曼·P.明斯基. 稳定不稳定的经济[M]. 石宝峰,等,译.北京:清华大学出版社,2015.

[28]向松柞. 新资本论[M]. 北京:中信出版社,2015.

[29]鲍勃·斯瓦卢普. 金融危机简史[M]. 万娟,等,译.北京:机械工业出版社,2015.

[30]但丁. 论世界帝国[M]. 朱虹,译.北京:商务印书馆,2015.

[31]李扬. 金融学大辞典[M]. 北京:中国金融出版社,2014.

[32]罗伯特·希勒. 新金融秩序[M]. 束宇,译.北京:中信出版社,2014.

[33]黑格尔. 法哲学原理[M]. 范扬,张企泰,译.北京:商务印书馆,2014.

[34]特伦斯·麦克唐纳等. 当代资本主义及其危机[M]. 童珊,译.北京:中国社会科学出版社,2014.

[35]罗伯特·希勒. 新金融秩序[M]. 束宇,译.北京:中信出版社,2014.

[36]列宁. 帝国主义是资本主义的最高阶段[M]. 北京:人民出版社,2014.

[37]孙承叔.资本与历史唯物主义[M].上海:复旦大学出版社,2013.

[38]希法亭.金融资本[M].北京:华夏出版社,2013.

[39]大卫·格雷伯.债的历史[M].罗育兴,林晓钦,译.台北:台湾商周出版社,2013年.

[40]大卫·哈维.后现代状况[M].北京:商务印书馆,2013.

[41]中国人民银行.中国共产党领导下的金融发展简史[M].北京:中国金融出版社,2012.

[42]袁熙.大债时代[M].北京:人民邮电出版社,2012.

[43]柄谷行人.跨越性批判[M].赵京华,译.北京:中央编译出版社,2011.

[44]安东尼·吉登斯.现代性的后果[M].田禾,译.南京:译林出版社,2011.

[45]杰奥瓦尼·阿瑞基.漫长的20世纪[M].姚乃强,等,译.南京:江苏人民出版社,2011年.

[46]辛乔利.影子银行[M].北京:中国经济出版社,2010.

[47]迈克尔·曾伯格等.弗兰科·莫迪利安尼[M].黄秀蓉,戴玲,译.北京:华夏出版社,2010.

[48]柄谷行人.跨越性批判[M].赵京华,译.北京:中央编译出版社,2011.

[49]特伦斯·M.克劳瑞特,G.斯泰西·西蒙斯.房地产金融:原理与实践[M].王晓霞,等,译.北京:中国人民大学出版社,2012.

[50]露西·F.阿科特,理查德·迪弗斯.行为金融[M].戴国强,等,译.北京:机械工业出版社,2012.

[51]罗伯特·J.希勒.非理性繁荣[M].李心丹,译.北京:中国人民大学出版社,2014.

[52]托马斯·皮凯蒂.21世纪资本论[M].巴曙松,等,译.北京:中信出版社,2014.

[53]李菁.房地产金融[M].北京:首都经济贸易出版社,2014.

[54]就业、利息和货币通论[M].高鸿业,译.北京:商务印书馆,2009.

[55]尼·布哈林.食利者政治经济学[M].郭连成,译.北京:商务印书馆,2009.

[56]杜阁.关于财富的形成和分配的考察[M].南开大学经济系,经济学说史教研组,译.北京:商务印书馆,2009年.

[57]杜阁.关于财富的形成和分配的考察[M].南开大学经济系,经济学说史教研组,译.北京:商务印书馆,2009.

[58]庞巴维克.资本实证论[M].陈瑞,译.北京:商务印书馆,2009.

[59]刘元琪.资本主义经济金融化与国际金融危机[M].北京:经济科学出版社,2009.

[60]齐美尔.货币哲学[M].贵阳:贵州人民出版社,2009.

[61]彼得·德鲁克.创新与企业家精神[M].蔡文燕,译.北京:机械工业出版社,2009.

[62]刘元琪.资本主义经济金融化与国际金融危机[M].北京:经济科学出版社,2009.

[63]徐向东.理解自由意志[M].北京:北京大学出版社,2008年.

[64]约翰·道恩斯,等.金融与投资辞典[M].于研,等,译.上海:上海财经大学出版社,2008.

[65]施方.住房抵押贷款证券化[M].上海:上海财经大学出版社,2005.

[66]崔巍.行为金融学[M].北京:国发展出版社,2008.

[67]科恩.卡尔.马克思的历史理论:一种辩护[M].段忠桥,译.北京:高等教育出版社,2008:69.

[68]大卫·哈维.希望的空间[M].胡大平,译.南京:南京大学出版社,2006.

[69]资本论[M].北京:人民出版社,2004.

[70]马克斯·韦伯.新教伦理与资本主义精神[M].西安:陕西师范大学出版社,2002.

[71]李心丹.行为金融学[M].上海:上海三联书店,2004.

[72]约翰·罗尔斯.正义论[M].何怀宏,等,译.北京:中国社会科学出版社,2001.

[73]诺思.经济史中的结构和变迁[M].上海:上海三联书店,1991.

[74]共产党宣言[M].北京:人民出版社,1964.

文章类：

[1]李富有,韦星."一带一路"下在岸人民币NDF市场的发展[J].甘肃社会科学,2021(1).

[2]张成思.金融化学说研究新进展[J].经济学动态,2020(12).

[3]谢富胜,吴越,王生升.平台经济全球化的政治经济学分析[J].中国社会科学,2019(12).

[4]刘影.新自由主义的话语实质及中国应对[J].思想理论教育导刊,2019(8).

[5]张玉明,王越凤.共享经济与新时代马克思所有制理论的融合、创新与发展[J].现代财经,2018(10).

[6]李秀辉.商品与信用:货币理论的两种本质观[J].复旦学报,2018(2).

[7]杨慧玲.金融不稳定性的逻辑:一个马克思主义的阐释[J].当代经济研究,2018(1).

[8]陈鑫,等.风险投资、资本项目开放与全要素生产率[J].科研管理,2017,38(4).

[9]于永达,等.风险投资和科技企业创新效率:助力还是阻力?[J].上海经济研究,2017(8).

[10]何德旭等.金融经济周期中的"货币"与"信用"紧平衡的探讨[J].上海金融,2017(9).

[11]陈享光.马克思政治经济学观点下的金融化现象解读[J].人民论坛,2017(1).

[12]任瑞敏.自由意志与"动物精神":金融本质的原在性背离[J].上海财经大学学报,2016(3).

[13]邹诗鹏.现代性与激进空间的三种典型[J].天津社会科学,2016(2).

[14]张雄.金融化世界与精神世界的二律背反[J].中国社会科学,2016(1).

[15]栾文莲.金融化加剧了资本主义社会的矛盾与危机[J].世界经济与政治,2016(7).

[16]刘明远.马克思经济学著作"六册计划"的总体结构与内容探索[J].政治经济学评论,2016(7).

[17]渡边雅男.经济的金融化与资本的神秘化[J].当代经济研究,2016(6).

[18]哈里·马格多夫,保罗·斯威齐.生产与金融[J].清华政治经济学报,2015(3).

[19]李国平,周宏.论金融资本主义全球化与金融主权[J].马克思主义研究,2015(5).

[20]鲁品越.利润率下降规律与资本的时空极化理论——利润率下行背景下的资本扩张路径[J].上海财经大学学报,2015(3).

[21]胡晓.虚拟经济发展对实体经济的影响:增长抑或结构调整[J].财经科学,2015(2).

[22]陈雨露.重建宏观经济学的"金融支柱"[J].国际金融研究,2015(6).

[23]张雪琴.金融化的资本主义与金融化积累[J].学习与探索,2015(7).

[24]欧阳彬.总体性视域中的资本主义金融化批判[J].当代经济研究,2015(1).

[25]朱安东.金融资本主义的新发展及其危机[J].马克思主义研究,2014(12).

[26]姜海龙,邵芳强."金融化悖论":资本积累模式的变化及其后果[J].经济研究导刊,2014(25).

[27]张晨.新自由主义与金融化[J].政治经济学评论,2014(10).

[28]马锦生.美国资本积累金融化实现机制及其发展趋势[J].政治经济学评论,2014(10).

[29]银锋.发达资本主义经济金融化的政治经济学考察[J].华东经济管理,2013(5).

[30]周方召,等.财税补贴、风险投资与高新技术企业的生产效率——来自中国物联网板块上市公司的经验证据[J].软科学,2013,27(3).

[31]杨承训,等.国际超级垄断金融资本主义盛衰论[J].马克思主义研究,2013(1).

[32]孟捷.新自由主义积累体制的矛盾与2008年经济金融危机[J].学术月刊,2012(9).

[33]姜涌.分配正义的规范与限制[J].广东社会科学,2013(6).

[34]吴超鹏.风险投资对上市公司投融资行为影响的实证研究[J].经济研究,2012(1).

[35]陈享光,袁辉.金融化积累机制的政治经济学考察[J].教学与研究,2011(12).

[36]韩庆祥.经济学中的哲学与哲学中的经济学——追寻马克思开辟的经济哲学道路[J].社会科学战线,2011(7).

[37]何秉孟.美国金融危机与国际金融垄断资本主义[J].中国社会科学,2010(2).

[38] 大卫·科茨. 金融化与新自由主义[J]. 国外理论动态, 孙来斌, 李轶, 译. 2011(11).

[39] 洪银兴. 虚拟经济及其引发金融危机的政治经济学分析[J]. 经济学家, 2009(11).

[40] 约翰·B. 福斯特. 资本积累的金融化[J]. 国外理论动态, 裘白莲, 等, 译. 2011(9).

[41] 哈里·马格多夫, 保罗·斯威齐. 生产与金融[J]. 每月评论, 1983(5).

[42] 戈拉德·A. 爱泼斯坦. 金融化与世界经济[J]. 国外理论动态, 温爱莲, 译. 2007(7).

[43] 约翰·贝拉米·福斯特. 资本主义的金融化[J]. 国外理论动态, 王年咏, 译. 2007(7).

[44] 迈克尔·赫德森. 美国金融霸权与新自由主义[J]. 国外理论动态, 查林, 译. 2007(7).

外文类:

[1] Costas, Lapavitsas. Profiting without Producing: How Finance Exploits Us All. Verso, 2014.

[2] Chemmanur T. J., Krishnan K., Nandy D. K. How does venture capital financing improve efficiency in private firms? A look beneath the surface[J]. *Review of Financial Studies*, 2011, 24(12).

[3] Engelbert Stockhammer. Rising inequality as a Root Cause of the Present Crisis, Political Economy Research Institute, University of Massachusetts at Amherst, 2012.

[4] Greenwood. R and Scharfstein. David, The Growth of Modern Finance[J]. *Journal of Economic Perspectives*, 2012.

[5] Bertoni. Venture capital financing and the growth of high-tech start-ups: Disentangling treatment from selection effects[J]. *Research Policy*, 2011, 40(7).

[6] Michael, Peneder. The impact of venture capital on innovation behaviour and firm growth[J]. *Venture Capital*, 2010, 12(2).

[7] Gerald F. Davis. Managed by the Markets: How Finance Re-Shaped America

[M]. Oxford:Oxford University Press,2009.

[8]Engelbert Stockhammer. Some Stylized Facts on the Finance-Dominated Accumulation Regime,Competition and Change,2008. 12(2)2.

[9]Harvey. David. The Limits to Capital. London:Verso,2006.

[10]Kotz. David. Globalization and Neoliberalism,*Rethinking Marxism*,2002. 14(2).

[11]David Mayers. Why firms issue convertible bonds: the matching of financial real investment options[J]. *Journal of Financial Economics*,1998(7).

[12]V. Pareto. A Treatise on General Sociology,New York:Dover,1916.

[13]Krugman, P. Growing world trade: causes and consequences. Brookings Papers on Economic Activity, 1, 1995.

[14]Sweezy,Paul M. The Triumph of Financial Capital[J]. *Monthly Review*,46(2),1994.

[15]Congressional Budget Office. The Housing Finance System and Federal Policy[J]. *Recent Changes and Options for the Future*(October 1983):ix.

后　记

　　在《资本金融化的形成机制及中国论域》即将付梓之际，回首往昔，时光飞逝，如白驹过隙，岁月匆匆，却在心中留下深深的感激。在此，衷心感谢在我学术道路上给予重要帮助的三位老师。

　　衷心感谢上海财经大学资深教授张雄老师，他用敏锐的洞察力和对社会发展规律的深刻把握，引导我以哲学的视野关注重大现实问题，使我突破了单一的研究视角，实现了认识方式的重要转变。这不仅使我看问题更加全面，思维方式更加综合，而且对我的学术研究和个人成长都具有极为重要的作用。复旦大学邹诗鹏教授引领我在既有的研究基础上，进一步将其与当代中国的实际运行紧密结合，为本书的构思注入了关键力量。邹老师学识渊博，其深邃的思想和求真务实的治学态度深深影响了我，对我的成长起到了重要的推动作用。复旦大学张晖明教授鼓励我在原有的研究基础上，从方法论的视角探究中国特色社会主义政治经济学，拓展了我的研究视野。在这一过程中，张教授的悉心指导让我得以发现诸多饶有趣味的问题，感受到了研究的魅力与乐趣。向三位老师致以深深的谢意！

　　最后，感谢上海财经大学出版社熊诗平老师的宝贵意见，感谢责任编辑台啸天老师的辛苦工作！虽然著作现在才出版，但其主体内容五年前就已经定稿了。因为忙于各种琐事，出版一事屡屡搁置。现在回顾旧作，仔细审视，发现仍有拓展空间，不少地方还可以深入。这也是我这几年来一直在研究完善的内容。希望在不久的将来，能再出版一本书，以弥补本书的不足，为学界提供更加完善的成果。

任瑞敏
2025 年 3 月